CORRESPONDANCE INÉDITE

DE CONDORCET
ET DE TURGOT

1770-1779

PUBLIÉE AVEC DES NOTES ET UNE INTRODUCTION

D'APRÈS LES AUTOGRAPHES DE LA COLLECTION MINORET

ET LES MANUSCRITS DE L'INSTITUT

PAR

CHARLES HENRY

PARIS. CHARAVAY FRÈRES ÉDITEURS

4 Rue de Furstenberg

1882

CORRESPONDANCE

INÉDITE

DE CONDORCET

ET DE TURGOT

1770-1779

Mr. JEANs. de CARITAT, Marquis de CONDORCET,
Secretaire Perpétuel de l'Académie Royale des Sciences
de l'Académie Françoise, de l'Institut de Bologne, des Académies
de Petersbourg, de Turin, de Philadelphie et de Padoüe.

CORRESPÒNDANCE INÉDITE

DE CONDORCET ET DE TURGOT

— 1770-1779 —

PUBLIÉE AVEC DES NOTES ET UNE INTRODUCTION

D'APRÈS LES AUTOGRAPHES DE LA COLLECTION MINORET

ET LES MANUSCRITS DE L'INSTITUT

PAR

M. CHARLES HENRY

PARIS. CHARAVAY FRÈRES ÉDITEURS

4 rue de Furstenberg

1883

INTRODUCTION

Commencée en 1770, cette Correspondance finit en 1779: elle est le miroir d'un temps qui, comme le nôtre, fut essentiellement une époque de transition.

L'omnipotence des mathématiques, née avec Newton, s'affirme avec d'Alembert, Condorcet, Laplace, Lagrange, Vandermonde; elles vont de l'astronomie à la physique et de la physique, à travers la médecine, aux sciences sociales. La physique se dégage de plus en plus des hypothèses vagues et des systèmes. La chimie naît avec Lavoisier et les sciences naturelles prennent le merveilleux essor dont nous sommes témoins. Les applications naissent en foule : la première idée du télégraphe électrique est de 1774 et le premier essai des bateaux à vapeur, de 1775. C'est l'ère de l'athéisme avec d'Holbach; les livres de politique se comptent par centaines : la question politique s'impose à eux comme à nous la question sociale; le socialisme est fondé par Mably et Morelly. On croit peu et le clergé lui-même croit peu. La littérature est sentimentale, bourgeoise, quelquefois naturaliste, souvent pornographique : c'est l'époque de la tragédie bourgeoise, du drame bourgeois :

par un singulier contre-temps, on introduit Shakespeare. L'art se modèle sur la littérature : l'esthétique de Diderot a son artiste en Greuze; les pastorales de Gessner sont traduites dans les paysages de Huet. Et il y a, à travers les allégories des Lagrenées, les marines de Vernet, les batailles de Casanova, les intérieurs de Chardin, les ruines de Robert, un mouvement vers le grave : Fragonard, le peintre des Amours et des Grâces, l'artiste chéri de Madame du Barry et de Mademoiselle Guimard, fait le portrait de Franklin. Il y a une préoccupation sérieuse du véritable Antique : Vien applique l'Encaustique que Caylus croit avoir retrouvé et c'est au concours de 1775 que le jeune David, un révolutionnaire, obtient le grand prix, Pierre étant premier peintre du roi. La Musique a son Wagner dans Gluck. Le Journal prend des développements considérables : la Brochure se multiplie en même temps que le dictionnaire : la Vulgarisation date de Voltaire. L'Esprit est une puissance, car il y a une diplomatie littéraire : Grimm et Diderot. L'Opinion est une royauté et l'on ne parle pas rien que de l'éléphant, la seule bête un peu grosse, disait Duclos, dont on puisse parler. Le Monde s'en va ou se transforme : les bureaux d'esprit deviennent des officines politiques; on déserte le monde pour les cafés et les théâtres, et bientôt on désertera le théâtre pour les trétaux de la Foire et des Boulevards. On aime l'Anglais, malgré les conditions humiliantes de la dernière paix; on le copie malgré l'imminence d'une nouvelle lutte. L'artiste devient bohême et la femme mène tout. De 1750 à 1759 la Royauté avait capitulé devant la Magistrature; de 1760 à 1770 les Parlements et

Choiseul avaient abaissé l'Église et la papauté ; en 1770 Choiseul tombe ; en 1771 les Parlements sont détruits. Le triumvirat du duc d'Aiguillon, de l'abbé Terray et de Maupeou, présidé par Madame du Barry remplace Choiseul.

A la mort de Louis XV, le 10 mai 1774, l'État était malade, sa considération compromise, ses finances en déficit, le militaire sans prestige, la marine presque nulle. Un beau champ s'ouvrait aux réformes et l'œuvre de Maupeou, la destruction des Parlements, les permettait. Louis XVI ne sut pas en profiter. Faible, il choisit pour mentor, d'après le conseil de ses tantes, un courtisan sceptique, insouciant, spirituel, un ancien ministre de Louis XV exilé pour ses chansons, le comte de Maurepas, proche parent du duc d'Aiguillon et du duc de la Vrillière (1) : ce fut une désillusion presque générale. La jeune reine Marie-Antoinette s'employa avec ardeur au retour de Choiseul ; mais le roi avait hérité de son père la haine pour Choiseul. Ce fut le chevalier de Vergennes, un homme prudent, intègre et perspicace qui fut nommé le 4 juin ministre des Affaires Étrangères ; le comte de Muy, ancien menin du Dauphin, fils de Louis XV, caractère honnête, mais esprit étroit, devint ministre de la guerre. Le 20 juillet, on renvoyait de Boynes, et grâce aux influences de la duchesse d'Anville et de l'abbé de Véry sur Madame de Maurepas, Turgot, était nommé ministre de la Marine.

---

(1) Pour le monde dont faisait partie en sa jeunesse le comte de Maurepas, voyez le *Portefeuille inédit de M. de Caylus*, Moniteur du Bibliophile. 1880.

Né le 10 mai 1727, Turgot est un remarquable exemple de l'influence de l'hérédité. Parmi ses ancêtres, celui-ci fonde un hôpital, celui-là s'oppose à une injuste concession que le gouvernement voulait faire en 1614 au comte de Soissons, des terres vagues de la province de Normandie ; un autre est proviseur au collége d'Harcourt ; d'aucuns écrivent ou sont liés d'amitié avec les gens de lettres. Son père, Michel-Etienne Turgot, prévôt des marchands, membre de l'Académie des Inscriptions et Belles-Lettres, avait été élevé par son aïeul maternel, Lepelletier de Souzy, un ami de Boileau, de Massieu, de Tourreil, des Dacier et avait fait preuve pendant toute son administration du plus grand désintéressement et de la plus parfaite intégrité.

Au Collége Louis-le-Grand, le jeune Turgot distribuait son petit pécule à ses camarades pauvres pour les aider à acheter des livres. Au Collége du Plessis, il inspirait à ses maîtres un profond respect. A la Sorbonne, il se liait de la plus tendre amitié avec les abbés de Boisgelin, de Cicé, de Brienne, de Véry : c'est des bancs de la Sorbonne qu'en 1748 il adressait à Buffon une critique anonyme de la *Théorie de la Terre* et qu'il écrivait à l'abbé de Cicé une lettre sur le papier-monnaie. Sa famille le destinait à l'Église : mais il ne se sentit pas la vocation. Ses thèses de priorat sont une exposition de la théorie du progrès et une philosophie du christianisme. Il se lia avec les philosophes et écrivit bientôt pour l'Encyclopédie l'article *Expansibilité* et l'article *Existence*. Il suivit les cours de Rouelle ; malheureusement la science chimique n'existait pas encore. Il étudia les mathématiques ; mais sans beaucoup de

goût ni de succès, si l'on en juge par les renseignements très élémentaires qu'il demande à Condorcet.

Nommé substitut du procureur général en 1751,
conseiller au Parlement de Paris en 1752, puis
maître des requêtes en 1753, il élargit encore le
cercle de ses études. Il traduisit l'ouvrage de Tücker
sur le commerce et les dissertations de Hume sur
les partis politiques et la liberté de la presse. Ces
travaux le mirent en relations avec Trudaine, avec
Quesnay, le chef du parti économiste, avec Gournay, intendant du commerce, qu'il accompagna dans
ses tournées. Ce fut pour lui une excellente école
de théorie et de pratique que la société de ce savant administrateur. Son Éloge de Gournay qu'il
publia en 1759 en fait foi. C'est de cette époque que
date une erreur qui le suivra dans sa carrière d'intendant et de ministre : il crut à la possibilité d'un
impôt unique levé sur les seuls revenus de la terre.
En 1760, pour se consoler de la mort de son ami, il
voyagea ; il parcourut la Suisse en économiste et
en savant ; il vit Voltaire.

De retour à Paris, Turgot fut nommé intendant à
Limoges. Cette Généralité était dans un état déplo-
rable. Son prédécesseur, M. de Tourny, avait commencé un cadastre pour établir la taille d'après les
revenus des propriétés. Mais ce cadastre ne s'étendait qu'aux deux tiers de la province et encore était-
ce sur de simples brouillons que le fisc opérait : dans
l'autre tiers, comme dans les autres Généralités,
l'impôt était perçu sur d'anciennes déclarations des
propriétaires par des collecteurs choisis parmi les
habitants. On s'est plaint que dans notre société
l'exercice des droits politiques impliquât un fonds

d'intelligence et d'instruction qui souvent n'existent pas : dans l'ancien régime, la faute était encore plus grave, puisqu'on imposait des fonctions administratives à des paysans illettrés et brutaux. Calculant la somme des remises accordées aux collecteurs, Turgot vit qu'en réunissant plusieurs paroisses, il pourrait obtenir un salaire suffisant pour payer un fonctionnaire qui sût lire et écrire ; il opéra cette réforme.

En 1762, on lui proposa l'intendance de Lyon, poste beaucoup plus lucratif et agréable ; il refusa : il voulait continuer son œuvre de bien. Il voulait remplacer la corvée par des adjudications ; mais il fallait de l'argent. En demander aux privilégiés, il n'y pouvait songer. En demander aux taillables, il redoublerait leur défiance. Il s'adressa aux curés; il sut les circonvenir et les associer à ses projets. Les paroisses furent amenées à délibérer qu'elles feraient une adjudication de la corvée, qu'on payerait au moyen d'une contribution levée sur les habitants. Il faisait un total des adjudications, les ajoutait aux contributions de la Généralité entière et faisait à chaque paroisse un dégrèvement égal à la somme qu'elle s'était imposée (1).

Les lois de 1763 et de 1764 assuraient la liberté du commerce des grains à l'intérieur. Il sut les faire rigoureusement appliquer pendant les disettes de 1765 et de 1766 : en 1770, il dut lutter contre une véritable famine : il taxa proportionnellement les propriétaires, obtint des secours du Ministère et

(1) M. Alphonse Jobez, *La France sous Louis XVI. Turgot*. Paris. Didier 1877, pp. 101 et suiv.

établit des ateliers de charité. Malheureusement, cette année même, Terray rapportait les lois de liberté et revenait aux anciennes réglementations.

Les Intendants devaient chaque année passer quelques mois à Paris, pour prendre les ordres du Contrôleur Général et rendre compte de leur administration. C'est dans un ces voyages qu'il se lia avec le jeune marquis de Condorcet : la sympathie dut naître vive et rapide.

La figure de Turgot était belle : sa taille était haute ; mais il ne se tenait pas fort droit. Ses yeux exprimaient à la fois la fermeté et la douceur ; ce qui lui donnait pour quelques uns un air égaré. Son front était arrondi, élevé , sa bouche naïve, ses cheveux bruns et beaux ; il avait le teint fort blanc. Son abord était froid ; il rougissait facilement ; son embarras était extrême dans le monde et il s'exprimait très difficilement en public.

La figure de Condorcet était douce et peu animée : elle exprimait la bonté ; il se tenait toujours courbé. « Ceux qui ne le verraient qu'en passant diraient plutôt : *Voilà un bon homme*, que : *voilà un homme d'esprit*, et ce jugement serait une sottise, » écrit mademoiselle de Lespinasse, qui le querellait maternellement sur ses négligences de maintien (1). Il ne causait pas en société ; il répondait. D'ailleurs, il allait peu dans le monde : il y paraissait toujours distrait ou occupé. Cependant rien ne lui échappait. Il saisissait parfaitement, surtout les

(1) *Lettres inédites de Mademoiselle de Lespinasse à Condorcet et à d'Alembert,* publiées par nous.

ridicules, même avec malignité, et dans l'intimité il en défrayait ses amis. Il avait sous un extérieur froid une âme ardente : c'était, selon le mot de d'Alembert, un volcan couvert de neiges.

Comme Turgot, il était encyclopédique : mais il avait surtout la passion du bien et de la liberté. Tous deux, ils étaient profondément honnêtes : mais la morale de Turgot est supérieure : voyez sa réponse quand Condorcet lui écrira ; « en général les gens scrupuleux ne sont pas propres aux grandes choses. » (1). Tous deux, ils croyaient à la perfectibilité humaine : mais Turgot aurait-il poussé le système jusqu'à penser que les maladies pussent disparaître ? C'est au moins un contre-sens physiologique. Turgot était philosophe, mais très tolérant à l'égard de la dévotion : il est spiritualiste. Fanatique d'irréligion, Condorcet, dans son *Essai sur les progrès de l'esprit humain*, méconnaîtra complètement le bien produit par les institutions sacerdotales : c'est un positiviste très incomplet.

Tous deux ils avaient une mémoire extraordinaire : mais ils n'avaient pas la prestesse du trait, la finesse de l'aperçu, la légèreté de l'idée, l'éclat et le piquant de l'expression — ces qualités que nous appelons l'esprit (2). Turgot dans sa jeunesse

(1) Voir pages 157 et 160 de ce volume.

(2) A Limoges, dans le cabinet des Anciens Intendants, sur une porte où sont simulées des tablettes en rapport avec les rayons de la Bibliothèque, figurent des livres fictifs dont les titres sont l'œuvre de Turgot. En voici quelques-uns : 1° *Traité de la charité chrétienne par l'abbé Caveirac* (cet abbé avait publié des livres intolérants contre les protestants) ; 2° *Art de compliquer les questions simples par l'abbé Galiani* (allusion à ses

montra quelque goût pour la musique italienne :
« Passe encore de se quereller pour les principes
de l'Économie, mais pour les chansons, quelle frivolité ! je me trouve bien raisonnable et bien grave »
écrit Condorcet à propos des discussions musicales
suscitées par Gluck (1). On ne trouve pas dans leur
correspondance mention d'un tableau ou d'une statue ; ils étaient gens pratiques, Turgot prudent,
Condorcet violent. Ils étaient unis par les mêmes
opinions sur la liberté du commerce, de l'industrie
et de l'agriculture ; les maîtrises, les jurandes et les
corvées les indignaient également ; ils flétrissaient
avec tous les cœurs sensibles la traite des noirs. Ils
admettaient l'un et l'autre les droits des hommes à
la liberté de penser et d'écrire, à la liberté religieuse, à l'égalité civile et politique, ils voulaient
l'abolition du privilége. Ils méconnaissaient tous
deux l'importance de la tradition, la force de l'hérédité. Dans son *Mémoire sur les municipalités*, terminé vers la fin de 1775, Turgot écrit : « Les droits
des hommes réunis en société ne sont point fondés

---

dialogues sur le commerce des Blés) ; 3º *Véritable utilité de la guerre par
les frères Paris* (ils avaient volé dans la fourniture des armées) ; 4º *Du
pouvoir de la Musique par M. Sedaine* (il doit beaucoup aux compositions
de Grétry et de Monsigny) ; 5º *De l'emploi des images en poésie par M.
Dorat* (les illustrations d'Eisen aidèrent beaucoup aux succès de Dorat) ;
6º *Histoire complète des Néréïdes, ouvrage posthume de Poinsinet* (il s'était
noyé dans le Guadalquivir en 1769) ; 7º *Histoire naturelle des Bœufs-
Tigres avec figures* (les parlements). Sur cette Bibliothèque voyez une
brochure de M. Tenant de Latour : *Un cabinet de M. Turgot. Nouvelle
lettre à Madame la Comtesse de Ranc...* Paris 1843. La plaisanterie de
Condorcet est souvent grossière : voyez les lettres CXXVII et CXXX de
ce volume.

(1) Page 166 de ce volume.

sur leur histoire, mais sur leur nature. » Ils croyaient à l'influence absolue de l'éducation et de l'instruction. Turgot fut toute sa vie un monarchiste pur. Dans sa jeunesse, un jour, chez le docteur Quesnay, il défendait Louis XV en termes si chaleureux que Madame du Hausset, présente à l'entretien, en parlait à Madame de Pompadour et le roi disait à la favorite : « C'est une bonne race. » Il ne songea jamais à limiter le pouvoir central par le contrôle d'une assemblée représentative et législative. Pour mettre fin à l'anarchie des pouvoirs il proposait des assemblées consultatives de paroisse et de cité, de district, de province et enfin d'État, issues les unes des autres qu'il appelait municipalités, et il ne leur laissait que le soin de répartir l'impôt : mais il est peu probable que les municipalités se fussent contentées longtemps de ce rôle. Déjà à cette époque, Condorcet était sans doute républicain ; dans sa *Vie de Turgot* il préconisera le gouvernement d'une seule Chambre, avec une Constitution renfermant en elle-même le moyen légal d'améliorations successives.

Né le 17 Septembre 1743 à Ribemont, Condorcet était lui aussi un remarquable exemple de l'influence de l'hérédité. Il descendait d'une ancienne famille du Dauphiné dont la devise était *Caritas*. Il perdit à quatre ans son père, M. Caritat de Condorcet capitaine de Cavalerie. Sa mère, Mademoiselle de Gaudry était très dévote : elle le voua à la Vierge et au blanc et lui fit porter pendant huit ans le costume de jeune fille. Cette bizarrerie nuisit beaucoup à son développement physique et dut augmenter sa timidité naturelle. À onze ans, il fut placé au

collège des jésuites de Reims ; à quinze ans, il com-
mençait ses études mathématiques au Collége de
Navarre. Ses succès furent brillants. Clairaut,
d'Alembert et Fontaine l'encouragèrent. Ses études
terminées, il vint, contrairement aux vœux de sa
famille, s'établir chez son ancien maître, M. Giraud de
Kéroudon, et il se consacra avec ardeur à la science.
A vingt-deux ans, il présentait à l'Académie son
premier ouvrage : *Essai de calcul intégral* ; à vingt-
sept ans, en 1770, il en devenait associé (1). Mais
les mathématiques n'étaient déjà plus son unique
objet. Cette même année, il était allé avec d'Alembert voir Voltaire et l'exemple de d'Alembert était
tentant. Il fréquentait le salon littéraire de madame
Geoffrin, et sa fille, madame de la Ferté-Imbault,
l'avait présenté dans le monde. Il aspirait à la gloire
littéraire. En entrant à l'Académie, il trouva pour
secrétaire perpétuel un vieillard, à qui l'obligation
de louer les académiciens morts pesait. Grandjean de Fouchy songea immédiatement à s'ad-
joindre son jeune confrère. En 1773, Condorcet
publia ses éloges des Académiciens morts de 1666 à
1699, c'est-à-dire avant l'entrée en fonctions de
Fontenelle. Il a bien jugé son ouvrage dans cette
lettre inédite : « Parmi les imitateurs de Fontenelle
je suis un de ceux qui le suivent de plus loin. J'ai
tâché de donner à mes ouvrages les seules qualités
qui dépendent de la volonté de l'auteur et non de
ses talents, la simplicité et la clarté ; et si j'ai quel-

---

(1) Arago écrit à tort dans son Éloge : « Condorcet fut reçu en 1769. »
(Œuvres de Condorcet, tome 1, Éd. Arago et O'Connor p. xxxj) : notre
lettre XVIII prouve qu'il fut élu en décembre 1770 (p. 27 de ce volume).

ques succès, c'est à ces deux qualités que je les dois. » (1) Ce travail lui valut la survivance de la place de secrétaire. Une fraction de l'Académie à laquelle appartenait Buffon eût préféré Bailly. Elle ne se découragea pas et pendant toute l'année 1775 elle chercha, par des tracasseries dont on verra l'écho dans cette Correspondance (2), à le dégoûter de sa charge.

L'entrée de Turgot au Ministère redoubla les ambitions littéraires de Condorcet et fit naître ses ambitions politiques : il put défendre ce qu'il croyait le bien et le faire en une certaine mesure. En Juin 1774 il lançait son premier pamphlet : *la Lettre d'un théologien à l'auteur du Dictionnaire des Trois-Siècles.* Il mit au service du nouveau ministre de la Marine ses connaissances mathématiques. C'est lui qui inspira à Turgot l'excellente idée de faire traduire en français les écrits d'Euler sur la marine et l'artillerie : il se chargea de corriger les épreuves de la traduction et rédigea même le brouillon d'une lettre de Turgot à Euler. (3) Il lui recommanda Bernardin de Saint-Pierre et Turgot songeait à l'employer, sans doute comme gouverneur de l'Ile de France, lorsqu'il fut appelé à remplacer l'abbé Terray (24 Août 1774.) Condorcet voulait ausssi faire adopter au ministre une meilleure méthode de jaugeage, mais ce projet ne put jamais être exécuté. A la marine, Turgot n'avait eu le temps que de concevoir

(1) Lettre à M. Maret. Paris, 20 janvier 1775 (*L'Amateur d'Autographes,* 1ᵉʳ août 1864, p. 287).

(2) Lettres CLXV — CLXXIV (pp. 213-225 de ce volume).

(3) Page 245 de ce volume.

quelques bonnes idées et de faire quelques bonnes actions.

En même temps que Turgot était nommé Contrôleur Général, Maupeou était renvoyé et les sceaux étaient confiés à Hue de Miromesnil, ancien premier président du Parlement de Rouen. C'était décider le rappel des anciens magistrats et fermer la porte aux réformes. La nouvelle de la disgrâce de Maupeou fut accueillie avec étonnement à l'Étranger ; mais le peuple confondit dans les manifestations de sa haine le Chancelier énergique et habile qui avait affermi la Monarchie et le Contrôleur Général qui avait fait banqueroute.

Le programme de Turgot était : point de banqueroute, point d'augmentations d'impôts, point d'emprunts. Un de ses premiers soins fut de se renseigner exactement sur l'état des finances. Le budget présumé de Terray pour 1775 présentait 399,445,163 francs de dépenses contre 377,287,637 francs de recettes, soit un déficit de 22,157,526 francs. Le déficit vrai était de 37,157,526. Turgot put le réduire à 36,498,710 francs en améliorant de plus, soit par des diminutions d'impôts, soit par des remboursements, soit par des économies, les finances de 34,429,447 francs. (1) Le 13 Septembre, il faisait rendre

(1) Voici un tableau justificatif de ces améliorations :

Dép^se^ évaluée = 414.445.163. Dép^se^ réduite = 406.669.108. Diff^e^ = 7.689.055
Recette éval. = 377.287.637. Recette réd. = 370.167.398. Diff^e^ = 7.120.239
Déficit évalué = 37.157.526. Déficit réduit = 36.498.710. Diff^e^ = 658.816
Deduct. eval. = 137.742.015. Déduct. aug. = 159.703.352.

Surplus = 18.991.337

Total = 34.429.447

V. les *Comptes-Rendus des Finances*, de Mathon de la Cour et l'*Essai sur le ministère de Turgot*, par P. Foncin. Paris Germer-Baillière 1877.

par le Conseil d'État un arrêt décidant l'entrée des blés étrangers en France, défendant l'exportation des blés français et permettant leur circulation de province à province. L'édit était précédé d'un préambule clair et simple, comme le seront toutes les lois de Turgot ; il voulait mener les hommes par l'évidence et la conviction. Le lendemain il écrivait aux Fermiers-Généraux qu'il ne tolérerait plus les engagements pris par eux avec les croupiers ou croupières, grands seigneurs, qui leur étaient associés pour des sommes plus ou moins fortes. Ces réformes et d'autres aigrirent la Ferme qui en somme n'eût point à se plaindre puisque les profits du Bail sextuplèrent. Il s'occupait ensuite des octrois, distribuait aux curés de Paris pour les ateliers de charité le pot de vin donné au Contrôleur Général, supprimait les ordonnances au porteur, dont on avait tant abusé sous le dernier règne.

Pendant ce temps Maurepas cabalait le retour des anciens Parlements. Aucun de ses mouvements n'était ignoré ; on comprend la fâcheuse influence que devaient exercer sur l'autorité de la justice de semblables manœuvres. Malgré les représentations de Vergennes, qui céda le premier, de Turgot et du comte de Muy, qui se retirèrent ensuite, malgré les objections du comte de Provence, les anciens magistrats étaient mandés en lit de justice pour le 12 Novembre. Le roi les rétablissait dans leurs prérogatives avec quelques restrictions qui succombèrent au bout de quelques mois. C'était là une maladroite concession à une fraction de l'opinion populaire, une pensée de conservation malentendue, une regrettable contradiction donnée à la volonté monarchique.

Condorcet comprit l'inhabilité de cet acte, et le Parlement ne tarda pas à justifier les prévisions de Condorcet. (1)

C'était un préjugé populaire que le gouvernement pouvait faire baisser le prix du blé ; or le blé était cher, et Turgot ne pouvait que le constater. De là ces émeutes appelées la Guerre des Farines : nées de l'instinct populaire, un complot des Anciens Monopoleurs vint encore les attiser : « Rien ne m'étonne, écrivait à ce propos le bailli de Mirabeau, si ce n'est l'atrocité et la sottise de ceux qui osent apprendre à la populace quel est le secret de sa force. Je ne sais où on prend la confiance qu'on arrêtera la fermentation des têtes ; mais si je me trompe, de pareilles émeutes ont toujours précédé les révolutions. » Le déchaînement des hommes fut suivi d'un déchaînement de brochures parmi lesquelles on regrette de voir l'ouvrage de Necker sur la *Législation et le Commerce des Grains*. Le moment était au moins mal choisi de venir préconiser l'échelle mobile. Condorcet répondit par des arguments, des plaisanteries et des injures dans ses *Lettres sur le Commerce des Grains*, dans ses *Réflexions sur le Commerce des Blés*, dans sa *Lettre d'un laboureur de Picardie à M. N... auteur prohibitif*. (2)

Ces tristes expériences ne ralentirent pas la

. (1) Lettres CLII et CLV (pp. 201 et 204).

(2) Arago dit à tort (p. LXXV) que la *Lettre d'un laboureur* est antérieure aux *Réflexions* : la publication des *Lettres* était déjà commencée quand le 4 mai Voltaire envoie à son ami quelques exemplaires des *Réflexions* ; il remercie Condorcet de l'envoi de la *Lettre au prohibitif* dans une lettre datée du 7 août (*Œuvres de Condorcet*, I, pp. 80, 83).

marche des réformes : le 6 Mai 1775, Malesherbes, dont Turgot réchauffait le zèle, présentait ses fameuses Représentations de la Cour des Aides : le 28 Mai, Turgot résiliait le bail des poudres et le convertissait en régie, il répandait l'art des nitrières artificielles et invitait l'Académie à proposer un prix sur la fabrication du Salpêtre. Le 2 Juin, le roi était sacré à Reims ; Turgot restait à Paris pour expédier les affaires. Le 21 Juillet, il avait la joie de voir son ami Malesherbes remplacer à la Maison du roi le duc de la Vrillière.

Turgot eut alors une heure d'illusion. La reine désarmait en ses intrigues : une terrible épizootie qui avait dévasté le Midi pendant les derniers mois de 1774 faisait trêve ; les blés étaient beaux ; la paix était assurée : le Contrôleur Général, qui avait eu d'horribles attaques de goutte, se sentait mieux ; la confiance était générale.

Les premiers soucis vinrent de l'Assemblée du Clergé qui s'était réunie le 3 Juillet ; la précédente assemblée de 1770 avait supprimé l'Encyclopédie. Celle-ci ne se montra pas plus tolérante : Elle rappelait le roi à l'exécution de l'odieuse législation de l'Édit de Nantes contre les protestants ; elle le suppliait d'arrêter la vente des livres impies ; elle faisait supprimer un article du *Mercure*, où La Harpe louait la *Diatribe à l'auteur des Ephémérides*, un pamphlet de Voltaire sur la Guerre des Farines ; elle faisait donner à l'abbé Raynal, l'auteur de l'*Histoire philosophique des deux Indes*, l'ordre de s'expatrier. Elle revendiquait énergiquement l'immunité de ses biens. Le roi, auquel Turgot avait fait la leçon, accueillit froidement les remon-

trances et demanda un don gratuit de seize millions.
Le Clergé se sépara mécontent de la Cour et surtout
de Turgot.

Le ministre continuait son œuvre. Il détrui-
sait les abus et les monopoles qui contribuaient
encore çà et là à élever le prix des grains : il
séparait du bail des postes les baux des messageries et diligences, qu'il cassa ; il créait une nouvelle régie des messageries. Ses diligences étaient
meilleures, moins chères, plus sûres, plus rapides :
on les appela des *turgotines*. Il s'occupait aussi très
activement des canaux : le 7 Mars 1775, il avait
chargé D'Alembert, Condorcet et l'abbé Bossut de
recherches théoriques et expérimentales sur les
fluides ; le 1ᵉʳ Octobre, il chargeait l'abbé Bossut
d'un cours d'hydrodynamique. Et peu s'en fallut
que ses contemporains ne lui aient dû un système
uniforme de poids et mesures ; il songeait à faire
constater la longueur précise du pendule à secondes,
à la latitude de 45°. Messier, de l'Académie des
Sciences, devait être chargé de l'opération. L'instruction avait été rédigée par Condorcet : malheureusement une pendule de Berthoud, sur laquelle on
avait compté, était à réparer ; il fallut attendre six
mois et Turgot était disgracié.

Le 10 Octobre, le comte de Muy mourait ; un officier général, populaire parmi les soldats et qui avait
passé la plus grande partie de son existence à l'Étranger, rêvant et exécutant des plans d'organisation
militaire, le comte de Saint-Germain, était nommé
à sa place. Turgot et Malesherbes espéraient trouver
en lui un auxiliaire docile ; ils se trompaient. Le
comte de Saint-Germain se rattacha à Maurepas et

se ligua bientôt avec les ennemis de Turgot. A la fin de
1775, cette ligue pour les abus, que Turgot avait
prévue, était toute prête : le Clergé et le Parlement,
deux ennemis, se réconciliaient pour s'unir avec la
finance : Turgot était antipathique à la reine et à la
Cour pour ses économies et cependant dans son
budget de 1776 il inscrivait pour la Cour un supplément de cinq millions.

En Janvier 1776, il présenta au roi un mémoire
sur des projets d'édits qu'il préparait depuis longtemps ; les deux plus importants supprimaient les
corvées et les jurandes. Dans le premier, il forçait
les propriétaires privilégiés ou non, à concourir par
un impôt à l'entretien des routes : dans le second,
il donnait à l'Industrie la liberté qu'il avait accordé
à l'Agriculture par le libre commerce des grains.
Malgré les objections de Miromesnil et l'hostilité ouverte du Parlement, le roi approuva les édits ;
mais il fallut un lit de justice pour les faire enregistrer au Parlement. C'était une victoire pour Turgot,
mais une victoire qui lui coûta cher. L'appareil du
lit de justice troubla le roi ; les pamphlets contre
Turgot qui alors redoublèrent d'énergie, les scènes
violentes suscitées par diverses publications économistes ébranlèrent sa foi. Puis vinrent des intrigues de Maurepas, de ténébreuses menées d'un
certain marquis de Pezai auxquelles se trouve mêlé
Necker, enfin l'affaire du comte de Guines. Ce personnage, ambassadeur à Londres, avait pris sur lui
de dire au Ministre anglais, à propos des démêlés de
l'Espagne et du Portugal, que si l'Angleterre ne sou-
tenait pas le Portugal, la France n'assisterait pas
l'Espagne. Il répéta ce mot à l'ambassadeur d'Es-

pagne qui le communiqua à sa cour et celle-ci demanda des explications. Le comte fut rappelé et Marie-Antoinette, qui avait pris sous sa protection l'ambassadeur, s'en prit à Turgot et à Vergennes d'une détermination parfaitement juste qu'ils avaient appuyée, mais qui était du roi. Elle obtint le renvoi de Turgot : pour le comte de Guines le titre de duc et les honneurs du Louvre. Malesherbes avait depuis longtemps l'intention de se retirer ; les deux amis quittèrent le Ministère ensemble ; les privilégiés purent respirer.

Bientôt une intrigue portait au Contrôle général l'intendant de Bordeaux, Clugny, un ivrogne débauché, qui renouvela bien vite en sa faveur les pots de vin et les croupes. Le 30 Juin, il instituait une loterie royale de France, expédient immoral qui constrastait étrangement avec les réformes de Turgot. Le 11 Août, les corvées étaient rétablies. Ce jour-là, Turgot fondit en larmes. Le 19, c'était le tour des jurandes ; quelques métiers infimes étaient seuls laissés libres. Le 19 Septembre, les cultivateurs et les marchands de blés étaient forcés d'approvisionner de dix lieues à la ronde, partout où Sa Majesté ferait séjour, le marché de sa résidence. Le 18 Octobre, Clugny mourait. Le 19 Décembre, le Parlement ressaisissait, pour les enrégimenter, les professions demeurées libres. Ainsi s'évanouissait l'œuvre de Turgot. Louis XVI, après avoir inspiré les plus grandes espérances, revenait non-seulement à son point de départ, mais en arrière, puisque le Parlement triomphait. Et par une singulière contradiction il s'apprêtait à soutenir en Amérique la cause de la liberté.

Turgot chercha dans l'étude des consolations au bien qu'il n'avait pu faire ; il mourut en 1781. Condorcet avait publié dans les premiers mois de 1776 une édition des *Pensées* de Pascal. C'était une œuvre de parti : l'histoire des travaux scientifiques du grand penseur y est racontée sans exactitude (1) et il y a des suppressions absolument regrettables (2). Turgot désapprouva ce travail : l'auteur n'en répandit les exemplaires que parmi ses amis, jusqu'au jour où Voltaire voulut le rééditer (1778). En 1777 il publiait l'éloge du Chancelier de l'Hôpital, En 1782 il entrait à l'Académie française ; il continuera ses études de mathématique politique jusqu'au jour où il entrera dans la vie active pour se noyer dans le tourbillon révolutionnaire.

Un mot sur le plan et l'origine de cette publication. Nous suivons, autant que possible, l'ordre chronologique, mais sans nous y astreindre absolument, ayant quelquefois groupé les lettres de même objet. — Notre publication a une double source. A l'Institut sont conservées des copies de lettres que MM. Arago et O'Connor ont imprimées pour la première fois, mais en en retranchant d'importants passages : nous les avons toutes rééditées, en ayant soin de compléter les documents mutilés et d'indiquer les passages inédits. Cette bibliothèque possède en outre dans

(1) Desboves, *Étude sur Pascal* pp. 43 et suiv. 53 et suiv.

(2) Par exemple cette belle pensée est retranchée : « La distance infinie des corps aux esprits figure la distance infiniment plus infinie des esprits à la charité ; car elle est surnaturelle. »

FACSIMILÉ D'UN BILLET ÉCRIT PAR CONDORCET

le même dossier, communiqué par M. Ludovic La-
lanne, quelques copies inédites dont les originaux ont
disparu et un assez grand nombre de copies inédites
dont les originaux sont possédés par M. Minoret. Ces
copies, M. Minoret ne nous a pas permis seulement
de les collationner avec ses autographes : il a mis
encore à notre disposition avec une gracieuseté parfaite tous les originaux qu'il possède. Qu'il nous
permette de lui renouveler ici l'expression de notre
reconnaissance : c'est constater notre dette ; ce n'est
point l'acquitter. Tous ces documents proviennent
plus ou moins directement des papiers de Madame
O'Connor, la fille de Condorcet. Pour les lettres
déjà éditées notre annotation reproduit, en le cor-
rigeant quelquefois, en le complétant souvent, le
travail de nos prédécesseurs. Ces lettres sont sans
signature ; désirant présenter au lecteur un autographe signé, nous avons dû choisir pour la facsimiler
une pièce étrangère à cette Correspondance. Le portrait est la reproduction d'un remarquable morceau
d'Augustin de Saint-Aubin.

CORRESPONDANCE

CORRESPONDANCE DE

CONDORCET

ET DE

TURGOT

I

CONDORCET A TURGOT

Ce 10 mars 1770.

J'ai l'honneur de vous envoyer, Monsieur, un mémoire adressé au roi par la commission des Etats de Bretagne.

Mlle de L'Espinasse me charge de vous mander en même temps que M. de Saint-Florentin vend sa charge de Chancelier des ordres à notre Chancelier (1) qui ne la garde qu'un jour, et seulement pour avoir la permission de porter la croix ; ensuite la charge passera à l'Archevêque de Bourges.

M. de Reims a fait, à la tête du clergé, un très-beau discours au roi contre les philosophes, et M. d'Embrun a dit aussi de très-belles choses sur le même sujet, dans son discours pour l'ouverture de l'Assemblée.

Vous me reprochiez de vous avoir loué, je n'avais fait que vous dire une fois une partie de ce que je pensais de vous et je ne vous en dirai plus rien. Les raisons qui vous retiennent à Limoges sont bien justes, mais bien cruelles pour vous et pour

(1) Maupeou.

ceux qui voudraient vous voir à Paris. Je ne puis me défendre d'un sentiment bien triste lorsque je compare le luxe de Paris à la misère du Limousin, et que je pense que ce luxe est pris en partie sur le nécessaire de ces malheureux. Il est difficile de croire que tout ait été arrangé ainsi pour le mieux.

L'abbé Morellet a répondu à l'abbé Galiani (1) : on a commencé d'imprimer sa réponse, mais le censeur refuse d'approuver quelques endroits.

Adieu, Monsieur, comptez, je vous supplie, sur ma tendre amitié, et croyez que celle que vous voulez bien m'accorder me flatte et me touche également.

Renvoyez-moi, je vous prie, ce mémoire au roi. Nous avons ici quelques vers de Michel et Michau (2) ; si vous ne les connaissez pas, je vous les enverrai. Mlle de L'Espinasse me charge de vous dire mille choses pour elle. M. d'Alembert n'a point encore repris sa tête quant au physique, mais son esprit est toujours le même et il vous aime toujours.

II

CONDORCET A TURGOT

Ce Mardi

Mademoiselle de l'Espinasse a une fièvre d'accès depuis jeudi dernier. Cette fièvre paraît double tierce ; elle en a eu deux accès très violents ; ils sont maintenant très-diminués et nous espérons que demain, qui est son mauvais jour, elle en sera quitte pour un ressentiment. Je suis chargé, Monsieur, de vous écrire à sa place.

Vous savez que le Parlement de Bretagne a envoyé à M. le Chancelier une copie des informations faites depuis sa

(1) *Aux dialogues sur les Blés.* La réponse de l'abbé Morellet, suggérée par le duc de Choiseul fut interdite par l'abbé Terray. — Voyez Grimm, *Correspondance*, 1er juillet 1770 et Galiani, *Lettre à Madame d'Épinay*, du 7 juillet 1770.

(2) Voyez la lettre VI.

rentrée. Cette procédure a été examinée samedi au Conseil, et il a été décidé que les accusations intentées contre M. d'Aiguillon seraient jugées par la Cour des Pairs, le roi y présidant. On croit que, vu la connexité, tous les griefs de M. de La Chalotais contre ses persécuteurs seront portés au même tribunal. Il paraît constant que M. de La Chalotais a refusé les propositions qui lui ont été portées par M. Duclos, quoiqu'elles fussent très-avantageuses du côté de l'intérêt et même de la vanité.

J'ai lu la procédure faite par le pseudo-parlement de Bretagne et que les partisans de celui-ci ont fait imprimer avec des notes. Il m'a semblé que la haine égarait les deux partis, que l'empoisonnement dont on accusait M. d'Aiguillon était aussi ridiculement imaginé que les crimes dont on avait accusé les détenus. Il est dit dans les notes sur cette procédure qu'en fait de crimes cachés les présomptions doivent tenir lieu de preuves et on y appuie cette belle maxime de l'autorité du Digeste. Auriez-vous cru que les amis de M. de La Chalotais dussent établir de pareilles maximes ? Que n'auraient-ils pas dit si M. de Calonne avait fait imprimer cette sottise ?

L'abbé Trublet est mort. Il paraît que M. de Saint Lambert le remplacera. Nous n'avons rien de nouveau qu'une satire contre Mélanie qu'on attribue à M. Dorat, son poëme sur les baisers avec une longue préface et une douzaine d'épîtres à Mlle Saunier.

L'abbé Bergier (1), à qui notre saint archevêque a donné un Canonicat pour écrire contre les mécréants, est fort occupé à réfuter le système de la nature de feu M. de Mirabaud (2). Celle de l'abbé Galiani par notre ami l'abbé Morellet aurait déjà paru sans les scrupules du Censeur Gibert, qui entend malice à tout.

(1) Né à Darney, théologien médiocre, mort confesseur de Mesdames. Voyez une lettre de Condorcet à Voltaire du 10 avril 1772. (Œuvres de Condorcet, I, p. 5.)

(2) Pseudonyme du Baron d'Holbach.

Adieu, Monsieur, on dit ici que la situation de votre province est toujours la même. Puissiez-vous la changer et le spectacle du bien que vous lui faites vous dédommager des peines que vous a causées celui de sa misère.

Daignez compter, je vous prie, sur ma tendre et inviolable amitié.

III

CONDORCET A TURGOT

Ce Dimanche 1ᵉʳ avril 1770.

Mlle de l'Espinasse est parfaitement guérie, Monsieur, mais elle n'a pas encore commencé à écrire et je lui sers de Secrétaire avec beaucoup de plaisir quand c'est pour vous donner des nouvelles.

Il y a eu avant-hier une assemblée des chambres où l'on a présenté au Parlement les lettres patentes du roi qui lui attribuent la connaissance des accusations intentées contre le Duc d'Aiguillon. Elles ont été enregistrées avec la modification que le Parlement, étant uniquement et essentiellement la cour des Pairs, avait le droit de les juger sans lettres patentes. Cet avis a passé à la pluralité de cent vingt-six voix contre six. Les six étaient : MM. le Duc de Fitz James, de Sulli, de Charost, de Saint-Cloud, de Mortemar, et un autre pair ecclésiastique. Ils voulaient l'enregistrement pur et simple et les trois premiers voulaient protester contre la modification : mais ils se sont désistés. On a fait ensuite lecture des lettres du Parlement de Bretagne au Chancelier et arrêté que les Pairs seraient convoqués pour mercredi. On disait hier que le roi avait mandé le Parlement à Versailles pour le même jour.

Vous savez sans doute, Monsieur, que M. de Fargès, Intendant de Bordeaux, vient d'être révoqué pour avoir, par une ordonnance, suspendu l'exécution d'un arrêt qui, en arrêtant le paiement des rescriptions, allait, dit-on, renverser le commerce de Bordeaux. Le Parlement a rendu un arrêt conforme à l'or-

donnance de M. de Fargès. M. le contrôleur général a permis hier
à la compagnie des receveurs généraux de faire un emprunt de
vingt-deux millions à cinq pour cent d'intérêt ; l'objet de cet
emprunt est de faciliter leur service.

Voici des vers de Voltaire à M. Saurin qui lui avait fait compliment sur sa capucinerie.

> Il est vrai, je suis Capucin :
> C'est sur quoi mon salut se fonde ;
> Je ne veux pas dans mon déclin
> Finir comme les gens du monde.
> Mon malheur est de n'avoir plus
> Dans mes nuits, ces bonnes fortunes.
> Ces nobles grâces des élus
> A mes confrères si communes.
> Je ne suis point frère Frappart
> Confessant sœur Luce ou sœur Nice ;
> Je ne porte point le cilice
> De saint Grisel, de saint Billard.
> J'achève doucement ma vie,
> Je suis prêt à partir demain
> En communiant de la main
> Du bon curé de Mélaine.
> Dès que M. l'abbé Terrai
> A su ma Capucinerie,
> De mes biens il m'a délivré :
> Que servent-ils pour l'autre vie ?
> J'aime fort cet arrangement ;
> Il est leste et plein de prudence.
> Plût à Dieu qu'il en fît autant
> A tous les moines de la France !

Je me joins à lui. Adieu, Monsieur, il y a longtemps que nous
n'avons eu de vos nouvelles. Nous craignons que vous n'ayez
la goutte. Comptez sur ma tendre et inviolable amitié.

IV

TURGOT A CONDORCET

A Limoges le 6 avril 1770.

Je suis tout honteux, Monsieur, d'avoir reçu plusieurs lettres de vous sans vous avoir remercié de la bonté avec laquelle vous m'instruisez de tout ce qui se passe et de la santé de Mlle de L'Espinasse. J'ai besoin d'un peu d'indulgence de la part de mes amis dans tous les temps, mais surtout dans celui-ci où je suis sans cesse harcelé de lettres de toutes les parties de la province et encore plus du spectacle de la misère à laquelle tout le travail du monde ne peut remédier. On vient pourtant de m'accorder encore 50.000 écus de secours et c'est une grâce dont je sens tout le prix.

Je suis étonné de la révocation de M. Fargès qui a des lumières, de la probité et qui certainement n'a pu faire ce qu'il a fait que par la conviction d'une nécessité absolue pour le bien du service. Cette raison lui a paru assez forte pour risquer de déplaire au ministre. C'est une grande faute; mais on peut la pardonner à un pauvre intendant et tout le corps peut bien dire ce que Danchet aux Champs-Elysées dit au Cardinal de Richelieu sur la réception de Corneille à l'Académie. « Hé Monseigneur pardonnez-le. » Nous n'avons pas sur notre compte deux fautes comme celle là. Je plains fort M. Fargès d'avoir quitté 19 mille livres de rente pour l'Intendance et de se retrouver fort mal à son aise. S'il était riche, je le trouverais heureux d'acquérir le droit de se reposer sans reproche.

Les vers de Voltaire sont charmants; ceux de Saurin que j'ai aussi vus m'ont paru agréables.

Voilà donc M. d'Aiguillon sur la sellette et devenu client de M. Pasquier. J'imagine pourtant que celui-ci fera grâce du Baillon. J'ai vu par-ci par-là en manuscrit quelques informations de cette fameuse procédure de Bretagne et je n'y ai vu comme vous qu'un tissu de pauvretés auxquelles l'excès seul de la passion pouvait donner quelque créance. Il me paraît qu'on ne songe plus à l'article de l'empoisonnement et qu'on se rabat sur la subornation de témoins, ce qui sort moins des bornes de la vraisemblance.

Je ne sais pas si j'ai vu les vers de Michel et Michau que vous m'annoncez par votre billet du 10; j'en ai vu il y a assez longtemps mais je ne sais si ce sont les mêmes : vous ne risquez rien de les envoyer.

Adieu, Monsieur, recevez tous mes remercîments et l'assurance de toute la réciprocité des sentiments dont vous voulez bien me flatter.

J'écris à Mademoiselle de L'Espinasse.

V

CONDORCET A TURGOT

Dimanche 8 avril 1770.

Depuis que je n'ai eu l'honneur de vous écrire il y a eu, Monsieur, deux assemblées des Pairs à Versailles. Dans la première, après avoir remercié le roi d'avoir confirmé dans cette occasion solennelle les vrais droits de la cour des Pairs, on a lu une partie des informations faites en Bretagne et on a ordonné que le tout serait communiqué aux gens du roi pour prendre leur conclusion le samedi et que le même jour on achèverait la lecture. Il y avait à cette séance quatre conseillers d'Etat; leur présence a déplu au Parlement et il n'y en a pas eu à celle d'hier. On y a d'abord agité deux questions : la première sur le rang des Pairs ecclésiastiques et laïques. Il a été décidé que suivant l'usage, les Pairs ecclésiastiques dont la paierie est plus ancienne auraient le pas. Ensuite les princes du sang ont demandé à rester juges du duc d'Aiguillon, quoique parents, au degré de l'Ordonnance et cela à cause de la *dignité de leur naissance* et de ce que, s'il était question de juger un prince et qu'on suivît l'ordonnance, il ne serait point jugé par des princes et par conséquent ne le serait point par ses pairs. Ils ont apporté plusieurs exemples de ce privilège. Un Etat est perdu, dit Rousseau, sitôt qu'on s'imagine qu'il est beau d'être dispensé d'obéir aux lois. Malgré cette maxime, on a accordé aux princes leur prétention. Dans l'affaire de M. d'Aiguillon l'avis de M. de Monblin a passé à la pluralité de quatre-vingt-quatorze voix contre quarante et il a été prononcé : que les quatre premières dépositions reçues par les commissaires de Bretagne subsisteraient ; que l'arrêt rendu en conséquence et qui en ordonnait la continuation, quoiqu'il y eut été question d'un Pair et que le Parlement de Bretagne fût incompétent, serait annulé, ainsi que l'instruction qui l'a suivi ; qu'on donnait acte au procureur général de sa plainte contre Andouard, prévenu d'avoir voulu engager par menaces et violences plusieurs particuliers à déposer contre les magistrats détenus, de faits ignorés par eux ou qu'ils savaient être faux, de leur en avoir fait signer de tels par les mêmes voies et contre le duc d'Aiguillon, d'avoir appuyé par son autorité et son crédit les manœuvres d'Andouard, et d'avoir lui-même sollicité des témoins ; que ceux entendus en Bretagne et particulièrement le sieur et dame Hévin, la dame Bouteville, la demoiselle Pirei et le sieur Duparc Poullain seraient réentendus. M. de Monblin avait dit qu'il serait lancé des monitoires, mais en déclarant qu'il adhérait à l'avis de M. Michau. Le roi a demandé qu'on allât de nouveau aux voix sur le fait des monitoires qui lui paraissaient ne devoir pas être employés dans cette affaire et il a passé unanimement qu'il n'y aurait pas de monitoires et les rapporteurs sont M. de Bretignières et Mongodefroi. Les informations faites à Rennes chargeaient beaucoup Andouard et le Duc, mais elles étaient rédigées avec une adresse qui n'était pas assez cachée.

La Compagnie des Indes s'est dissoute avant-hier. Le roi s'est chargé des dettes et a pris tous les effets. Il donnera par an 120 livres de dividende pour chaque action et le propriétaire avancera quatre cents francs pour la nourrir.

Mme la Maréchale de Mirepoix remet ses pensions et on lui donne un acquit patent d'un million qui lui vaudra 100.000 livres de rentes viagères de l'emprunt de M. de Laverdi.

Les gens de lettres veulent faire ériger à Voltaire une statue de marbre : Pigalle en doit être chargé.

Mme du Barri a été malade ; on a craint que ce ne fut une fausse couche.

Voilà, Monsieur, tout ce que je sais. Mademoiselle de L'Espinasse se porte assez bien ; elle soupe en ville ; mais elle n'écrit pas encore parce qu'elle dort mal et qu'elle a de mauvais yeux. Nous sommes inquiets de ne point recevoir de vos nouvelles. Comme nous connaissons votre amitié, nous ne pouvons imaginer que la goutte ou un surcroît d'affaires attristantes.

Voici des vers de Voltaire à Madame la duchesse de Choiseul, au sujet de la petite ville de Versoi, dont on néglige la construction.

> Madame, un héros destructeur
> N'est à mes yeux qu'un grand coupable ;
> J'aime bien mieux un fondateur :
> L'un est un Dieu, l'autre est un diable.
>
> Dites bien à votre mari
> Que des neuf filles de mémoire
> Il sera le vrai favori
> Si de fonder il a la gloire.
>
> Didon que j'aime tendrement,
> Dont le nom vivra d'âge en âge,
> Cette Didon bâtit Carthage :
> C'est qu'elle avait beaucoup d'argent.
>
> Si le vainqueur de la Syrie
> Avait pris pour surintendant
> Un Conseiller du Parlement
> Nous n'aurions pas Alexandrie.
>
> Envoyez-nous des Amphions,
> Sans quoi vos peines sont perdues :
> A Versoi nous avons des rues
> Et nous n'avons pas de maisons.
>
> Sur la raison, sur la justice,
> Sur les grâces, sur la douceur.

Se fonde aujourd'hui mon bonheur :
Vous en êtes la fondatrice.

Permettez-moi de finir sans cérémonie en vous embrassant de tout mon cœur.

VI

CONDORCET A TURGOT (1)

Dimanche de Pâques, 15 avril 1770.

Monsieur, on dit le roi de Prusse malade, et son banquier, qui n'en a point de nouvelles, est fort inquiet. M. de Choiseul réforme dans nos troupes cinq hommes par compagnie. Il prétend qu'il n'y a point d'autres moyens de faire les retranchements ordonnés. Madame Louise (2) est partie de Versailles mercredi matin, pour se faire carmélite à Saint-Denis : il y a dix-huit ans qu'elle en a formé le projet, et n'a pu que cette année obtenir la permission du roi. On dit que M. d'Invaux ira en ambassade à Venise.

Voici les vers que je vous ai proposés (3) :

On distinguait dans la cohorte noire
Un homme au teint de couleur d'écritoire,
Qui pérorait ânonnant, ânonnant,
Gesticulait, dandinant, dandinant
Et raisonnait toujours déraisonnant.
C'était Omer, de pédante mémoire,
Qui des catins de tous temps le héros
Est maintenant le soutien des dévots :
Omer fameux par maint réquisitoire,
Qui depuis peu vient d'enterrer sa gloire

(1) Ed. Arago et O'Connor, 1, page 165.
(2) Louise-Marie de Bourbon, quatrième fille de Louis XV.
(3) Lettre 1. Ces vers avaient été attribués jusqu'ici à Turgot. (Bersot, *Etudes sur le dix-huitième siècle*, 1er vol., p. 336). La *Biographie universelle* qui en cite deux sur le conseiller Pasquier, conclut qu'ils prouvent dans le caractère de Turgot « beaucoup de penchant pour la satire »

Sous un mortier, pour jouir en repos
De son mérite et du respect des sots.
Un peu plus loin sortait d'une simarre
Un teint blafard surmonté d'un poil blond,
Un plat visage, emmanché d'un cou long :
Le Saint-Fargeau (1), qui, saintement barbare,
Offrait à Dieu les tourments de La Barre.
Très-digne fils de son très-digne père,
Déjà Michau (2) pour être commissaire
Se présentait : mais l'avocat Séguier
Dit qu'on devait cet honneur à Pasquier,
Grand magistrat, sévère justicier,
Porteur d'esprit du président d'Aligre.
Deux gros yeux bleus où la férocité
Prête de l'âme à la stupidité,
L'ont depuis peu fait nommer le *bœuf-tigre* (3).
Jamais surnom ne fut mieux mérité
Dans sa jeunesse, un certain cailletage
L'insinua chez le monde poli :
Voulant plus vieux jouer un personnage,
De nos prélats il se fit l'ennemi.
Son coup d'essai ne fut pas applaudi :
Mais il a bien repris son avantage,
Et s'est acquis un honneur infini
En inventant le bâillon de Lalli.

La vérité est que Pasquier a la modestie de donner la gloire
de cette invention au premier président et au procureur général,
attendu qu'il est assez riche sans cela.

Il paraît un livre de M. Groslei, intitulé *Londres :* c'est un

(1) Michel Lepelletier de Saint-Fargeau, avocat général au Parlement de
Paris. Turgot fit en 1760, une satire dont il est un des héros, et à laquelle
Condorcet propose d'ajouter ces vers.

(2) Michau de Montaron de Montblin. La satire contre Michel et Michau
fut attribuée à Voltaire.

(3) Ce sobriquet se rencontre souvent dans les lettres de Voltaire et dans
celles de Condorcet.

voyage en Angleterre, de trois volumes in-douze. Mandez-nous si vous le voulez. Il y a aussi une traduction du poëme de l'empereur de la Chine (1).

Mademoiselle de L'Espinasse ne peut encore vous écrire : la fièvre l'a ressaisie ces jours-ci, soit pour avoir pris du quinquina, soit pour avoir fait quelques stations de jubilé.

On vient de juger le procès du comte de la Tour du Roch contre son gendre. Il a été convaincu d'avoir sollicité une lettre de cachet pour empêcher la mère de ce gendre de s'opposer à ses desseins. On a lu à l'audience et la lettre qui exilait cette femme et celle qui la rappelait en la menaçant d'un nouvel exil si elle se mêlait des affaires de son fils. M. de la Tour du Roch a été condamné à vingt mille livres de dommages et intérêts (2).

Mademoiselle de L'Espinasse et tous vos amis prennent la part la plus vive à vos embarras, et surtout à vos peines. Voir tant de malheureux et ne pouvoir les soulager, est une situation bien cruelle pour une âme sensible.

Adieu, Monsieur ; comptez sur les tendres sentiments que je vous ai voués pour la vie.

VII

CONDORCET A TURGOT

A Ribemont, ce 10 mai 1770.

Vous avez raison, Monsieur ; l'exposé du lemme n'est pas assez clair, et ce n'est pas au dernier terme multiplié par le nombre des termes, qu'est égale la somme de la progression des quarrés : mais au dernier terme, multiplié par leur nombre et divisé par trois, plus la moitié de ce même dernier terme, plus le nombre des termes divisé par 6, si le premier terme est

---

(1) *Les embellissements des environs de Moukden*, par l'empereur Kien-Long. Voltaire lui adressa une épître à ce sujet. Voy. t. XIII de ses œuvres.

(2) Passage inédit.

l'unité (1). Si le premier est zéro, alors au lieu de la moitié du dernier terme on en prendra le sixième, et le sixième du nombre des termes diminué de l'unité au lieu du sixième du nombre des termes.

Cela se démontre algébriquement et très simplement ainsi. On peut supposer que la somme des quarrés jusqu'à n^2 soit $a\,n^3 + b\,n^2 + c\,n$; la même somme prise jusqu'à $\overline{n+1}^2$ sera conséquemment $\overline{a\,n+1}^3 + \overline{b\,n+1}^2 + \overline{c\,n+1}$ égale à $a\,n^3 + 3\,a\,n^2 + 3\,a\,n + a$; donc la différence de ces deux sommes sera $3\,a\,n^2 + 3\,a + 2\,b\,n + a + b + c$, mais leur différence (2) est aussi le quarré $\overline{n+1}^2$; donc en comparant terme à terme ces deux expressions d'une même différence, j'aurai les trois équations $3\,a = 1$, $3\,a + 2\,b = 2$, $a + b + c = 1$, ce qui donne $a = \frac{1}{3}$, $b = \frac{1}{2}$, $c = \frac{1}{6}$, donc l'expression de la somme des quarrés sera $\frac{1}{3}\,n^3 + \frac{1}{2}\,n^2 + \frac{1}{6}\,n$. Mais si l'on suppose que n soit plus grand que toute grandeur donnée, alors les deux derniers termes disparaissent devant le premier, parce que leur rapport au premier, qui est $\frac{3}{2\,n}$, $\frac{3}{6\,n^2}$ est plus petit que toute grandeur donnée dans cette même hypothèse ; donc alors (et c'est le cas de la pyramide représentée par une somme de quarrés), la somme est égale au tiers du dernier terme multiplié par le nombre des termes. Vous voyez par là qu'il fallait ajouter à l'énoncé du lemme : *lorsque ce nombre est infini ou lorsque ce nombre est plus grand que toute grandeur donnée.*

J'aurais été encore plus fàché de quitter Paris si vous aviez

---

(1) C'est-à-dire $1^2 + 2^2 + 3^2 \ldots + n^2 = \dfrac{n^3}{3} + \dfrac{n^2}{2} + \dfrac{n}{6}.$

Cette sommation a été donnée pour la première fois par Archimède. Voyez nos *Recherches sur les manuscrits de Pierre de Fermat* Rome, 1880, page 24, note 6.

(2) A cet endroit l'autographe présente : $\left| \begin{array}{c} + \,b + 2\,b + b \\ + \,c + c \end{array} \right|$

dû y retourner cet été. Je compte y être pour le mois de novembre et je jouis d'avance du plaisir de vous y voir de bonne heure, que vous me promettez. J'ai laissé Mademoiselle de l'Espinasse sans fièvre. On vous aura sans doute donné de ses nouvelles.

L'abbé Morellet a essuyé beaucoup de dégoûts pour la réponse qu'il prépare à l'abbé Galiani, et le petit abbé lui a écrit une lettre de persiflage à laquelle l'autre a répondu sérieusement : l'une et l'autre sont très piquantes. J'ai peur qu'après avoir badiné, le Napolitain ne cherche à nuire. L'un me paraît bonhomme et dur, l'autre plaisant et méchant.

Je suis maintenant à Ribemont, près Saint-Quentin ; si dans vos moments de loisir vous m'écriviez quelquefois, ce sera une marque d'amitié à laquelle je serai très sensible. Pour moi, je n'ai plus de nouvelles à vous mander : mais puisque vous me consultez sur l'algèbre, je pourrai prendre la liberté de vous consulter sur d'autres matières, et sans rougir de mon ignorance, quoique ce que j'ignore soit plus important que la science des progressions.

Adieu, Monsieur. Vous devez compter d'autant plus sur mon amitié, que quand je n'aurais jamais eu l'avantage de vous voir, je vous aimerais très tendrement pour le bien que vous faites, pour le faire et avec tant de simplicité.

VIII

CONDORCET A TURGOT

Ce 28 juin 1770.

Je suis d'autant plus fâché, Monsieur, du retard de votre lettre, qu'il faudra vraisemblablement qu'elle aille me chercher à Paris, où je vais retourner. J'y serai, je crois, dans huit jours, j'ai lu à Ferney (2) la plus grande partie des deux nouveaux volumes (3).

(1) Ed. Arago et O'Connor, I, page 168.
(2) Ou il était allé avec D'Alembert.
(3) Des questions sur l'Encyclopédie.

Il y a des articles qu'il n'aurait pas dû faire, comme quelques-uns qui roulent sur les sciences. Il y en a d'autres qui nous sont assurément fort inutiles ; mais le sont-ils pour tout le monde ? Il en est de ce qu'il fait sur cette matière comme des satires contre Pompignan : il n'a cessé que lorsque tout le public a été las de rire aux dépens du psalmiste, et que ses ennemis mêmes ont crié grâce. Il attend pour le reste que le public soit également las de s'en moquer, que le mépris soit devenu du dégoût. En cela il travaille moins pour sa gloire que pour sa cause, et il ne faut pas le juger comme philosophe, mais comme apôtre. Il aime passionnément l'Arioste ; mais je doute qu'il se chargeât d'une entreprise de longue haleine. La haine contre l'intolérance et la superstition est le seul sentiment qui puisse lui donner la force d'écrire encore de longs ouvrages.

J'ai vu la nouvelle procédure, et j'ai bien peur qu'il n'en soit de cette ordonnance comme de celle de 1767, et que nous ne soyons bientôt réduits à dire du monstre de la chicane :

> Et ses griffes, en vain par Maupeou raccourcies,
> Se rallongent déjà, toujours d'encre noircies (1).

Adieu, Monsieur, portez-vous mieux ; je n'ai point été content de votre santé depuis votre arrivée ici. Vous travaillez trop, et vous croyez que votre corps ne cherchera pas à se venger de la préférence que vous accordez à la tête. Les corps ne sont point accoutumés à être ainsi négligés. Vous m'avez appris une bien bonne nouvelle, en me mandant que j'aurai le plaisir de vous voir beaucoup à Paris l'hiver prochain.

IX

CONDORCET A TURGOT

Ribemont, ce 29 juin 1770.

Votre dernière lettre, Monsieur, m'aurait fait beaucoup de

---

(1) Ses griffes, vainement par *Pussort* raccourcies,
Se rallongent déjà, toujours d'encre noircies.

(Boileau, *Le Lutrin*.)

peine si le temps de la récolte ne se trouvait pas précéder mon retour à Paris. J'espère qu'elle réparera une partie du mal que la dernière a causé à votre province et qu'elle vous rendra votre liberté. Je conviens avec vous que vous n'avez peut-être pas fait beaucoup de bien : mais je suis sûr que vous avez empêché beaucoup de mal. Il me semble que pour faire le bien il faut du moins autant de pouvoir que de bonne volonté et que pour empêcher le mal c'est tout le contraire. J'ai admiré le sang froid du parlement de Bordeaux qui s'occupait tranquillement des limites de son pouvoir et du vôtre lorsqu'il était question d'empêcher des hommes de mourir de faim. Votre ordonnance était faite d'avance par la nature qui est au-dessus des parlements et même de celui de Paris.

Vous avez sans doute le mémoire de M. le duc d'Aiguillon. Les principes de l'auteur sur la pluralité des voix et beaucoup d'autres choses, m'ont paru mauvais et n'être que les anciens lieux communs du despotisme : mais le Duc me paraît bien défendu, et s'il est vrai que le parlement de Rennes l'ait calomnié en 1764 et n'ait cessé depuis de le faire calomnier, j'avoue que la haine parlementaire est aussi cruelle que le despotisme ministériel et que si l'un est plus terrible pour les gens en place ou puissants, l'autre l'est bien plus pour les particuliers, et ce sont eux qui doivent être le plus comptés dans une monarchie où le nombre des gens en place est nécessairement très petit. Je ne crois pas qu'un ministre sans haine personnelle se fût déterminé à faire condamner le chevalier de La Barre par des commissaires. Quelques traits de cette espèce et la manière dont je vois rendre la justice en province me font croire que les prétentions parlementaires, leurs préjugés, leur conduite et les lois qu'ils suivent sont la principale cause des maux de la France, un des fléaux des campagnes, le plus ferme appui du fanatisme et le plus grand obstacle au bien qu'on pourrait faire.

Adieu, Monsieur, daignez me conserver votre amitié. Le plaisir de la cultiver ne sera pas un des objets les moins flatteurs de mon premier voyage à Paris. J'espère que vous ne

m'en trouverez pas indigne et que je mériterai peut-être même
qu'elle augmente.

X

CONDORCET A TURGOT

Ribemont, ce 22 août 1770.

J'aurais bien voulu, Monsieur, pouvoir être à Paris aussitôt que
vous l'avez désiré, mais je n'ai pu refuser à ma mère de rester
avec (*sic*) jusqu'au 1er septembre et elle s'est trop bien prêtée
aux arrangements de mon voyage pour qu'il me fût possible
d'insister sur cet objet. Je regrette beaucoup d'être forcé de
faire à Paris un sejour aussi court, et je me flattais de passer
avec vous une grande partie de l'hiver, d'y cultiver votre amitié ;
il y a longtemps que je le desirais et que je souhaitais qu'une
plus grande liaison vous apprît comment j'étais capable d'y répondre. On vient donc d'imprimer les bêlements du Parlement
de Paris sur le commerce des blés. Je crois qu'on ferait sage
ment de défendre l'exportation de cet imprimé, car il pourrait
nuire à notre réputation. J'ai lu un ouvrage où l'on prétend que
la somme du bien moral ou physique est exactement égale à la
somme du mal. Comme les philosophes français ont donné
d'excellentes choses depuis vingt ans, ce qui rompt l'équilibre,
le Parlement s'est apparemment chargé de le rétablir.

Je pourrai fort bien être associé avant mon départ et alors
on ferait l'élection de l'adjoint pendant notre absence : mais
mon départ plus précipite n'aurait rien fait à cela, ainsi je n'ai
point nui à M. Desmarets en restant ici. Je m'interessais pour
faire entrer dans l'Académie un autre sujet géomètre de mes
amis et qui a été mon maitre. S'il ne reussit point, je serai fort
console d'y voir un homme que vous aimiez et que vous esti-
miez. Je le croirai digne d'amitié et d'estime et serai très flatté
de l'avoir pour confrère.

Adieu, monsieur, comptez je vous prie, sur ma tendre et sincère amitié et conservez-moi toujours une part dans la vôtre.

Oserai-je vous prier de présenter mon respect à Mlle de L'Espinasse? J'embrasse M. D'Alembert de tout mon cœur.

XI

CONDORCET A TURGOT

(Fin d'août 1770.)

M. Séguier a fait encore un beau réquisitoire pour faire brûler une plaisanterie oubliée depuis quinze ans. On a décrété l'auteur M. Bernier (1). C'est un nom en l'air et on le savait. Quel est donc le but de cette facétie? C'est de prendre l'habitude de décréter des auteurs et de se frayer le chemin vers l'auto-da-fé dont ces messieurs veulent absolument nous donner le spectacle. Les éclats ont encore un autre but : c'est d'annoncer au public l'excessive faiblesse du gouvernement, qu'on sait animé de l'esprit de tolérance, et qui souffre tous ces actes de fanatisme et de persécution, qui voudrait une liberté raisonnable dans la presse, et qui n'a pas assez de crédit pour qu'on puisse impunément écrire en faveur de ses opérations. Pourquoi n'évoquerait-on pas au conseil toutes les causes de librairie? Pourquoi ne chargerait-on pas les intendants dans les provinces et les lieutenants de police à Paris de ce qui concerne l'exécution des réglements, en défendant aux juges ordinaires d'en connaître sous aucun prétexte, et leur réservant seulement la punition des libelles lorsque la partie lésée juge à propos de rendre plainte. Il me semble que l'impossibilité d'empêcher l'introduction des livres par des actes judiciaires, la publicité donnée par ces actes à l'existence de livres clandestins et qui sert à les faire rechercher, la nécessité de prendre des nouvelles mesures, vu l'insuffisance des anciennes, et de contenir les

______

(1) Pseudonyme du baron d'Holbach. Il s'agit de l'*Esprit du Clergé ou le Christianisme primitif vengé des entreprises et des excès de nos prêtres modernes*. L'arrêt est du 18 août 1770. C'est sous le pseudonyme de Bernier que parut la *Théologie portative* du Baron, à Londres (Amsterdam M. M. Rey) 1768.

esprits au lieu de les aigrir par des procédures violentes, le choix des livres condamnés qui, par leur date et leur nature, prouvent combien ceux qui poursuivent ces délits ignorent les détails du mal qu'ils veulent détruire, le danger que dans les tribunaux *subalternes* des gens mal intentionnés, ignorants ou fanatiques ne fassent des éclats scandaleux et ne fassent servir à des vengeances particulières le droit qu'ils auraient de dénoncer des livres, ne nuisissent à leur cause par des déclamations ridicules, et beaucoup d'autres choses pourraient servir de prétexte. Le clergé conserverait le plaisir de dénoncer au conseil. Il sera toujours impossible en France de faire imprimer sans danger ce que les ministres trouveront mauvais. Ainsi par ce moyen on aurait toute la liberté et la sûreté qu'on peut avoir dans ce pays-ci. Il serait très aisé de faire taire les zélés en rendant très lent le débit des livres non gazés, en attachant quelques peines à celui des livres scandaleux.

Soyez sûr que tant que le Parlement gardera la police de la librairie, il sera dangereux, au lieu que s'il la perdait il n'aurait plus de force que quand il aurait raison. Il serait obligé d'être de l'opinion des gens éclairés ou de se taire. Une autre raison c'est qu'il est important de détruire dans ce corps l'esprit de fanatisme et surtout celui de dévotion politique, et qu'en leur ôtant la librairie ce serait l'affaire de peu d'années. Pesez cela dans votre sagesse, et voyez si une déclaration de cette espèce ne serait pas à sa place dans ce moment de délire et de méchanceté ; si elle ne serait pas une juste punition de l'impertinence de brûler de vieilles plaisanteries et d'en faire imprimer contre le ministère.

Si la peur de ce que cet esprit turbulent peut produire ne serait pas pour certaines gens un motif suffisant et si le moment de venger le bon sens de tant d'outrages ne serait pas venu.

Je vous embrasse bien tendrement et j'irai vous voir la semaine prochaine.

XII

CONDORCET A TURGOT (1)

Ce 27 novembre 1770.

Notre correspondance, Monsieur, va enfin recommencer. Vous savez sans doute notre retour à Paris (2) et le succès de notre voyage. M. d'Alembert se porte beaucoup mieux qu'avant son départ, et je ne crains pour lui que ses inquiétudes et l'ennui de ne point s'occuper de géométrie. J'ai cherché à faire les commissions dont vous m'avez chargé, et je n'ai pu rapporter que l'*Electricitas vindex*, qu'on m'a donné à Genève. M. Desmarets en a été curieux ; je le lui ai prêté, et il s'est chargé de vous l'envoyer. Je ne sais rien de nouveau (3) ; nous gardons le silence comme des armées en bataille, et nous attendons le 3 décembre.

J'ai trouvé Voltaire si plein d'activité et d'esprit, qu'on serait tenté de le croire immortel, si un peu d'injustice pour Rousseau et trop de sensibilité aux sottises de Fréron, ne faisaient apercevoir qu'il est homme. Il fait dans son canton plus de bien que n'en ont jamais fait les évêques d'Annecy depuis François de Sales ; mais il fait à Genève plus de mal que les ducs de Savoie. Ces pauvres Génevois, qui donnaient une retraite à Voltaire, avaient Rousseau pour concitoyen, et que d'Alembert avait rendus dans l'*Encyclopédie* respectables et intéressants, ont trouvé le secret de chasser Voltaire, de décréter Rousseau et de faire une querelle à d'Alembert. Aussi personne ne s'avi-

(1) Ed. Arago et O'Connor, I, page 169.

(2) De Ferney, où il avait accompagné d'Alembert pour le distraire. A propos de ce voyage en Italie, citons cette malicieuse phrase de l'abbé Galiani : « je suis enchanté du voyage de d'Alembert. Ce n'est pas que je me flatte trop de le voir. Il n'y viendra pas, non plus que M. de Trudaine ; mais je suis sûr que c'était l'unique parti qui restait à prendre à sa santé délabrée par la monotonie de son système. » (Lettre à Madame d'Epinay, du 8 Sept. 1770).

(3) Dans l'affaire du parlement. Voyez les deux lettres suivantes.

sera-t-il plus de dire du bien d'eux, et Genève ne sera plus
qu'une petite ville de commerce sans gloire, et, qui pis est,
assez mal gouvernée. Nous avons trouvé les chemins du Lan-
guedoc beaucoup plus beaux que tous autres, et cela nous a
donné occasion de crier contre les corvées, et de bénir ceux qui,
comme vous, ont eu le courage de les abolir. Il est singulier
que souvent il n'en soit pas besoin pour nuire aux hommes ; ils
se laissent tranquillement faire du mal ; mais quand on s'avise
de vouloir leur faire du bien, alors ils se révoltent et trouvent
que c'est *innover*. Il y a sur ce sujet un charmant commentaire
de Voltaire sur ce proverbe : *Ne nous renvoyez pas aux glands.*
C'est à l'article *Blé.* Nous avons lu ces articles jusqu'à F inclu-
sivement. L'article *Epopée* est rempli de traductions en vers de
poëtes étrangers ou anciens et ces traductions sont charmantes.

Adieu, Monsieur : notre correspondance avait cessé, mais
non pas notre amitié, du moins de ma part. On m'a fait trembler
en me disant que vous ne reviendriez pas plus cet hiver que
le précédent ; j'aurais de la peine à m'accoutumer à cela. Mais
il faut espérer que nous n'aurons pas à la fois la guerre, la
peste et la famine. Ce sont les économistes qui sont cause de
tout cela, avec les dénombrements qu'ils mettent tous les mois
dans les éphémérides. Ces dénombrements portent malheur à
l'espèce humaine : celui de David a valu la peste au bon peuple
de Dieu ; vous savez ce que nous a valu le dénombrement
d'Auguste.

XIII

CONDORCET A TURGOT(1)

Ce dimanche, 2 décembre 1770.

Si vous n'avez pas aujourd'hui un volume du Suétone de M.
de La Harpe, c'est ma faute ; je vous en demande pardon, et
j'espère. Monsieur. la réparer mardi. Je suis fâché que M. de

(1) Ed. Arago et O'Connor. I, page 171.

La Harpe compare Henri Quatre à César, parce qu'ils ont fait tous deux la guerre en France, et qu'ils ont été tous deux assassinés. Je suis fâché aussi que, dans la préface d'une traduction des Douze Césars, il parle de Fréron, de Dorat, du chevalier Grandisson, etc. La traduction est d'ailleurs un peu faite à la hâte, et il n'a pas toujours mis le mot propre.

Notre Parlement est en feu ; le roi lui a envoyé une déclaration qui lui ôte le droit de faire des remontrances plus d'une fois, lui défend de s'assembler sans l'aveu du premier président, prononce la peine de la privation des offices contre ceux qui cesseraient le service, interdit toute correspondance entre les parlements, et proscrit les termes de classe, d'association, et tous les mots techniques du système d'unité parlementaire. Il est dit dans le préambule que l'esprit qui tend à détruire la religion et les mœurs, s'est glissé jusque dans la magistrature. Ainsi, voilà Messieurs accusés d'être encyclopédistes ; ils doivent au roi justice pour cette calomnie. Voilà du moins ce que j'ai saisi au travers un déluge de paroles, que j'ai eu le malheur d'entendre sortir de la bouche de Pasquier. Il serait heureux pour l'humanité qu'il n'en fût jamais sorti que des sottises. Je prends peu d'intérêt à cette affaire : il m'est impossible de m'intéresser à une tragédie dont Michel, Michau et le bœuf-tigre (1) sont les héros, et qui se dénouera par des amphigouris.

On a arrêté un gentilhomme breton accusé d'avoir distribué une réponse des Bretons au mémoire de Linguet que le parlement de Rennes avait fait brûler en attendant. Cet enlèvement fait au milieu des Etats, y a détruit la tranquillité apparente qui y régnait. M. le chancelier a défendu aux imprimeurs de rien imprimer sans sa permission particulière, et les deux partis ne sont d'accord que contre la raison et les philosophes (2).

(1) Michel Lepelletier de Saint-Fargeau, Michau de Montaron de Montblin et Denis Pasquier.

(2) Passage inédit.

Voltaire est très affligé de la mort de l'abbé Audra (1), qu'il croit être mort des persécutions qu'on lui a suscitées à Toulouse pour avoir enseigné son Abrégé de l'histoire universelle. L'archevêque, qui est bon et honnête, apprendra par là qu'il doit retenir avec bien du soin le zèle de ses prêtres ostrogoths. Il n'a osé ni consoler, ni protéger ce malheureux et je trouve qu'il a poussé trop loin la prudence. Elle ne doit pas aller jusqu'à tolérer l'oppression et consentir à en paraître le complice. Il est sans doute encore plus affligé que Voltaire du dénouement de cette tracasserie. Adieu, Monsieur, comptez sur ma plus sincère amitié et conservez-moi la vôtre.

[Mlle de l'Espinasse ne vous écrit point ; elle a eu jeudi et vendredi derniers des douleurs de rhumatisme effroyables, hier ce n'était plus qu'un torticolis supportable pour elle, qui a beaucoup de courage] (2).

XIV

CONDORCET A TURGOT (3)

Ce mardi 4 décembre 1770.

Monsieur, le Parlement a arrêté hier des remontrances qui ont été portées sur-le-champ au roi par le premier président. Après une longue énumération des services rendus à la monarchie par le Parlement, depuis l'arrêt contre Charles VII jusqu'à l'arrêt contre le *Système de la nature* (4), ils demandent au roi justice des calomnies que contient le préambule de sa

(1) Docteur de Sorbonne, d'abord professeur de philosophie, puis professeur d'histoire à Toulouse, avait fait imprimer un abrégé de l'Histoire générale de Voltaire, à l'usage des collèges, Voltaire lui adressa plusieurs lettres. Au sujet des regrets dont il est ici question, voyez Œuvres de Voltaire, t. XVI, p. 216, et la note de M. Beuchot.

(2) Passage inédit

(3) Ed. Arago et O'Connor, I, page 173.

(4) Du baron d'Holbach.

déclaration, et le prient de vouloir bien leur remettre les calomniateurs, afin qu'ils puissent les juger selon les lois fondamentales du royaume. *Il m'a donné un soufflet, et je lui ai bien dit son fait*, disait Pourceaugnac. On délibérera aujourd'hui sur la réponse du roi, et j'aurai soin de vous mander dimanche ce qui résultera de toute cette affaire, qui, je crois, se terminera à l'amiable.

Il y a eu dans plusieurs provinces autour de Paris des inondations moins terribles que celles qu'éprouvent quelquefois les provinces méridionales, mais qui ont fait périr quelques hommes, beaucoup de bestiaux et produit la disette en emportant les moulins. Personne ne pense ici à ce désastre : le Parlement et un début à la Comédie-Française (1) absorbent tout l'intérêt du public. Il est question de savoir si Le Kain sera remplacé et le chancelier déplacé, et non pas si le peuple de l'Orléanais et du Gâtinais aura du pain et des maisons. L'intendant d'Orléans s'est donné beaucoup de peines pour cela ; on ne lui en sait aucun gré, et l'on admire uniquement, selon qu'on est affecté, ou M. de la Rive, qui a débité de beaux vers avec grâce sur le théâtre de la Comédie-Française, ou Pasquier, qui a déclamé gauchement de maussade prose pour l'assemblée des Chambres.

Adieu, Monsieur. Mademoiselle de l'Espinasse va beaucoup mieux : elle sortirait sans un effort de raison. Je ne sais encore si Suétone partira aujourd'hui (2) ; je l'ai demandé en feuilles, et on ne me l'a pas encore apporté. Quand reviendrez-vous voir vos amis ? Ce qui les console un peu de votre absence, c'est que vous ne les quittez que pour faire du bien. Je voudrais que vous en pussiez faire à Paris, et plus en grand : on y gagnerait de toute manière.

(1) Celui de La Rive.

(2) La traduction de Suétone, par La Harpe.

XV

CONDORCET A TURGOT

Samedi 8 décembre 1770.

Le Parlement ayant constamment refusé d'enregistrer l'édit, il y a eu hier un lit de justice à Versailles où M. d'Aiguillon a assisté. Après le retour à Paris, il y a eu assemblée des Chambres. On a proposé de prendre par acclamation le parti de quitter le service, mais il y a eu des réclamations de la part du président de Fleury, de Pasquier, de la Belouze, etc., et l'on a remis à prendre la dernière résolution à lundi. Le Parlement est content du premier Président et mécontent du requerrant Séguier, qui a fait hier à Versailles un discours où il demandait grâce. M. Pasquier à l'assemblée de lundi a fait une sortie contre les philosophes et a pleuré de colère de ce que dans le préambule on paraissait accuser le Parlement d'être encyclopédiste.

Mlle de l'Espinasse m'a chargé de vous mander toutes ces nouvelles à sa place. Elle se porte assez bien.

Je vous écrirai mardi matin le résultat de l'assemblée de lundi prochain. On espère qu'il sera pacifique. J'aimerais mieux que cet esprit de paix animât le Parlement d'Angleterre. Deux ans de guerre feraient plus de mal que le Parlement de Paris ne fera de bien en mille ans. Adieu, Monsieur, je ne vous écris qu'en gazetier, sans réflexion, sans formule et je ne vous en aime pas moins quoique je ne vous en parle pas.

XVI

CONDORCET A TURGOT (1)

Lundi 10 décembre 1770.

[Je viens de recevoir votre lettre, Monsieur ; j'étais fâché de n'en pas recevoir, parce que vos lettres me font toujours bien

(1) Ed. Arago et O'Connor, 1, page 175.

du plaisir : mais je comptais assez sur votre amitié pour être bien sûr de n'être ni oublié ni négligé par vous. Je me suis informé à Genève du livre sur les baromètres, il ne parait pas encore mais il n'est pas abandonné. L'auteur était occupé de nouvelles expériences qui devaient entrer dans cet ouvrage et entre autres du degré de chaleur de l'eau bouillante pour les différentes hauteurs du baromètre. Il ne s'est rien fait encore aujourd'hui à l'assemblée des Chambres : elles restent assemblées ; on a remis à délibérer à jeudi et prié M. le président de continuer à se faire dire par le roi qu'il ne veut pas le voir.] (1)

C'est moi seul qui suis cause de ce que le premier volume de Suétone est arrivé le dernier. J'avais sur ma table les deux volumes cachetés, et j'ai envoyé l'un pour l'autre ; je vous demande pardon de ma bêtise. L'abbé Alari est mort. Je ne sais si on vous a mandé que le président de Brosse (2) se présentait : il serait fâcheux qu'il réussît ; car il a écrit à Voltaire, dans une discussion d'argent, que quand on écrivait contre la religion on devait ménager les présidents. La philosophie a pour ennemis secrets ou connus bien des gens qui en devraient être les défenseurs : ils y gagnent d'être vilipendés pendant leur vie, et dévoués par Voltaire à un ridicule éternel ; ils n'ont point été employés même dans l'éducation de nos princes, et le zèle n'est plus le chemin de la fortune.

Je vous envoie de petits vers de M. de La Harpe à M. de Marchais. Mercredi, il en lira de grands (3) chez Mademoiselle de l'Espinasse. Je vous enverrai dimanche un précis de la pièce et quelques vers. Adieu, Monsieur : vous avez bien raison de compter sur une amitié solide et tendre de ma part. Je ferai vos commissions auprès de mes amis (4). Nous désirons tous trois de vous voir ; mais nous trouvons que la vie des Limousins doit aller avant nos plaisirs. Si les gens qui gouvernent pensaient de même, tout le monde aurait du pain.

(1) Passage inédit.
(2) Voir une lettre de Voltaire, 1771, n° 6062.
(3) La tragédie de *Barnevelt*. Voyez la lettre suivante.
(4) M. et Mme Suard.

XVII

CONDORCET A TURGOT

Ce mardi, 2 décembre 1770.

C'est de la part de Mlle de l'Espinasse que je vous envoie, Monsieur, l'arrêté du Parlement. M. le président Fleury est le seul qui s'y soit opposé pendant quelque temps. Le président de Lamoignon a parlé avec courage, M. de Saint-Fargeau a discouru sur l'ancienne Rome, a comparé le Parlement au Sénat et le chancelier au Préteur, a cité ce vers de Corneille : *Rome n'est plus dans Rome, elle est toute où je suis*, en sorte que Rome s'est réfugiée dans la rue Culture Sainte-Catherine. M. Pasquier a parlé comme un ange, comme le disait Damiens.

On doit m'élire associé de l'Académie, ainsi je crois que l'affaire de M. Desmarets se traitera dans le commencement de l'année ; je ne sais point s'il doit espérer de réussir.

Je tâcherai avant de fermer cette lettre de savoir la réponse du roi, qui était à la chasse et devait souper à la Muette, et M. le premier président n'a pu que fort tard lui porter l'arrêté. Adieu, Monsieur, je vous demande pardon de vous écrire de si petites lettres ; mais du moins je fais tout mon possible pour être exact et ne vous rien laisser ignorer de ce qui se passe.

XVIII

CONDORCET A TURGOT

(Ce dimanche 16 décembre 1770.)

M. Desmarets a eu hier les secondes voix pour la place d'associé mécanicien et j'ai eu les premières. Ainsi, Monsieur, il y a lieu de croire qu'il aura les premières voix pour la place d'adjoint, c'est du moins la marche ordinaire. Il paraît des lettres familières de Boileau. Je vous en enverrai un volume mardi et l'autre dimanche prochain. M. de la Harpe va nous

donner une tragédie qui fera tomber les barrières qui s'opposent
encore à son entrée à l'Académie. L'abbé Alari va faire place à
l'abbé Delille.

Le Parlement et le chancelier sont en présence. On dit qu'il
est question d'un nouveau parlement. Il sera difficile d'en trouver un aussi fanatique et aussi plein de préjugés que l'ancien,
qui s'occupe moins des affaires des particuliers et plus des
siennes, qui rende la justice avec plus de dureté et de légèreté,
et cependant il paraît difficile de le remplacer. On dit la paix
assurée et le public n'a pas pris à cette nouvelle l'intérêt qu'elle
mérite. A peine daigne-t-on en parler et les arrêtés et les réponses ont tout absorbé ; heureusement que depuis trois jours
le roi ne veut plus répondre. Sa porte est fermée pour le premier Président qui s'y fait écrire tous les soirs.

Adieu, Monsieur, vous êtes loin de toutes les tracasseries,
vous faites du bien, et il n'y a que vos amis qui perdent à votre
absence.

XIX

CONDORCET A TURGOT (1)

(Ce 23 décembre 1770.)

Monsieur, j'ai entendu la pièce de M. de La Harpe (2) : c'est
une traduction du *Marchand de Londres*. Il l'a un peu accom-
modé à nos mœurs ; mais l'assassinat qu'on est supposé ne
pas voir, et la maîtresse de Barnevelt qu'on voit peu, sont
encore beaucoup trop révoltants. La pièce n'a point paru faire
d'effet à la lecture ; mais elle est en général écrite avec élégance,
et remplie de beautés de détail. En voici deux morceaux : l'un
de Lucie, fille du négociant chez qui Barnevelt a été élevé, et
que la conduite de ce jeune homme qu'elle aime plonge dans la
mélancolie :

(1) Ed. Arago et O'Connor, I, page 176.

(2) *Barnevelt*, imité ou traduit de *Lillo*.

Je ne sais si mes sens ainsi que ma raison
Furent dans mon enfance atteints du noir poison
Qui répand parmi nous sa sinistre influence,
Et qui, nous inspirant l'horreur de l'existence,
Sur le bord du tombeau qu'on balance à s'ouvrir,
Nous tourmente longtemps du besoin de mourir.

L'autre est une prière de Barnevelt dans sa prison :

Je m'adresse à toi seul, arbitre incorruptible !
Aux yeux du monde entier je suis un monstre horrible :
Il voit mon attentat et ne voit pas mon cœur ;
Toi seul peux comparer mon crime et ma douleur ;
Tu vois nos passions des yeux de la sagesse ;
Des yeux de ta bonté tu vois notre faiblesse,
Et lorsque tout m'accuse et doit me condamner,
Je ne connais que toi qui puisse pardonner.

Le Parlement s'est assemblé deux fois, jeudi et hier ; on dit que l'unanimité chancelle de plus en plus, quoique personne n'ait encore quitté la partie. Les pères de la patrie s'ennuient de ne plus juger et de ne plus aller à la comédie ; car ils se sont interdit les spectacles du jour où ils n'ont plus eu rien à faire. Cependant ils ont refusé d'obtempérer à deux lettres de jussion, et ils se rassembleront samedi. Adieu, Monsieur. Si le peuple avait du pain et des juges qui fissent leur métier gratis, on pourrait se consoler du reste, et attendre avec patience la chute infaillible de la superstition et de tout ce qu'elle produit ou protége.

XX

CONDORCET A TURGOT (1)

Mardi 25 décembre 1770.

Monsieur, hier, M. de Choiseul et M. de Praslin ont été disgraciés et exilés, l'un à Chanteloup, l'autre à Praslin ; le roi a fait donner ordre à M. de Choiseul de se retirer de la cour, vers

(1) Ed. Arago et O'Connor, I, page 177.

midi, un moment après son départ pour la chasse. On lui a permis de rester à Paris jusqu'au mercredi matin. M. de Praslin était malade : on lui a donné jusqu'à jeudi, parce qu'il avait mandé que ce jour-là il pourrait se rendre au conseil (1).

Voici en détail l'histoire de l'abbé Morellet. Le roi de Pologne, en donnant une abbaye au prince de Chimay, alors l'abbé d'Alsace, l'avait chargé de pensions, entre autres d'une pour l'abbé Morellet. L'abbaye a été ensuite rendue aux Réguliers, qui se sont engagés à continuer le payement des pensions. M. l'évêque d'Orléans vient de la remettre en commande et de la donner au précepteur des enfants de madame de Forbach, qui a épousé le duc de Deux-Ponts de la main gauche, et ce précepteur ne veut payer ni l'abbé Morellet, ni l'abbé Porquet, ni les autres pensionnaires (2). Ceux-ci agissent, et finiront par plaider si cela est nécessaire. Voilà ce que m'a dit ce pauvre abbé, qui joint

(1) La lettre de cachet que le duc de Choiseul reçut de la Vrillière était ainsi conçue : « J'ordonne à mon cousin le duc de Choiseul de remettre sa démission de sa charge de secrétaire d'Etat et de surintendant des postes entre les mains du duc de la Vrillière et de se retirer à Chanteloup jusqu'à nouvel ordre de ma part. Louis. » La lettre adressée au duc de Praslin était encore plus dure : « Je n'ai plus besoin de vos services et je vous exile à Praslin, où vous vous rendrez dans vingt-quatre heures. Louis. »

(2) « Habiles gens, ces philosophes académiques du dix-huitième siècle, les Suard, les Morellet, plats, serviles, rentés par les seigneurs, à peu près entretenus de pensions par des grandes dames, avec, aux jambes, les culottes de Madame Geoffrin. Ces âmes d'hommes de lettres-là font tache dans ce libre dix-huitième siècle par la bassesse sourde du caractère sous la hauteur des mots et l'orgueil des idées. Le monde de l'art, au contraire, contient les nobles âmes, les âmes mélancoliques, les âmes désespérées, les âmes fières et gouailleuses — comme Watteau qui échappe aux amitiés des grands et parle de l'hôpital ainsi que d'un refuge, comme Lemoyne qui se suicide ; comme Gabriel de Saint-Aubin qui boude l'officiel, les Académies et suit son génie dans la rue ; comme Lebas qui met son honneur d'artiste sous la garde de la blague moderne. Aujourd'hui nous avons changé cela : ce sont les lettres qui ont pris cette libre misanthropie de l'art. »

Edmond et Jules de Goncourt, *Idées et Sensations.*

une fluxion douloureuse sur les dents à ses autres malheurs, et qui est très-sensible à l'intérêt que vous prenez à lui.

Je suis assez de votre avis sur le Suétone de M. de La Harpe : mais il est bien malheureux. Il y a contre lui un déchaînement si général, qu'il faut qu'il renonce à l'Académie. On l'accable d'épigrammes, d'injures et d'imputations odieuses. On ne haïssait pas plus Voltaire il y a quarante ans, quoique Voltaire fût bien plus haïssable. puisqu'il avait fait *la Henriade* et *Alzire*.

On a annoncé à M. de La Harpe une liste de ses contre-sens, avec le texte de Suétone et la traduction de *la Pause* (1), en trois colonnes. Heureusement que c'est Fréron qui s'est chargé de ce travail. et que la traduction de *la Pause* est encore plus inexacte.

[Le Parlement s'assemblera samedi. On ne sait s'il aura peur ou s'il cédera en protestant et bavardant, ou si on lui fera grâce du préambule et du troisième article de l'Edit. Les bruits de guerre s'étaient renouvelés avant-hier. On la craignait hier et on ne sait pas encore le nom du nouveau ministre des Affaires Étrangères. La Guerre a été offerte à M. de Muy ; mais on ne sait s'il l'a acceptée (2). Mlle de l'Espinasse se porte assez bien et ses deux secrétaires aussi, c'est-à-dire que chacun a la santé que vous lui connaissez quand il n'est pas malade.] (3).

Adieu, Monsieur, vous connaissez notre amitié pour vous : elle durera toujours parce qu'elle est fondée sur des motifs et des rapports qui ne changeront jamais. Je consulterai mademoiselle de l'Espinasse pour savoir s'il faut vous envoyer les *Lettres Portugaises* mises en vers par Dorat. On dit qu'il y a *des vers heureux dans le genre médiocre.*

(1) De Lisle de Sales, caché sous le pseudonyme d'Ophellot de la Pause.

(2) Il écrivit au roi une lettre maladroitement dirigée contre Madame du Barry et où il parle de l'inflexibilité de son caractère.

(3) Passage inédit.

XXI

CONDORCET A TURGOT

Dimanche 30 Décembre 1770.

Mademoiselle de l'Espinasse a eu avant hier, pendant la nuit, une toux convulsive très-violente, après laquelle elle a pris de l'opium. Ce remède l'a beaucoup fatiguée et elle s'est couchée hier avec la fièvre. Elle m'a chargé de vous instruire de son état et de vous mander qu'elle a fait mettre pour vous à la poste un ouvrage sur les Ducs et Pairs qu'on attribue à l'avocat Moreau et qui est contraire aux prétentions du Parlement et que M. d'Aiguillon lui a dit ou commandé.

Je ne décide point entre Genève et Rome

. . . .

J'ai vu des deux côtés la fourbe et la fureur.

L'avocat Moreau est chef du conseil du Comte de Provence, Linguet, Elie de Beaumont, Anex en sont les conseillers et Loiseau procureur général ; le voilà en bonne compagnie. On dit que M. de Monteynard sera ministre de la Guerre. On est en suspens sur les autres. Le Parlement d'hier a remis à demain et demain il remettra à mercredi. L'unanimité se soutient ; mais elle se rompra au premier prétexte. Il paraît deux mémoires des Bretons : l'un sans aveu, supprimé par le Parlement de Bretagne, ridiculement écrit par un bel esprit de province qui dit que dans le mémoire de Linguet *tout est faux juqu'à la vérité même*, l'autre, plus grave, avoué par les Etats et distribué en leur nom.

M. d'Arnaud, inventeur du genre sombre (1), est le quinzième concurrent pour l'Académie et M. de Tressan le seizième. Je crois que le président de Brosse ne réussira pas. Son élection mettrait Voltaire en fureur et il attacherait un vers à chacun de ceux qui l'auraient porté. Je trouve qu'il vaut mieux renoncer à avoir le président que risquer d'être éternellement ridicule.

(1) Baculard d'Arnaud, l'auteur des *Épreuves du Sentiment*.

A propos de ridicule les parlementaires donnent des copies d'un discours de Pasquier qui dit en beaucoup de termes : *Je sais que ma tête est proscrite, mais, messieurs, je vous conseille d'aller offrir les vôtres au roi.*

Je viens d'apprendre que Mlle de l'Espinasse est encore souffrante et qu'elle a eu la fièvre toute la nuit. M. d'Alembert est aussi bien qu'il peut l'être lorsqu'il est inquiet et affligé.

Adieu, Monsieur, j'attends avec impatience votre lettre sur les baromètres. Le monde moral va si mal qu'il faut tâcher de ne s'occuper que du physique.

XXII

CONDORCET A TURGOT

Ce 1er janvier 1771.

Les places de ministres ne sont pas encore données ; on croit toujours que la Guerre est destinée à M. de Monteynard.

Le Parlement d'hier a remis à huit jours.

Mlle de l'Espinasse a eu hier et avant-hier au soir un mouvement de fièvre et elle a toujours eu beaucoup de malaise et de courbature. Elle n'a point dormi cette nuit et est sans fièvre ce matin. M. d'Alembert est inquiet et tourmenté. Voilà, Monsieur, tout ce que je sais. Je voudrais avoir de meilleures nouvelles à vous mander.

Soyez bien sûr que cette année je vous aimerai autant que l'autre. Conservez-moi aussi une égale amitié. Mais puis-je espérer de vous voir davantage ? Je crois être à Paris pendant une partie de l'été et cet arrangement me laisse quelque espérance.

XXIII

CONDORCET A TURGOT

Ce dimanche 6 janvier 1771.

Mlle de l'Espinasse est sans fièvre depuis plusieurs jours.

mais elle se sent encore beaucoup de la fatigue qu'elle lui
a laissée ; elle dort mal et a mal à la tête tous les soirs.

Le Parlement a eu vendredi des lettres de Jussion très dou-
ces. Pasquier a fait un discours très-mielleux et le parti de l'opposition va reprendre ses fonctions par amour pour le roi.
Nous ignorons absolument ce qui a pu faire changer d'avis ces
Messieurs et pourquoi ils n'ont pas fait, sans cesser le service,
l'arrêté qu'ils feront en le reprenant.

J'ai souscrit pour le journal de Deux-Ponts à commencer du
premier mai dernier ; ainsi au premier mai 1771 il faudra renouveler l'abonnement et vous recevrez d'ici à quinze jours les
feuilles qui ont paru depuis le commencement.

M. Gillet, à qui j'ai écrit pour vous, a dit qu'il vous répon-
drait.

Je crois que M. Desmarets réussira, il a pourtant contre lui
beaucoup de gens qui disent que la place qu'il demande doit
être donnée à un géomètre. Mais quoique je trouve qu'ils ont
raison dans le droit, je suis persuadé qu'ils auront tort dans le
fait, parce qu'il n'y a point dans ce moment de géomètre dont
le mérite soit absolument bien constaté, hors un qui aura une
autre place.

L'Académie française fera jeudi sa première élection ; la seconde est remise après la Chandeleur.

Adieu, Monsieur, Mlle de l'Espinasse me charge de mille
choses pour vous, M. d'Alembert dort mal, et nous vous aimons
tous de tout notre cœur.

XXIV

CONCORCET A TURGOT

Ce mardi 8 janvier 1771.

Le Parlement a repris hier ses fonctions à la pluralité de
cinquante-huit voix contre cinquante-six et il a fait un arrêté
très-long dont je n'ai encore rien vu. Ainsi nous serons jugés
tant bien que mal. Nous n'avons encore qu'un ministre, celui

de la Guerre ; la Marine est administrée par l'abbé Terray ; les Affaires Étrangères, par l'abbé de La Ville et le Duc de La Vrillière signe tout. Les avocats ont rayé Linguet du tableau, à cause de plusieurs friponneries anciennes, et ils montrent par là qu'ils gardent volontiers les fripons pourvu qu'ils ne soient que cela et qu'ils servent la haine et les préjugés de Messieurs. Je trouve cela fort injuste et je ne sais pas pourquoi Linguet ne plaiderait pas devant le tribunal où Pasquier juge.

> Selon que vous serez puissant ou misérable
> Les jugements de Cour vous rendront blanc ou noir.

Il est décidé que notre élection se fera de demain en huit ; celles de l'Académie française font plus de bruit et j'ai peur que le président ne réussisse. L'Académie peut se contenter de gens simplement médiocres ; mais les gens médiocres, circonspects et politiques ne valent rien dans ces temps difficiles et, avec trois présidents De Brosses, l'Académie verrait revenir la mode des discours chrétiens terminés par une courte prière à Jésus-Christ.

Croiriez-vous qu'on veut absolument faire mettre des cartons à une traduction de Platon et même du Code de l'Impératrice de Russie ?

Adieu, Monsieur, M\ue de l'Espinasse vous écrit. J'attends votre lettre avec impatience.

XXV

CONDORCET A TURGOT (1)

Ce 14 janvier 1771.

[Le roi a, dit-on, répondu au Parlement qu'il approuvait leur rentrée dans leurs fonctions, mais qu'il soutiendrait son édit de tout le poids de son autorité. Comme le premier président n'en a pas encore rendu compte à l'Assemblée, cette nouvelle est

(1) Ed. Arago et O'Connor, I, page 179.

incertaine. Nous élirons M. Desmarets (1). selon toute appa-
rence] (2).

On a donné avant-hier, aux Français, une tragédie bourgeoise
de M. de Falbaire (3) ; elle est lourdement tombée. Les mœurs
insipides de la petite bourgeoisie y étaient peintes avec une
vérité dégoûtante.

On assure que la paix est signée ; du moins mylord Harcourt
dit publiquement qu'elle est assurée. Si nous évitons la guerre
et que nous ayons du pain. nous supporterons avec plus de
patience l'inquisition qui s'appesantit sur notre littérature, et
nous nous passerons de penser et d'écrire plus facilement que
de manger ; car on mange deux fois par jour et on vit fort bien
quatre-vingts ans sans jamais penser. Mademoiselle de l'Espinasse est beaucoup mieux que je ne l'ai vue depuis longtemps.
et elle vous aime toujours de même. M. d'Alembert est assez
bien.

L'Académie française a élu l'évêque de Senlis. que les politiques ont mis en avant pour écarter Gaillard. et lier plus à

(1) Desmarets (Nicolas), physicien, né le 16 septembre 1725 à Soulaines,
petit bourg de Champagne. d'une famille pauvre, fut pensionnaire au
collège de l'Oratoire à Troyes. répétiteur de mathématiques à Paris,
rédacteur du *Journal de Verdun*, lauréat de l'Académie d'Amiens sur la
question relative à l'ancienne jonction continentale de l'Angleterre à la
France (1753). Protégé par d'Alembert. Turgot. Malesherbes. Trudaine :
de 1757-1759 il fut chargé de visiter les principales fabriques de drap ; en
1761, il inspecta les fromageries de Lorraine et de Franche-Comté ; en
1762, il fut nommé par Turgot inspecteur des manufactures du Limousin ;
en 1763, il visita les papeteries de l'Auvergne et étudia le Puy-de-Dôme. Il
découvrit des colonnes de basalte provenant des volcans et soumit sa
découverte à l'Académie. Il suivit en Italie le duc de La Rochefoucauld
(1765). En 1768 et en 1777, il voyagea en Hollande pour examiner les machines. Comme on le verra plus loin. il fut adjoint à l'Académie des
Sciences. le 20 janvier 1771. Il mourut le 28 septembre 1815, âgé de 90 ans.
Son éloge a été prononcé par M. Silvestre à la société d'Agriculture
(1816) et à l'Académie des Sciences par Cuvier. en 1818.

(2) Passage inédit.

(3) *Le Fabricant de Londres*, drame en cinq actes et en prose représenté
le 12 janvier 1771.

leur aise la partie de M. de Brosses. Il a manqué au prélat douze
voix sur vingt-neuf, et si ces douze voix nous avaient manqué
dans une pareille occasion, nous serions désespérés d'avoir eu
la pluralité. M. de Senlis n'est pas du même goût ; l'avantage
d'avoir eu contre lui les encyclopédistes lui servira auprès du
clergé, et lui tiendra lieu de quelques simagrées.

Adieu, Monsieur, vous connaissez ma tendre amitié.

XXVI

CONDORCET A TURGOT (1)

Ce dimanche 20 janvier 1771.

[Depuis ma dernière lettre le Parlement a quitté ses fonctions
de nouveau en disant qu'il ne les avait reprises que parce qu'on
lui avait fait entendre que le roi abandonnerait son édit. Il y a
eu ensuite trois ou quatre lettres de Jussion, ordonnant toutes
de reprendre les fonctions sous peine de confiscation des
charges, et le Parlement ayant refusé d'y obtempérer, on croit
qu'il arrivera demain ou que la charge de chacun en particulier
sera confisquée par un arrêt du Conseil qui le déclarera atteint
et convaincu du crime de désobéissance, ou que le Parlement
mandé à Versailles y sera mandé en corps, ou que tout se paci-
fiera au moyen de quelques mots de douceur que dira le roi,
parce que l'édit paraît assez supportable à beaucoup de
Messieurs pourvu que le troisième article ne puisse s'entendre
de lois qui bouleverseraient le royaume, comme par exemple si
on voulait changer l'ordre de succession, rétablir les Jésuites
ou permettre l'Encyclopédie. Depuis qu'on a assuré à Pasquier
que personne ne lui faisait le tort de le croire encyclopédiste,
il est constamment pour reprendre les fonctions. Mais Michel
et Michau restent fermes et, malgré de fréquents barbarismes,
les discours de Michau sont admirés *d'un chacun Messieurs*. Je
vous manderai mardi ce qui sera arrivé demain.] (2)

(1) Ed. Arago et O'Connor. I. page 180.
(2) Passage inédit.

Vous recevrez une *Théorie du luxe*, dont je ne connais ni l'auteur ni le mérite : elle est en deux volumes. Notre littérature ne produit rien cette année, grâce à l'éteignoir de la police. On ne veut pas même permettre une tragédie des *Druides* (1), parce qu'on s'y élève contre les sacrifices de sang humain, ce qui choquerait beaucoup les assassins de La Barre, et parce qu'un prêtre y dit en parlant de Dieu :

> Si j'en crois ma raison,
> Plus il est tout-puissant, plus il doit être bon.

On a sincèrement exigé de l'auteur qu'il ôtât ces deux vers, ainsi qu'un autre où le mot de raison se trouvait. Vous trouverez cependant dans le *Mercure* que *le moyen le plus sûr de rendre les hommes meilleurs et plus heureux est de les éclairer, et que l'estime de ceux qui éclairent les nations peut seule consoler des peines du gouvernement.* Voilà ce qu'écrivent des princes ; mais ces princes, élevés par des philosophes, n'ont aucune idée de la politique noble, éclairée, honnête, de nos grands hommes d'État.

Adieu, Monsieur ; mademoiselle de l'Espinasse vous écrira pour vous faire compliment sur l'élection de M. Desmarets, qui a réussi malgré tous les opposants. Je crois que nous avons fait une bonne acquisition. Vous connaissez mes sentiments pour vous, ainsi je ne vous en parle plus. Je voudrais vous revoir et causer avec vous sur les malheurs de la raison et de l'humanité, sur nos espérances, s'il en reste encore, et sur les consolations que nous devons attendre du temps, qui met les hommes et les choses à leur place, mais qui ne répare point les maux passés et en amène sans cesse de nouveaux.

XXVII

CONDORCET A TURGOT

Ce mardi 22 janvier 1771.

La nuit du samedi au dimanche les mousquetaires ont porté

(1) De l'abbé Le Blanc.

aux membres du Parlement une lettre qui leur ordonnait de reprendre leurs fonctions sous peine de désobéissance et de répondre *oui* ou *non* sans tergiversation ni commentaire, déclarant que le refus de répondre serait interprété comme un refus d'obéir. Les uns ont répondu *non*, d'autres ont dit qu'ils n'avaient quitté leurs fonctions que d'après les arrêtés de la compagnie et qu'ils ne pouvaient avoir d'avis qu'avec les Chambres assemblées. Un assez grand nombre a dit *oui*; mais quelques-uns ont protesté en particulier contre cette réponse et tous, à une assemblée de Chambres faite dimanche au soir, ont déclaré qu'ils n'avaient jamais entendu se séparer de la compagnie. La nuit du dimanche au lundi on a signifié à chacun de ceux qui avaient dit *non* ou éludé de répondre ou protesté contre leur première réponse un arrêt du Conseil qui les déclare atteints de désobéissance, confisque leurs charges au profit des parties casuelles, leur défend de prendre la qualité de membres du Parlement et annonce que le roi remplira incessamment les offices qu'ils laissent vacants. Ensuite les mousquetaires ont porté à chacun une lettre de cachet qui leur ordonnait de sortir de Paris dans la journée et de se rendre au lieu de leur exil. Une vingtaine des moins vifs, parmi lesquels plusieurs avaient dit *non*, sont exilés dans leurs terres ou à peu de distance de Paris. Les autres, dans de petites villes aux extrémités du ressort. M. de Saint-Fargeau qui a dit *oui* et s'est rétracté est dans la Basse-Marche et M. de Monblin qui a eu la même conduite, dans les Sables-d'Olonne. Il n'est resté qu'environ quarante conseillers, [dont] M. Pasquier père, qui n'ont été ni exilés ni cassés. Ils ont fait hier un arrêté par lequel ils redemandent au roi les membres qu'on leur a enlevés et persistent dans les arrêtés et le refus de reprendre les fonctions. Voilà un événement qui donne lieu à bien des réflexions et des conjectures. On dit même que la justice criminelle serait établie sur le même plan que celle d'Angleterre. Cela me consolerait comme citoyen mais je ne le serai comme homme que lorsque deux amis que j'avais dans l'ancien Parlement auront leur liberté et seront rendus à leur famille et à leurs amis. Personne n'a été mis en prison (1).

XXVIII

CONDORCET A TURGOT

Ce 27 janvier 1771.

Le reste du parlement a été exilé la nuit de lundi à mardi. Mercredi M. le Chancelier a assemblé le Conseil pour lui annoncer que le roi le destinait à faire par intérim les fonctions du Parlement; et le jeudi il l'a conduit au Palais où il l'a divisé en quatre Chambres; comme vous en êtes on vous enverra les Lettres patentes. Hier et avant-hier le nouveau Parlement a rendu la justice civile et criminelle; mais les avocats n'y paraissent point, les procureurs disent que leurs parties ont retiré leurs pièces ou ne les ont pas fournies, et jusqu'ici il n'y a eu que quelques arrêts de bannissement et un arrêt sur requête au civil.

La paix (2) est décidée: le roi a reçu avant-hier la nouvelle qu'elle avait été signée à Londres par le prince de Massano et par le Comte de Rochefort.

Les *Lettres Portugaises* (3) partiront mardi. Je vous envoie aujourd'hui un exemplaire du discours de M. d'Alembert au roi de Danemarck. C'est de la part de l'auteur, qui malheureusement parait prêt à retomber dans l'état dont son voyage l'avait

(1) Il courut alors une caricature que les *Mémoires secrets* décrivent ainsi : « On y voit le Roi entouré du chancelier, du contrôleur général et de Madame la comtesse Du Barry. Le premier président arrive chargé d'un petit panier chargé des têtes, des bourses, des phallus des membres de sa Compagnie. Le chancelier se jette sur les têtes, le contrôleur général sur les bourses et la comtesse sur les phallus. »

(2) Avec l'Angleterre. Il avait été question de soutenir l'Espagne disputant aux Anglais la possession des îles Malouines.

(3) Mises en vers par Dorat. Le texte de cette célèbre correspondance entre la religieuse de Béja, Marianna Alcaforada et le marquis de Chamilly a été souvent réimprimé. Voyez l'édition de M. Luc. Assé, Paris, Charpentier 1873.

tiré. Mlle de l'Espinasse est aussi bien qu'elle puisse être ; mais je voudrais qu'elle fût beaucoup mieux. M. Desmarets a eu hier ses lettres de nomination. Adieu, Monsieur, vous connaissez mon amitié, vous m'avez permis de compter sur la vôtre. Je compte passer à Paris une partie de l'été, aurai-je alors le plaisir de vous y voir ?

XXIX

CONDORCET A TURGOT

Ce mardi (février 1771).

On a remplacé par trois directeurs de la guerre les 22 officiers généraux employés dans les provinces par de simples lettres et on a nommé MM. de Maillebois, Mailly d'Aucour et d'Herouville. J'aurai soin de vous envoyer les comédies corrigées par Collé, à commencer dimanche prochain. Connaissez-vous un livre italien de M. de Beccaria, sur le style ? On va le traduire en français, mais si vous vouliez le livre en italien, je vous enverrais mon exemplaire. M. d'Héricourt était à deux lieues de Poitiers, dans un village nommé Bernai : on l'a renvoyé dans un autre Bernai un peu plus éloigné. Il n'y a sur les affaires publiques que des conjectures. Adieu, Monsieur, vous connaissez ma tendre amitié : mais vous ne savez pas combien je voudrais vous voir et causer avec vous.

Le pauvre Bernard est tombé dans une vraie imbécillité qu'on dit causée par l'abus de ses facultés : on attribue à la même cause le dépérissement où M. de Buffon se trouve : mais on espère qu'il s'en tirera. M. de Mairan meurt avec le plus grand courage : il a fait tout ce qu'il faut pour éviter le scandale, mais il ne dissimule plus.

XXX

CONDORCET A TURGOT (1)

Ce 17 février 1771.

Nous n'avons depuis longtemps aucune nouvelle, et voilà, Monsieur, la cause de mon silence. On attend toujours le nouveau code et les nouveaux Parlements. On dit que s'il n'y a plus rien à gagner pour les juges en donnant un arrêt définitif, les procès seront éternels. On dit que des juges moins riches et d'une classe un peu inférieure seront plus corruptibles et qu'étant pour tout le ressort en plus grand nombre, il y aura plus d'injustices particulières, et plus d'oppresseurs impunis. Si tous ces raisonnements ne sont pas absurdes, l'humanité ne fera que perdre à ces changements. J'espère pourtant (car j'aime à espérer), que les nouveaux corps de magistrature ne prendront point l'esprit d'intolérance, d'ignorance, de pédanterie et de barbarie qui régnait dans l'ancien Parlement. Blois, Châlons, Poitiers, Clermont et Lyon doivent dans le projet avoir chacun un Conseil souverain. M. de Breteuil part pour Vienne et l'Empereur se dispose, dit-on, à faire la guerre aux Russes. Il a dit à ses conseillers comme l'Attila de Corneille :

Un grand destin commence, un grand destin s'achève

Et ils ont cru qu'il valait mieux s'opposer aux progrès des Russes que de hâter la chute des Ottomans. Les cruautés des Russes vont donc être punies par de nouvelles cruautés qui seront punies à leur tour, et dans ce cercle de primes et de punitions l'humanité, toujours souffrante, est vengée souvent mais jamais consolée] (2).

Notre littérature a été longtemps sans rien produire ; enfin la traduction de la vie de Charles-Quint, par Robertson, vient de paraître, et nous allons voir la nouvelle édition du poëme des

(1) Ed. Arago et O'Connor, I, page 181.
(2) Passage inédit.

Saisons (1). Les Français ont donné une comédie intitulée *le Persifleur* (2) : des moralités communes, des sorties contre les drames, les philosophes, les financiers, etc., ont un peu soutenu auprès du parterre cette pièce, qui est dans le genre ennuyeux. L'auteur a peint les gens du monde d'après les romans de Crébillon et la société de quelques actrices. Il n'est pas question dans la pièce de peindre le cœur humain. C'est un genre que, depuis Molière, on n'a pas même tenté de ressusciter. Je vais, en attendant *les Saisons*, vous envoyer Robertson et un *Fabricant de Londres*, drame sifflé de M. de Falbaire mais dont les deux derniers actes m'ont paru n'être pas sans intérêt. Il est vrai que je n'y suis pas difficile, et que mon âme s'attendrit aisément, soit sensibilité, soit mobilité. Il y a une tragédie intitulée *les Druides*, dont on arrête la représentation. Je vous en ai peut-être déjà parlé, parce que je m'en occupe beaucoup. Les théologiens, que M. de Sartine consulte sur la comédie, trouvent très mauvais que l'auteur n'ait pas mis des chrétiens dans les Gaules du temps de César, et qu'on n'oppose que la raison au fanatisme des Druides. Quand on raisonne aussi mal, on est sûr d'avoir raison.

Adieu, Monsieur; nos amis se portent aussi bien qu'ils peuvent. Vous vous êtes trompé sur le président de Brosses. Grâces en soient rendues à notre ami et au prince Louis, qui a été beaucoup plus brave qu'il n'appartient à un évêque et à un homme de cour. Je compte sur les lumières que vous voulez bien me faire espérer pendant mon séjour à Ribemont.

XXXI

CONDORCET A TURGOT

Ce dimanche (Fin février 1771).

Le Conseil a enregistré hier au palais plusieurs nouveaux-

(1) De Saint-Lambert.

(2) Du marquis de Bièvre.

édits, l'un portant création de six conseils supérieurs à Châlons, Lyon, Clermont, Poitiers, Blois et Arras ; ce dernier qui subsistait a été cassé et recréé sous une nouvelle forme : il y a un premier président à deux mille écus d'appointements, deux présidents à dix mille francs, un procureur général à la même pension, un avocat général à mille écus, vingt conseillers à deux mille francs, et deux substituts à cent pistoles. Un second édit restreint à cent le nombre des procureurs, les autres seront remboursés avec l'argent provenant des charges de procureurs et de greffes dans les nouvelles Cours. Un troisième donne, d'après un édit *du roi*, aux avocats du Conseil le droit de plaider au Parlement. Un quatrième ordonne que dans les délits commis dans les justices seigneuriales les frais de la procédure seront aux plaideurs, si elle est commencée par les officiers du seigneur et aux frais des seigneurs, si elle est commencée par les officiers royaux. Il y a eu des voix pour nommer des commissaires, mais l'avis d'enregistrement pur et simple a passé à la pluralité de cinquante-neuf voix contre treize. Il y a de très belles remontrances de la Cour des Aides. Tout ce qu'il y a de vrai et de bon à dire en faveur du Parlement y est énergiquement, noblement exprimé, sans emportement comme sans bassesse ; les torts que peut avoir le Parlement et les côtés faibles de la cause y sont déguisés et palliés avec adresse.

M. d'Héricourt reste où il était, ce que je vous ai mandé de son changement était fondé sur ce qu'avait dit M. le Chancelier ou ce qu'on avait cru lui entendre dire. Nos amis se portent assez bien. M. d'Alembert travaille assez pour n'être point malheureux de ce côté-là. Adieu, Monsieur, mandez-moi si vous ne serez pas à Paris en juin, juillet, août, je compte y être alors et l'espérance de vous voir me donnerait de ce voyage une idée bien plus agréable.

M. de Mairan est mort avec calme (1) : mais il a souffert pendant plusieurs jours. M. de Buffon est hors de danger.

_____

(1) Le 20 février 1771.

XXXII

CONDORCET A TURGOT

Ce dimanche (février ou mars 1771.)

Les princes de Suède ont reçu avant-hier la nouvelle de la mort de leur père et de la proclamation du prince royal. Ainsi nous perdons ce prince dans le moment où, las de la Cour et de ses courtisans, il allait s'occuper de nos arts et causer avec des hommes.

On a présenté hier au Parlement le nouveau Code qui contient treize titres et trois cents articles. On a nommé des commissaires.

La nouvelle édition des *Saisons* ne paraît pas encore. Demain l'Académie reçoit M. de Senlis. On ignore encore s'il y aura autre chose que les discours du récipiendaire et du directeur. Le maréchal de Richelieu, constant dans sa haine contre les gens de lettres, cabale contre eux à la Cour et oppose aux raisons du prince Louis et de M. de Nivernois quelques grimaces et le mot d'Encyclopédiste. C'est aujourd'hui que cette affaire se décide. Les suppléments de l'Encyclopédie vont se faire à Bouillon pour augmenter la gloire de notre nation et la honte de ceux qui auraient dû protéger cette entreprise et qui l'ont persécutée.

Adieu, Monsieur, je vous manderai mardi ce que je saurai du Code et de la séance académique. Nous avons grand besoin de lumières et de bonnes lois. Vous connaissez mon amitié : nos amis se portent bien.

XXXIII

CONDORCET A TURGOT

Ce mardi (février ou mars 1771.)

Je n'ai rien appris du Code qui est entre les mains des commissaires, si ce n'est qu'il est presque le même que le règlement donné au Conseil par M. le Chancelier d'Aguessau. On doit porter incessamment au Parlement des édits bursaux. On dit qu'ils roulent sur l'amidon, les nouvelles noblesses, les privilèges, le papier et le roulage. Ce dernier article peut intéresser le peuple et on dit que celui du papier peut beaucoup nuire à nos manufactures de pensée. Si nous pensons encore malgré les soins qu'on prend de toute part pour nous en empêcher, je ne vois plus d'autre ressource que d'ordonner aux sages-femmes par un Édit de donner aux têtes des enfants la forme oblongue de celle des Siamois. Alors bien assuré de l'imbécillité de nos descendants ils craindront moins nos raisonnements.

Je ne lirai Robertson qu'à Ribemont et je le lirai sans prévention. Votre jugement est fort opposé à celui du moment, tout le monde admire l'introduction.

Je vois contre elle Achille et pour elle l'armée.

Le Roi n'a pas voulu entendre les remontrances de la Cour des Aides. La séance de l'Académie a été triste, malgré toute la gaieté que l'abbé de Voisenon a voulu mettre dans son discours. M. de Senlis a été commun et la bouche de M. Thomas étant toujours fermée on n'a rien lu après les deux discours.

Mlle de l'Espinasse ne peut pas vous écrire ; elle était souffrante et abattue hier au soir. Nous dinerons ensemble chez M. l'archevêque de Toulouse ; elle me charge de vous dire de sa part combien elle est fâchée de ne pouvoir vous répondre. Donnez-nous des nouvelles de votre santé et aimez-nous toujours. M. de Montyon est ici avec une fièvre lente qu'il promène. M. de Chazerat (1) l'a dispensé de toute besogne odieuse.

(1) Probablement Ch. Ant. Cl. de Chazerat, né le 20 avril 1729, reçu en 1771 à la place de son père, premier président de la Cour des Aides de Clermont-Ferrand : il rendit à Turgot le service de lui épargner, en plus d'une occasion, les tracasseries traditionnelles de sa compagnie à l'égard des intendants de Limoges.

XXXIV

CONDORCET A TURGOT

Ce dimanche mars 1771.

Les maréchaux de France se sont plaints au roi de ce qu'il avait donné une place importante dans le militaire au comte de Maillebois qu'ils avaient flétris. Le roi leur a fait écrire par M. de Monteynard une lettre très dure où il désapprouvait leur assemblée et qu'ils eussent réveillé une affaire qu'il avait oubliée. Cependant M. de Maillebois a perdu sa place et elle a été donnée à M. de Mui qui l'a acceptée. Les maréchaux doivent se plaindre au roi de la lettre de M. de Monteynard.

Les édits bursaux n'ont point été présentés au Parlement. On dit qu'on en fera passer une partie sous la forme d'arrêt du Conseil. On dit aussi que M. de Boulogne va être Contrôleur général et l'abbé Terray ministre de la marine.

Voltaire a fait, dit-on, une lettre contre les Parlements, cela ne serait pas généreux et ne pourrait être pardonnable qu'à un homme qui serait excédé d'entendre toutes les sottises qu'on dit ici pour eux.

Mlle de l'Espinasse comptait vous écrire hier au soir mais elle était accablée et je me suis offert. Je n'ai plus longtemps à remplir l'emploi de son secrétaire : je vais faire le géomètre en Picardie et réparer le temps que mes amis m'ont fait employer à Paris d'une manière moins solide et plus douce.

Vous avez lu les remontrances de la Cour des Aides et vous n'avez pas dévoré ce qui avait fait effet sur Mlle de l'Espinasse.

Il paraît une épître du roi de Danemark sur la liberté de la presse.

    Monarque vertueux quoique né despotique
    Crois-tu régner sur moi du fond de la Baltique
    Suis-je un de tes sujets pour me traiter comme eux.
    Pour consoler mes jours et pour me rendre heureux.

Il y a plusieurs vers heureux dans la pièce qui est en tout un

peu négligée. Nous avons aussi une épître à M. d'Alembert (1),
où il est fort question de Fréron, Larcher, la Beaumelle, etc.
Quand on en donnera des copies vous en aurez une.

Adieu, Monsieur, revenez-vous le mois de juillet? il serait
affreux de faire deux séjours à Paris dans deux saisons différentes et de ne vous y point voir une seule fois. Avec une pareille conduite un homme qui ne serait qu'aimable serait oublié
de ses amis ; mais vous, vous devez être bien sûr des vôtres.

XXXV

CONDORCET A TURGOT

C'est jeudi la réception de M. de Beauvau : je pourrai encore
vous en rendre compte. Mlle Luzzia débute dans le tragique par
le rôle d'Amenaude, dans Tancrède. On dit que cela n'était pas
absolument ridicule. Voltaire n'a point pardonné aux assassins
de la Barre : peut-être a-t-il raison, mais il fallait s'en tenir là et
ne pas louer les autres, d'autant plus qu'un d'eux était aussi
juge dans cette affaire et qu'il n'est pas sûr qu'il n'ait pas été
complice et que son père qui pouvait faire grâce ne l'a pas
faite.

Adieu, Monsieur. Mlle de l'Espinasse a mal au pied : elle est
d'ailleurs moins souffrante : vous m'apprenez de bien mauvaises
nouvelles sur votre retour.

XXXVI

CONDORCET A TURGOT (2)

Vers juin 1771.

J'ai l'honneur de vous envoyer, Monsieur, le premier volume

---

(1) De Voltaire.

(2) Éd. Arago et O'Connor, t., page [illegible]

de *Londres* (1) et l'*Eloge des environs de Moukden* (2). Mademoiselle de l'Espinasse a eu encore hier un frisson très-violent. suivi d'une forte fièvre ; c'est le septième accès depuis la rechute. On avait jusqu'ici laissé agir la nature. mais hier on a ordonné les eaux de Sedlitz. Elle est persuadée que le jubilé n'entre pour rien dans sa maladie ; elle n'est restée qu'un quart d'heure dans l'église de Saint-Germain, et elle prétend que si un si court espace de temps passé dans une église produisait un aussi fâcheux effet, ce serait une chose plus terrible contre la religion qu'aucune épigramme de Voltaire. Je ne sais si vous lisez le *Mercure* ; il y a dans le dernier une énigme en huit vers. par une société de gens de lettres. La voici :

> Je règle les ressorts de mon art infaillible :
> Je concerte si bien leur jeu sûr et terrible.
> Que chacun se rompant par un rapport secret.
> Des autres sur-le-champ précipite l'effet ;
> Et ce dédale obscur de chemins innombrables.
> Partout entrecoupés, partout impénétrables.
> Est plein de fils trompeurs dont le sombre embarras
> Egare sans retour et conduit au trépas.

Ces huit vers se trouvent dans Gaston et Bayard, à la fin du premier acte. Tout le monde avait cru que le mot de l'énigme était *une toile d'araignée dans une cave*, et il se trouve que c'était d'une conspiration que parlait Du Belloi.

La Comédie-Française a ouvert son nouveau théâtre par *Phèdre*, et il ne m'a pas été possible de rien apprendre sur les avantages ou désavantages de cette salle.

Notre cour est en combustion à cause du mariage du duc de Bourbon ; les Montmorency sont indignés qu'on ait accordé aux Rohan plus qu'à eux.

Madame Louise (3) dit et fait les plus belles choses du

---

(1) Par Grosley.

(2) C'est le poëme composé par l'empereur de la Chine Kienlong. Voltaire en parle. Voyez les tomes XIII, XLVII et XLVIII de ses œuvres. édit. Beuchot.

(3) Qui venait de se faire Carmélite à Saint-Denis.

monde, comme vous l'imaginez bien. On va juger Billard et l'abbé Grizel (1).

Les petites filles de la paroisse Saint-Paul ont fait leur première communion, et on les a régalées ensuite de soupe au lait ; mais en guérissant l'âme on a empoisonné le corps : un très-grand nombre s'est trouvé fort mal : malheureusement personne n'est mort. car, étant en état de grâce. elles seraient devenues des anges. état bien au-dessus de celui d'une fille, quelque jolie qu'elle puisse être. On soupçonne le vert-de-gris de s'être mêlé au pain des anges, et d'avoir envie à la farine ce privilège exclusif de devenir Dieu.

Adieu, Monsieur, je vais partir : mademoiselle de l'Espinasse va perdre son second secretaire, mais le meilleur lui reste (2), et je regretterai beaucoup de n'être plus chargé de ses commissions pour vous, de perdre les occasions d'entretenir un commerce si agréable pour moi. Daignez me conserver la même amitié, et comptez sur toute la mienne.

(1) Ils avaient fait banqueroute de compagnie : le premier était caissier général des postes, il fut condamné au pilori et au bannissement ; l'autre était jésuite et directeur de dévotes illustres : il avait converti Mme d'Egmont, et lui avait ensuite volé cinquante mille francs. On le mi en liberté, et il revint chanter une messe d'actions de grâces à Notre-Dame, où il était sous-pénitencier. Voltaire l'a mis dans l'enfer de *la Pucelle*, dans l'*Epitre au roi de la Chine*, et dans l'*Epitre à Horace*.

(2) D'Alembert. En 1775, elle écrivait à M. de Guibert : « Je ne puis exprimer mon affection pour M. de Condorcet et M. d'Alembert qu'en disant qu'ils sont identifiés avec moi ; ils me sont nécessaires comme l'air pour respirer : *ils ne troublent pas mon âme mais ils la remplissent ;* enfin je voudrais être à demain matin. » Et quelques jours après : « M. de Condorcet y sera (chez la duchesse d'Anville) ; il a passé la soirée avec moi hier, ce sera de même aujourd'hui : *mais demain j'espère qu'il n'aura pas tant de bonté ;* et vous en aurez, vous, assez pour venir le matin me dire si je puis compter sur vous le soir. » (Lettres de Mme de l'Espinasse, éd. Eug. Asse, pp. 185 et 200.)

XXXVII

CONDORCET A TURGOT

Ce mardi 9 juillet 1771.

Me voici enfin de retour à Paris, Monsieur, où j'aurais voulu vous trouver et où je sens que vous me manquez et beaucoup. Je vais reprendre ma fonction ordinaire et servir de secrétaire à Mlle de l'Espinasse. Il faut que je vous mande ce qui s'est passé à la Chambre des Comptes et je n'en sais presque rien ; j'etais en chemin ce jour-là et j'ai appris en gros à mon arrivée que M. le Comte de La Marche accompagne du Maréchal de Richelieu y avait été faire enregistrer des edits déjà reçus par le Parlement et que la Chambre rejetait pour cette seule raison. L'avocat general, M. Perrot, a fait un discours où il a parlé de l'usage de charger de cette Commission le premier prince du sang, et ce discours a été très injurieux pour le prince qui était present. La Chambre a proteste après la sortie de M. le Comte de La Marche, et on a voulu, dit-on, arrêter M. Perrot qui s'est retire à la campagne et a écrit à M. le Comte de La Marche une lettre d'excuses. Le Maréchal de Lorges qui prenait des eaux, a été mande à la Cour : on croit qu'il repartra incessamment pour aller guerroyer contre le parlement de Besançon. M. Le Jai, maître des requêtes est greffier en chef du parlement de Paris. On dit qu'il y a une negociation avec les princes et que comme ils n'ont jamais pretendu s'opposer à une volonté du roi qui serait ou qui pourrait devenir une Loi, on leur persuadera que l'edit de Decembre est une de ces volontes-là, ce qui est d'autant plus aise que le roi y persistant depuis six mois, il est impossible de nier que ce ne soit là une Vo.onte *permanente*, [à] laquelle on est oblige *d'obtempérer*. Adieu, Monsieur, une autre fois je serai mieux instruit, mais à present je ne suis au courant de rien.

XXXVIII

CONDORCET A TURGOT

Ce dimanche 14 juillet 1771.

L'avocat général de la Chambre des Comptes a été à Vincennes pendant un jour ou deux : on a rendu compte à la Chambre de son emprisonnement et elle a arrêté qu'il n'y avait lieu à délibérer.

Le roi a reçu les remontrances du Parlement : il a répondu que dans l'état où étaient ses finances il se trouvait forcé à donner des édits bursaux et qu'il valait mieux qu'ils tombassent sur les riches que sur les pauvres. Le Parlement fait d'itératives remontrances. On dit qu'il n'y a plus que huit bailliages qui n'aient pas enregistré le nouveau Parlement. Je vais voir les livres qui vous ont été envoyés pendant mon absence et chercher ceux qui ont pu vous manquer.

La nouvelle traduction de Tibulle et Catulle est d'un ridicule dont rien n'approche. Il s'est avisé de mettre au féminin les douceurs que Tibulle adresse à son Marathus et pour rendre son style plus harmonieux il ajoute un adjectif à tous les substantifs de Tibulle.

Adieu, Monsieur, j'ai vu hier M. Desmarets qui m'a donné de vos nouvelles et je n'en ai pas été content. Mlle de l'Espinasse a eu votre lettre ; peut-être vous répond-t-elle : mais c'est sûr qu'elle, M. d'Alembert et moi nous vous aimons tous trois de tout notre cœur.

XXXIX

CONDORCET A TURGOT (1)

21 juillet 1771.

J'ai reçu hier votre lettre, Monsieur, je l'ai lue avec bien du

(1) Éd. Arago et O'Connor, t. page 146.

plaisir et de l'utilité, et j'espère d'ici à quelque temps vous en
pouvoir parler avec plus de détail. Mademoiselle de l'Espinasse ne vous écrit pas aujourd'hui, elle est souffrante depuis
quelques jours. On a vu ici, le 17, à dix heures et demie du soir,
un météore remarquable. M. Bailly, qui était alors à Chaillot,
occupé à observer Jupiter, a aperçu à peu près au zénith, mais
du côté de l'Orient, une lame de feu qui, au bout de quelques
minutes, a éclaté en globules de feu blanc comme les étoiles
brillantes des artifices ; leur lumière était tellement grande, que
M. Bailly a été ébloui et a cessé de voir les étoiles, et même
Jupiter, qui était alors très-brillant. L'explosion n'a été entendue
qu'environ deux minutes après la dissolution du météore, et elle
a semblé un bruit souterrain. Le phénomène a été vu sûrement
à Senlis, à Versailles, à l'extrémité de la forêt de Saint-Germain,
à la Chapelle, chez M. de Boulogne. On dit même en beaucoup
d'endroits bien plus éloignés ; mais cela est moins sûr. (1)

M. Tenon nous a apporté hier à l'Académie un veau mons-
trueux : l'homme qui le lui a donné est un marchand de lait
nourricier et accoucheur de bestiaux. Il atteste que sa vache l'a
porté treize mois, et qu'ayant toujours été conduite aux champs
avec une longe il n'y a point eu de fraude. Elle était d'une gros-
seur démesurée et n'a pu mettre bas. Le veau est gros comme
un veau de cinq semaines ; il pèse cinquante-cinq livres au lieu
de quinze à vingt que pèsent les veaux ordinaires. Il y a toute
apparence qu'il n'est mort qu'en naissant et en même temps
que la mère. Il a au lieu de tête une masse oblongue à l'extrémité supérieure de laquelle sont deux oreilles larges entre les

(1) « 20 Juillet 1771. Mercredi au soir, à 10 h. 3/4 environ, un feu s'est
manifesté dans la partie du nord, en forme de globe suivant le plus grand
nombre de rapports, et a paru se précipiter vers le sud, etc. » (Bachaumont, *Mémoires secrets*). Plus loin on trouve ce curieux renseignement
complémentaire : « Le public émerveillé (d'expériences météorologiques
du duc de Chaulnes) voulut faire passer M. de Chaulnes pour l'auteur du
phénomène qui s'était produit récemment, ce globe de feu qui avait traversé l'espace et avait éclaté avec un bruit terrible. Il y eut même un rapport de police à ce sujet et il fut constaté que le météore en question
était au-dessus du pouvoir d'aucun faiseur d'expériences. »

quelles est un trou *vulvam referens* à ce que disent les anato-
mistes.

Le Président de Maupeou, l'abbé Boucher, M. Lezonnet de
Bèze, Berthelot de Villaunoy ont liquidé leurs charges.](1)

Adieu, Monsieur, vous connaissez toute mon amitié pour
vous.

J'aurai soin de vous mander tout ce que j'apprendrai du
météore, et des édits sur lesquels le Parlement présente mercredi ses secondes remontrances : le jour qu'il les a arrêtés, on
a battu des mains à sa sortie.

XL

TURGOT A CONDORCET (2)

A Limoges, le 26 juillet 1771.

J'ai vu aussi, Monsieur, ce phénomène du 17, et c'est parce
que je l'avais trop mal vu que je n'ai pas daigné vous en faire
mention. Cependant l'éclat qu'il a fait à Paris et la distance des
lieux mérite qu'on en recueille jusqu'aux moindres circonstances.
J'étais à mon bureau à écrire : le hasard m'ayant fait tourner les
yeux vers la fenêtre, j'aperçus une clarté comme d'une étoile tom-
bante, mais d'un éclat plus vif et occupant un peu plus d'espace ;
elle me paraissait accompagnée, comme ces phénomènes le sont
ordinairement, d'une espèce de traînée pareille à celle des fusées
volantes, mais beaucoup plus faible. Malheureusement je ne vis
cette clarté qu'au moment même où elle se plongeait derrière un
toit qui bornait de fort près mon horizon, en sorte que je ne pus
porter aucun jugement sur la forme, ni sur le diamètre apparent
du phénomène. Je jugeai seulement à son éclat qu'il était beaucoup plus considérable que ne le sont les étoiles tombantes, et
qu'il devrait être du genre de ces globes de feu dont j'ai beaucoup entendu parler sans en avoir jamais vu. Mon valet de

(1) Passage inédit.
(2) Ed. Arago et O'Connor, 1, page 187.

chambre était dans une chambre au second étage, dont la fenêtre
était ouverte; il m'a dit que pendant près d'une minute il fut frappé
d'une clarté extraordinaire. Mais comme il est peu curieux, il ne
s'avisa que fort tard de regarder à la fenêtre, et il n'eut que le
temps d'apercevoir une espèce d'éclair très vif qui se plongeait
à l'horizon. Je n'ai pas connaissance que personne ici ait rien vu
de mieux. L'on n'a point entendu de bruit, et cela n'est pas
étonnant, vu l'éloignement où nous sommes de Paris ; mais cet
éloignement prouve à quel point ce phénomène était élevé dans
l'atmosphère. Pour aider à en porter un jugement plus sûr, j'ai
fait prendre avec un graphomètre l'angle que fait avec la méridienne la direction dans laquelle j'ai vu de mon bureau cette lumière
se plonger sous le toit qui me l'a dérobée, et j'ai fait prendre
l'élévation du bord de ce toit. Il en résulte que lorsque ce phénomène s'est caché à mes yeux, je le voyais sous un angle de 5
à 6 degrés de hauteur, et du côté du nord, dans une direction
qui déclinait de la méridienne, de 15 à 16 degrés vers l'orient.
Vous comprenez que je ne vous donne pas ces angles comme
mesurés avec précision, puisque ce n'est que de mémoire que
j'ai pu fixer le point où j'ai vu disparaître le phénomène. La
position de Limoges est suffisamment connue. Il est à souhaiter
qu'il parvienne à l'Académie des observations plus précises et
de différents lieux éloignés, pour bien constater la hauteur du
lieu de l'explosion. L'intervalle de deux minutes entre l'explosion et le bruit en annonce déjà une bien étonnante.

Le nouveau Parlement a dû être bien surpris de s'entendre
applaudir ; les membres de l'ancien ont raison, à ce que je vois,
de faire liquider leurs offices. Adieu, Monsieur, recevez les
assurances de mon inviolable attachement.

P. S. Deux de mes secrétaires qui se promenaient le 17, à
dix heures et demie du soir, dans un chemin creux, ont cru voir
une masse de feu assez considérable qui leur paraissait s'élever
de terre à la hauteur, m'ont-ils dit, de 30 pieds. Un instant
après, le phénomène s'est dissipé, toujours en paraissant mon-
ter ; mais, en se dissipant, il a répandu une clarté plus vive.

XLI

CONDORCET A TURGOT (1)

Dimanche 28 juillet 1771

Monsieur, le roi a accordé aux itératives remontrances du Parlement la diminution d'un quart sur la taxe des nouveaux nobles, et a promis quelque adoucissement à l'impôt sur les ventes. M. d'Aiguillon a fait rendre à M. de la Chalotais ses pensions qui avaient été suspendues. On n'est pas sûr qu'il n'y ait eu qu'un météore le 17, et quelques personnes pensent qu'il en faut supposer plusieurs pour accorder toutes les observations. Mais comme il n'y a aucun endroit où on en ait vu deux à la fois, et que ce phénomène ayant été éblouissant, on ne doit faire aucune attention au rapport de ceux qui ont cru voir du feu par terre ou autour d'eux, je crois encore que le météore était unique.

Je ne suis pas de votre avis sur le changement des *us* en *a* (2) dans les traductions. En lisant le latin, je ne pense jamais au sexe qui parle ou à qui on parle. Le changement est très bon dans une traduction en vers, mais dans une en prose comment faire quand la moitié de la pièce, pour être dans nos mœurs, devrait être adressée à une femme par un homme, et l'autre moitié à un homme par une femme? quand, au lieu d'un trait de la fable, il en faut un autre, peut-on appeler cela une traduction? D'ailleurs on traduit, ou pour faciliter la lecture de l'original, et alors ce changement nuit au but de la traduction : ou bien c'est pour en faire connaître le génie, les pensées, les sentiments, et tout cela modifié par les mœurs et les usages du siècle et du pays, et alors il faut dire dans la traduction ce qu'a dit Tibulle ou Catulle et non point ce qu'ils auraient dû dire s'ils avaient eu des mœurs plus pures. J'ai remis à M. Desmarets le Perse et le

(1) Ed. Arago et O'Connor, 1, page 146.

(2) Par exemple, *Galla* pour *Gallus*. Turgot traduisait alors les églogues de Virgile.

Clément. Je lui donnerai incessamment un livre de M. Anquetil
sur les Indes et les Indiens.

Adieu, Monsieur, j'irai passer au Boulai quelques jours, et
alors je répondrai à la longue et excellente lettre.

XLII

TURGOT A CONDORCET

Limoges le 2 août 1771.

Je suis très persuadé comme vous, Monsieur, qu'il n'y a eu
qu'un seul météore le 17, mais je regrette que nous n'en ayons
pas eu un second dont me parle Mlle de l'Espinasse : je parle
de l'information contre les auteurs de ce phénomène. Ce second
météore eût été du genre des Parhélies et l'on eût dit à bon
droit *uno avulso non deficit alter plumbeus et simili frondescit
virga metallo*.

J'indique à M. Desmarets l'occasion du chev. de Tourdonnet
qui part incessamment pour Limoges et qui demeure rue Tra-
versière à l'hôtel de Malthe. Je serais bien aise qu'il joignît aux
livres dont vous l'avez chargé, l'ouvrage de Baumé sur les
Argiles.

Adieu, Monsieur, recevez les assurances de toute mon amitié.

XLIII

CONDORCET A TURGOT

Le dimanche 2 août (1771).

Le Parlement de Besançon vient d'être cassé. M. le Maréchal
de Lorges et M. Bastard étaient chargés de cette commission.
Ce Parlement était accusé par le peuple d'être la cause de la
cherté des grains et lorsqu'il est sorti après sa cassation il a été
légèrement insulté par la populace. On dit qu'il y a trente magistrats exilés et trente qui servent à refaire un nouveau Parlement. J'ai ouï dire que l'ancien était composé de gens de mérite et, par d'autres, qu'ils étaient insolents, fanatiques et qu'ils

avaient cherché à étendre par leurs arrêts la servitude de la glèbe.

Vous savez sans doute que M. de La Harpe a les deux prix de l'Académie française.

Notre Parlement de Paris commence à devenir vigoureux. Le premier Président a refusé de se charger d'un édit qui obligeait de se servir de papier marqué pour les contraintes contre les contribuables. On a également rejeté celui qui assujettissait à une marque le papier d'impression et même les livres imprimés.

Mlle de l'Espinasse ne vous écrit point : elle est encore souffrante, moins à la vérité, mais elle ne dort point la nuit et elle s'endort le jour. M. le chevalier de Tourdonnet vous porte le livre de Baumé sur les argiles. Nous avons à l'Académie un excellent mémoire de chimie qui nous vient d'un conseiller au Parlement de Dijon (1). Il a pour objet l'augmentation du poids réel des métaux par la calcination. Il a fait sur ce sujet beaucoup de nouvelles expériences, et il prétend que le Phlogistique n'est pas attiré par chaque molecule de matière terrestre comme les autres corps et qu'au contraire il est animé de forces qui lui donnent une direction contraire à celle de la pesanteur.

Adieu, Monsieur, je n'ai pu vous répondre pendant mon séjour au Boulai. Je n'y ai été que quatre jours, il fallait écrire à Paris, s'occuper de l'exil (2) et quatre jours sont peu de chose pour un homme qui sait aussi mal employer son temps que moi. J'irai à Ablois, pendant le mois de septembre (3), j'y serai plus longtemps et j'aurai plus de temps à moi. Il y a bientôt un an que je n'ai eu le plaisir de vous voir et j'attends le mois de décembre avec bien de l'impatience.

(1) Guyton de Morveau (1737-1816).

(2) Un membre de l'ancien parlement.

(3) Auprès de Madame de Meulan, la mère de Madame Guizot.

XLIV

TURGOT A CONDORCET

A Limoges, le 16 août 1771.

Je vous ai trop fait attendre mes bavardages, Monsieur, pour pouvoir me plaindre du retard de vos observations ; c'est un plaisir différé mais que je n'en sentirai que plus vivement en son temps. Vous ne m'avez pas marqué si vous avez reçu ma lettre sur le météore du 17. Il y a dans le *Mercure* une relation datée de Champigny-sur-Marne qui semblerait indiquer que c'était le vrai lieu du météore ; mais cette relation contient des choses bien extraordinaires et ne paraît pas faite par un bon physicien.

Il me semble que l'auteur de votre mémoire sur la calcination des métaux ne l'est guère non plus. Je n'ai pas connaissance de ses expériences, mais à vue de pays il les a fort mal analysées puisqu'il en conclut une tendance du Phlogistique dans une direction contraire à celle de l'explication donnée du même phénomène par ce charlatan ignorant, tant copié par nos mauvais physiciens et tant loué par les médecins ses confrères, je parle de Boerhaave. Cet homme veut que l'augmentation de poids des métaux calcinés au soleil soit formée par la matière même de la lumière incorporée au métal ; en multipliant cette masse par la vitesse de la lumière on verrait beau jeu et notre pauvre petit globe serait bientôt jeté par delà les régions des comètes. Mais ce Boerhaave qui conseillait de faire les dorures des fourneaux elliptiques afin que la chaleur se réunit au foyer ne connaissait pas mieux la théorie de la lumière que celle de la flamme. Je ne conçois pas comment les chimistes n'ont pas encore pensé à expliquer le phénomène en question par une cause qui se présente d'elle-même et que j'aurais publiée il y a bien longtemps si j'avais le loisir de faire des expériences. Cependant je la crois prouvée par un assez grand nombre d'inductions pour être très-persuadé que c'est la vraie. Cette augmentation de poids est excessive dans la calcination ou pour parler plus correctement

dans la combustion du plomb, car le plomb se trouve augmenté
d'un cinquième à peu près. Cependant il s'est dissipé en l'air
pendant l'opération une partie considérable de plomb qui s'est
évaporée ou vaporisée, car les métaux sont susceptibles d'évaporation et de vaporisation mais je crois plus de la seconde que
de la première. Quoiqu'il en soit, ce plomb dissipé en l'air ne
se trouve plus lorsqu'on réduit la cendre de plomb en métal en
lui rendant le phlogistique qu'elle a perdu ; il fallait donc que le
poids additionnel du plomb calciné remplaçât encore le plomb
dissipé : c'est donc au plomb qui reste après la réduction qu'il
faut comparer le poids du plomb calciné pour juger du poids
de la matière ajoutée.

Quelle est cette matière et d'où vient-elle ? Il est évident
qu'elle ne vient pas du feu ordinaire qui passerait à travers les
pores des vaisseaux puisque l'expérience réussit tout aussi bien
au verre ardent. Ce n'est pas la matière de la lumière qui tombe
pendant la durée de l'opération. Sur un ou deux pieds carrés
de surface qu'a le verre ardent dont on se sert puisque la terre
n'en est pas jetée hors de son orbite, votre conseiller veut
qu'au lieu de l'addition d'une matière pesante, ce soit la sous-
traction d'une matière légère qui augmente le poids : mais cette
prétendue légèreté du phlogistique serait une chose bien étrange
en physique. J'ose bien, sans savoir quelles sont les expériences
du Conseiller, répondre qu'elles ne prouvent pas cette légèreté :
il faudrait avant d'adopter une pareille hypothèse être bien sûr
d'avoir épuisé toutes les autres hypothèses possibles et il s'en
faut beaucoup qu'on en soit là, puisqu'on n'a pas parlé de la
plus simple de toutes.

Puisque la lumière ne peut augmenter le poids du métal calciné, il faut donc voir s'il n'y a pas dans le voisinage du métal
quelqu'autre matière qui puisse s'y unir pendant le cours de
l'opération. Il y en a sans doute une et il n'y a que celle-là qui
s'y trouve en assez grande abondance pour remplir l'effet qu'on
désire. Cette matière est l'air. L'air, substance pesante, qui
pure ou n'étant unie qu'avec une petite quantité d'eau se tient
constamment à l'état de vapeur ou de fluide expansible à tous

les degrés de chaleur connus sans jamais pouvoir être réduit
à l'état de liquide, et encore moins à celui de corps solide, mais
dont les éléments sont susceptibles de s'unir avec tous les
autres principes des corps et font dans cet état partie de la
combinaison des différents mixtes. Il est certain par une foule
d'expériences, et en particulier par celles de Stales, que cet air
combiné entre dans la composition des corps les plus durs et
contribue à leur liaison et à leur dureté, ainsi que l'eau fait la
liaison et la dureté des marbres, ainsi que le phlogistique fait
la liaison des métaux. Cet air se combine ou se dégage dans les
différentes opérations chimiques à raison de l'affinité plus ou
moins grande qu'il a avec les principes auxquels il était uni ou
avec ceux qu'on lui présente. Si l'on verse dans la dissolution
d'un métal par un acide de l'alcali fixe l'acide abandonne le
métal qui tombe ou fond pour s'unir à l'alcali, parce qu'il a plus
d'affinité avec l'alcali qu'avec le métal. De même, si l'on présente
à un corps qui ait de l'air dans sa combinaison, un autre corps
qui ait plus d'affinité avec le principe combiné avec l'air que
l'air lui-même n'en a, ce nouveau venu s'unira à l'autre principe
qui abandonnera l'air. L'air ainsi dégagé et mis à nu reprendra
l'état de fluide expansible qui lui est naturel à tous les degrés
de chaleur connus et montera en forme de bulles dans la liqueur
qu'il agitera de façon à y produire une apparence d'ébullition.
C'est ce qu'on appelle effervescence et les effervescences chimiques sont pour la plus grande partie l'effet de l'air qui se
dégage de quelque principe auquel il était uni. La mousse du
vin de Champagne et des eaux acidulées n'est autre chose que
de l'air uni par surabondance au vin ou à l'eau et qui se dégage
par la simple secousse ; les vents du corps humain sont de l'air
qui se dégage des aliments dans l'opération de la digestion.

Puisque l'air est susceptible de se combiner avec les principes
de tous les corps et puisqu'il n'y a que de l'air à la portée du
métal qui se calcine, il faut bien en conclure que l'augmentation
de poids survenue à ce métal est due à l'air qui, dans l'opération
de la combustion, s'est uni à la terre métallique et a pris la place
du Phlogistique qui s'est brûlé et qui sans être léger d'une

légèreté absolue est incomparablement moins pesant que l'air, apparemment parce qu'il contient moins de matière.

Le magasin qui fournit à cette augmentation ne manquera pas puisque l'atmosphère fournit toujours de l'air à mesure que la terre métallique en absorbe. Cette absorption a ses limites ou son point de saturation comme toutes les unions chimiques et c'est cette saturation qui établit le rapport de l'augmentation du poids dans les différents métaux calcinés.

C'est parce que la calcination exige cette union de l'air avec la terre abandonnée par le phlogistique, que le contact de l'air est indispensablement nécessaire à cette opération, il n'y a que la surface du métal qui touche à l'air qui se calcine ou se met en cendre et il faut la retirer pour découvrir une nouvelle surface si l'on veut que la calcination continue : on la hâte aussi avec des soufflets qui renouvellent l'air avec plus de vitesse, en fournissent une plus grande abondance.

Au surplus, cette calcination des métaux devrait être appelée combustion ; ce n'est qu'une branche du grand phénomène de la combustion par lequel le phlogistique uni aux principes terreux s'en dégage à un degré de chaleur constant dans chaque corps, mais vraisemblablement variable dans les différents corps à raison de la force de l'union ; en se dégageant il constitue le corps dans l'état igné, il produit ce qu'on appelle le feu et fait naître la lumière, soit en s'élançant lui-même tout entier du corps auquel il était uni, soit en se décomposant et lançant en tous sens toutes ses parties avec une vitesse toujours constante et relative à la force qui les retenait unies. Le contact de l'air dans la combustion de la plupart des corps soumis à nos expériences est une condition nécessaire de la combustion et l'air en est l'agent le plus puissant. C'est pour cela qu'il faut souffler le feu pour l'entretenir et pour l'animer, c'est pour cela que rien ne brûle dans les vaisseaux fermés ; c'est pour cela que l'eau versée sur le feu l'éteint, c'est pour cela que les métaux qui comme les charbons ne sont qu'une terre unie à du phlogistique ne brûlent qu'à leur surface et avec le concours de l'air. Ces effets analogues ont la même cause je veux dire la nécessité de l'air pour aider le phlogistique à se dégager des corps en prenant sa place.

Il suit de là que le phénomène de l'augmentation du poids devrait être général dans la combustion de tous les corps ; je voudrais constater cette conséquence par des expériences. Mais j'observe que ces expériences pourraient être sujettes à erreur : il peut se dissiper dans la combustion une partie de la substance du corps brûlé, le courant d'air qui entretient le feu peut en entraîner une partie et faire disparaître l'augmentation de poids. Il y a des corps qui se dissipent en entier en vapeur, comme l'esprit de vin et le soufre dont les vapeurs, lorsqu'elles se recueillent, attirent une très-grande quantité de l'eau dissoute dans l'atmosphère.

Je voudrais encore examiner les cendres métalliques, les combiner avec des acides, comparer les phénomènes de leur dissolution lorsqu'elle est possible (ce qui n'arrive pas toujours) avec les phénomènes des dissolutions des métaux unis à leur phlogistique, pour voir si dans le premier cas la surabondance de l'air se ferait connaître. Ce serait peut-être le moyen de donner à mon explication l'évidence de la démonstration. Mais le temps me manque et j'avoue que sans nouvelles expériences les inductions tirées de celles qui sont déjà faites me paraissent donner à cette théorie une probabilité fort approchante de la certitude.

J'ai des remords de vous avoir tant ennuyé de ma physique ; mais votre conseiller de Dijon m'avait donné de l'humeur, le temps que j'ai perdu m'empêchera d'écrire à Mademoiselle de l'Espinasse à qui je vous prie de dire mille choses ainsi qu'à M. d'Alembert. Je vous demande toujours de l'exactitude pour les nouvelles de la santé de Mademoiselle de l'Espinasse. Ma goutte n'est pas tout-à-fait passée et j'ai un peu souffert cette nuit. Cependant j'espère être bientôt en état de me mettre en chemin pour mes courses.

Recevez, Monsieur, les assurances de ma bien sincère amitié.

XLV

CONDORCET A TURGOT (1)

Ce dimanche 18 août 1771.

Il y a à Parme de grands troubles. Aussitôt l'arrivée des commissaires de France et d'Espagne, l'Infant a renvoyé dans les terres la grande maîtresse Malespine, a exilé son gendre et fait garder à vue dans le couvent des Théatins le père Paciaudi; toutes ces opérations se sont faites sans la participation des commissaires. M. de Felino reste chez lui volontairement et ne paraît plus à la cour. Le peuple a beaucoup applaudi au théâtre l'Infant et sa femme. Elle l'a harangué de sa loge et leur a dit qu'elle voyait bien qu'ils avaient été esclaves jusqu'alors et qu'ils allaient devenir libres. On dit que M. de Boisgelin revient rendre lui-même compte de sa conduite : il est du parti de l'Infante.

Mlle de l'Espinasse ne compte pas vous écrire aujourd'hui, elle souffre toujours. Ses douleurs sont moins fréquentes, moins durables, mais aussi vives et lorsqu'elles sont passées, il lui reste une douleur très incommode aux deux côtés de la tête. Son médecin dit que cela ne provient que de sensibilité dans la vessie, que les douleurs se passeront à la longue et qu'il n'y a rien à craindre. Les médecins sont comme les ministres, pourvu que le malade ne meure point et que les peuples ne se révoltent point, ils s'embarrassent peu comment ils vivent.

M. Blin de Saint-More a envoyé à l'Académie française une *épître à Racine*. Cette épître n'a point eu le prix : aussitôt que l'auteur apprend qu'il est donné, il court chez tous les académiciens pour savoir le sort de sa pièce ; chacun lui répond qu'il n'en a jamais entendu parler. Cette réponse le surprend un peu : il s'informe si elle a été remise, et il trouve enfin qu'on a essayé de la lire, qu'elle est tombée des mains du lecteur et que tout le monde l'avait absolument oubliée. En conséquence, il vient

(1) Ed. Arago et O'Connor, 1, page 100.

de la faire imprimer pour que le public jugeât entre lui et l'Académie, et le jugement du public a été qu'il était impossible de lire la pièce de M. Blin de Saint-More.

L'Édit sur le papier n'aura pas lieu ; il ruinait les libraires et le commerce du papier. Les évêques n'auraient plus vendu ni heures ni catéchismes, les philosophes n'auraient pu éclairer lés hommes, et l'abbé Terray tuait d'un même coup la raison et la religion.

> Grippe-minaud, le bon apôtre,
> Jetant des deux côtés sa griffe en même temps,
> Mit les plaideurs d'accord en croquant l'un et l'autre.

Adieu, Monsieur ; vous connaissez ma tendre amitié pour vous, je compte bien sur la vôtre, et c'est un sentiment bien doux pour moi. Il est si bon pour l'âme de pouvoir s'appuyer sur l'objet de son estime et de sa vénération.

XLVI

CONDORCET A TURGOT (1)

Lundi au soir, 26 août 1771.

Monsieur, mademoiselle de l'Espinasse et ses secrétaires sont bien affligés : nous aimons tendrement M. Suard et sa femme. nous craignons qu'il ne perde *La Gazette* ; et même, si ce malheur ne nous paraissait pas aussi affreux, nous en serions sûrs. Je ne sais si vous connaissez madame Suard (2), combien elle est sensible et touchante ; avec quelle tendresse et quel désintéressement elle aime son mari : au moment de tomber dans une indigence cruelle, elle ne craint, ne regrette rien pour elle ; elle n'est touchée que de ce que son mari aura à souffrir ; le mari n'est

(1) Ed. Arago et O'Connor, I, page 192.

(2) Sœur de l'éditeur Panckoucke, elle avait épousé Suard le 17 janvier 1766. Voyez Diderot, lettre à Mlle Volland, du 18 janvier 1766 ; Galiani. lettre à M. Suard du 30 juin 1770 et la correspondance de Condorcet et de Voltaire. (*Œuvres de Condorcet*, I, page 101 et suivantes.)

occupe que du malheur de sa femme. Il est impossible d'être plus malheureux qu'ils ne vont le devenir, et de mériter plus de bonheur. Ils sont la victime de la haine des bureaux ; et des hommes vertueux, des gens de lettres d'un mérite rare sont sacrifiés à une troupe de fripons insolents. Cette idée m'indignerait si je souffrais moins du malheur de mes amis ; je ne puis ni fixer l'étendue de celui de madame Suard, ni m'en distraire. Personne ne connaît mieux que moi jusqu'où va sa passion pour son mari et sa sensibilité. J'étais le confident de l'excès de son bonheur, il n'avait d'autre source que sa passion pour son mari, et cette passion ne lui fera éprouver que des déchirements : elle n'aura plus de plaisir à aimer.

Le maréchal de Richelieu part jeudi pour casser le parlement de Bordeaux, et le comte de Perigord, à qui on a donné la place de M. de Beauvau, part demain pour casser celui de Toulouse. Je vous envoie par ce courrier les discours qui ont eu le prix et l'accessit, la pièce de vers couronnée et une autre. Je ne vous dis rien de la santé de mademoiselle de l'Espinasse ; elle ne sent rien depuis hier qu'elle a appris le malheur de ses amis, et ne sent pas si elle est mieux ou moins bien. Ses douleurs sont, à ce qu'elle croit, un peu diminuées. Je vous écrirai à Clermont dimanche prochain, et je vous manderai où nous en serons : nous avons encore pour demain une légère espérance ; mais elle est faible. Je n'ai jamais senti comme aujourd'hui le malheur d'être pauvre, sans place, sans crédit. Je haïssais les persécuteurs et ceux qui assassinaient légalement : il faut donc haïr aussi les chefs de bureau ! Je m'étais jusqu'ici borné à les mépriser.

Adieu, Monsieur ; pardonnez-moi de ne vous parler que de cette seule chose. J'ai eu par mademoiselle de l'Espinasse des nouvelles de votre santé : elle vous permet de voyager ; mais ce n'est point pour venir nous revoir et nous consoler.

XLVII

CONDORCET A TURGOT

Dimanche, 1er Septembre 1771.

Il n'y a rien encore de décidé, Monsieur, pour l'affaire de nos amis, nous espérons que s'ils perdent la composition de la gazette il leur en restera la régie, qu'ils auront deux mille livres de rente de moins chacun, qu'ils perdront leur aisance mais qu'ils auront du moins le nécessaire. M. Marin (1) paraît être destiné à leur succéder, il n'a pas encore accepté parce que, partagé entre l'amour de l'argent et le désir de l'Académie, il reste comme l'âne de Buridan.

J'ai été un peu malade, la tête me tournait, j'avais peine à me soutenir sur mes jambes, on a prétendu que cela annonçait une ivresse de cerveau ; c'est une expression honnête pour signifier l'imbécillité. J'allais donc devenir comme Bernard, et assurément ce n'était point par les mêmes causes : mais on m'a soigné et purgé et le physique de ma tête est fort bien.

Mlle de l'Espinasse est encore trop occupée de ses amis pour penser à sa santé. Il y a deux jours que je ne l'ai vue, et j'ai su qu'elle s'est baignée, ces deux jours, ce qui prouve que ses douleurs de vessie sont augmentées.

On dit que le parlement de Bordeaux s'est lié par un arrêté et que chacun a promis de n'accepter aucune place dans le nouveau parlement.

J'avais commencé une grande lettre pour vous lorsque la tête m'a manqué. Je vais la reprendre et je compte vous l'envoyer à la fin de cette semaine.

Adieu, Monsieur, vous connaissez ma tendre amitié.

(1) François-Louis-Claude Marin, né à la Ciotat en Provence, le 6 juin 1721, mort à Paris le 7 juillet 1809 : célèbre par les persiflages de Beaumarchais dans les mémoires contre Goëzman.

XLVIII

CONDORCET A TURGOT (1)

Ce mardi, 3 Septembre 1771.

[Ce n'est point à M. de Schomberg. Monsieur, que la préférence a été donnée, mais à celui qui paraissait être à portée de recevoir le paquet le premier et le faire passer à l'autre. Votre voyage et M. de Monteinard ont dérangé cette combinaison, et Mlle de l'Espinasse vous a adressé d'autres paquets qui contiennent les mêmes choses. Elle est encore fort souffrante et les maux de nerfs ont pris là une tournure bien douloureuse] (2). Nous n'espérons plus pour nos amis qu'une pension de mille écus chacun.

Il n'y a rien au monde de plus touchant que le courage et le calme de M. Suard et de sa femme. Elle n'a point, dit-elle, la force de s'affliger, puisque son mari est tranquille. Elle oublie la perte qu'ils font pour ne voir que l'indépendance où il va être : et elle sent que puisque son mari sera heureux, et qu'elle conservera ses amis, les privations ne sont rien pour elle. La contradiction d'être obligée de quitter son appartement l'afflige, parce que c'est le lieu où son bonheur a commencé et où elle a été heureuse pendant six ans. Ce sentiment prouve bien le calme de son âme, et me fait grand plaisir. Elle est si douce, si sensible et si habituée à un sentiment unique et pur, que le trouble et l'agitation lui seraient mortels.

[Je pars samedi au soir pour Ablois, j'y resterai jusque vers le dix-huit septembre, j'irai de là à Ribemont. Adieu, Monsieur, je compte aller ce matin chez M. Desmarets pour chercher vos livres qu'il a laissés chez lui et que nous trouverons moyen de vous envoyer.] (3).

(1) Éd. Arago et O'Connor, 1, page 195.

(2) Passage inédit.

(3) Passage inédit.

XLIX

CONDORCET A TURGOT

Lundi, 9 Septembre 1771.

Trente-trois conseillers du Parlement de Toulouse sont restés pour former le nouveau tribunal. Les soixante-trois autres ont été exilés, la plupart dans leurs terres. M. Niquet reste premier président. Il y aura à Nîmes un Conseil supérieur. Quelques jours avant la cassation, le Parlement avait déposé au greffe des Etats une protestation contre les ordres dont il était menacé. Mlle de l'Espinasse vous envoie un discours de M. de Pezai (1) ; il y a deux ou trois pages qui méritent d'être lues. Elle ne vous écrit pas ce courrier-ci parce qu'elle a beaucoup souffert.

L

CONDORCET A TURGOT

Ce Mardi, 10 Septembre 1771.

Mlle de l'Espinasse ne vous écrit point ; elle est triste, souffrante, abattue. Je lui répète tous les jours qu'il faut qu'elle consulte un médecin, elle ne m'écoute point et je suis au désespoir de la laisser dans cet état.

Je pars demain pour Ablois, par Epernay, vous pouvez m'y

---

(1) Probablement son *Eloge de Fénelon* qui concourut pour le prix de l'Académie française. Masson, plus tard Masson de Pesai, fils d'épicier qui trouva les moyens de se pousser à la cour et d'acheter une compagnie, fit représenter entre autres opéras-comiques mis en musique par Grétry, la *Rosière de Salency*. « M. de Pezay m'accorde donc de l'esprit, écrit Galiani à Mme de l'Epinay ; j'admire sa clémence. Si je lui accordais le sens commun, je serais bien plus généreux que lui ; mais je n'aime pas être taxé de prodigalité. » (Lettre du 12 mars 1774, II, page 305, édition Lucien Perey et Gaston Maugras). Il joua un grand rôle dans la chute de Turgot et l'arrivée de Necker aux affaires.

écrire parce que j'y resterai jusque vers le 25. Je suis bien affligé de votre retour à Limoges, nous croyons que vous avez fait une imprudence : les bonnes têtes n'en font que de cette espèce ; mais elles y sont très-sujettes. Mandez-moi à Ablois si le repos vous a débarrassé de toutes vos douleurs. Nous vous avons envoyé bien des choses à Clermont. Je vous y ai écrit hier un petit billet'n (*sic*), où je vous mandais que le parlement de Toulouse était cassé, que plus de trente membres étaient rentrés dans le nouveau tribunal, que les autres étaient exilés, que le premier Président restait (cela se trouve faux). On dit qu'il y aura un Conseil supérieur à Nîmes. (1)

Je voulais voir, avant de vous parler du phlogistique, si dans les expériences de M. de Morvaux il y en a qui ne paraissent pas pouvoir s'accorder à vos principes. J'aime mieux croire que l'air se combine avec de la terre que de croire une matière animée d'une force de répulsion quant à la masse de la terre et d'une force d'attraction vers les molécules, car il faut supposer ces deux forces ; il faudrait qu'un chimiste suivît votre explication et imaginât des expériences décisives pour ou contre. C'est une des questions les plus importantes qu'on puisse agiter dans cette science. J'ai reçu votre lettre sur le météore et j'en ai fait part à celui de mes confrères qui s'est chargé de rendre compte de ce phénomène.

Mme la comtesse de Brionne (2) a trouvé à la cour de nouveaux amis qui lui ont fait obten'r quinze mille francs de pension pour l'éducation de son second fils, mais elle n'a point abandonné pour cela les anciens amis et la pension obtenue ; elle est partie pour Chanteloup.

Notre nouveau Parlement a éprouvé des difficultés pour le paiement du *premier* quartier de ses appointements ; la caisse a d'abord été vide pendant quelques jours, ensuite on leur a

—

(1) Voyez la lettre précédente.

(2) Sa beauté et son dévouement pour le duc de Choiseul sont bien connus.

proposé de leur retenir le dixième. Ils sont enfin payés et sans retenue.

Adieu, Monsieur, je suis bien fâché de ne pouvoir plus vous être bon à rien, ce qui me console c'est que je crois avoir été bien maussade et bien négligent dans les derniers temps. Quoi qu'on m'en aît dit je ne veux point encore renoncer à l'espérance de vous voir cet hiver. C'est la prévoyance qui nous tue ; sans elle notre vie, comme celle des bêtes, serait une chose assez supportable. Il n'y a rien de décidé sur l'affaire de la gazette, on dit que l'hippopotame (1) aura dix mille francs pour la faire et chacun de nos amis une pension de trois mille. Ils espèrent garder leur logement en en payant un loyer ; c'est un grand soulagement dans ce moment et surtout pour Mme Suard. Je suis fâché pour vous et pour elle que vous ne la connaissiez point. Elle a dans l'âme et dans la figure la candeur la plus pure et la sensibilité la plus touchante, et elle a souffert son malheur avec plus de courage que son mari, précisément parce que les privations qu'il entraîne sont principalement pour elle.

LI

CONDORCET A TURGOT

Ablois, ce 26 Septembre.

Vous me donnez de bien mauvaises nouvelles, Monsieur, en m'apprenant que vous souffrez encore et que vous êtes obligé de garder le lit. Je vous plains surtout d'avoir peine à écrire, la lecture est une faible ressource quand on en connaît d'autres, et qu'on a l'âme ou la tête remplies. Lorsqu'on est accoutumé à penser on ne peut se résoudre à s'occuper tout un jour de ce que les autres ont pensé. La géométrie m'a été interdite pour un peu de temps, on m'a fait l'honneur de croire que je m'étais fatigué par trop de travail, cela a redoublé la honte que j'avais de ma

(1) Marin.

paresse et je compte réparer ce temps perdu aussitôt que je serai à Ribemont.

Je me suis amusé ici à traduire du Sénèque, tant bien que mal pour Mme de Meulan, la jeune. C'est là un divertissement un peu triste pour notre âge, mais il y a déjà quelque temps que je ne suis plus jeune et Mme de Meulan est au-dessus du sien.

Je pars mardi prochain pour retourner à Ribemont ; j'y serai deux mois qui me paraîtraient bien longs si je n'avais point la ressource du travail. La société et surtout les amis que je laisse à Paris sont cause que je passe ailleurs des jours bien tristes, quoique remplis.

Mlle de l'Espinasse souffre toujours. Il n'y a rien de décidé sur la pension de M. Suard. Voilà les idées que je porte avec moi. Mandez-moi vite que vous ne souffrez plus afin que j'aie quelque consolation dans mon exil et faites-moi espérer que je vous reverrai cet hiver.

Il y a bien plus d'un an que nous ne nous sommes vus.

LII

CONDORCET A TURGOT (1)

Ribemont, ce vendredi 11 Octobre (1771).

Monsieur, je suis arrivé ici samedi dernier ; j'y ai trouvé une de vos lettres, et j'en ai reçu une depuis. Je me suis remis à la géométrie avec bien du plaisir. Il me faut une occupation forte pour écarter les idées tristes que j'emporte dans la solitude. Ma santé n'est pas mauvaise ; je n'ai rien eu autre chose que de ces indispositions qu'on appelle mal de nerfs. Le grand intérêt de mes amis a pu seul y attacher quelque importance. Je suis aussi peu content que vous de la plupart des traductions, et surtout de celles que je fais. Je suis trop paresseux pour être fort exact, et je ne traduis que parce que je sais que ma traduction ne sera

____

(1) Ed. Arago et O'Connor, I, page 104.

vue que d'une femme qui ne sait pas le latin. Le mot propre me paraît souvent aussi difficile à trouver qu'une équation à résoudre : je me contente d'un équivalent ; et au lieu d'examiner s'il est exact, j'essaye seulement s'il ne fait pas la même impression ; et s'il se trouve un endroit que je n'entende pas, je le passe.

L'affaire de M. Suard est une énigme pour moi comme pour vous ; nous n'entendons rien aux intrigues, ni aux manœuvres des commis et des écrivailleurs. Tout ce que j'entrevois, c'est que la pension sera de deux mille cinq cents francs au plus, qu'elle ne sera pas réversible sur la tête de Mme Suard. Cette dernière cause est plus fâcheuse que la première. La pauvreté est peu de chose pour des gens aussi vertueux ; mais il serait affreux que M. Suard vécût entre la crainte de laisser sa femme sans ressource et un travail forcé. Il est paresseux, et la nécessité de faire quelque chose, lorsqu'il n'est pas entraîné par son goût, est un malheur pour lui. Sa femme le sait, et l'idée d'être cause que son mari souffre, en sera un bien plus grand pour elle. S'il fallait que Mme Suard travaillât pour son mari, je ne serais embarrassé de rien.

[Revenez donc à Paris cet hiver et portez-vous bien. Comme je crois que dans vos voyages chez les Montagnards vous leur rendez plus de services que vous ne leur dites de paroles, ils me rappellent ce vers de Lucrèce :

Munificat tantà mortale muta salute.] (1)

Tâchez de vous rendre *inutile* en Limousin et venez nous parler et nous consoler de votre absence.

LIII

CONDORCET A TURGOT

Ribemont, ce 25 Octobre 1771.

Je ne sais pas, Monsieur, pourquoi on dit que vous n'inspirez

(1) Passage inédit.

pas la confiance. Vous êtes trop bon pour qu'on puisse vous soupçonner de cette sévérité qui repousse l'epanchement d'une âme souffrante. Si vous aviez été à Paris, vous auriez vu que la cause de ma tristesse était de nature à vous être avouée. Quand on est amoureux et qu'on ne demande à la femme qu'on aime que de l'amitié et point d'amour pour un autre, on peut vous parler de sa passion et vous dire que l'absence, la perte des consolations de l'amitié et les inquiétudes sur les deux objets où je me borne me mettent dans une disposition triste. Ces causes personnelles ont influé sur mes reflexions générales ; elles ont pris une tournure plus sombre, et je vois tout avec la couleur de mon âme. Mais les lettres que je reçois, la géométrie, la littérature et la passion des vers me préservent au moins de l'ennui et du fardeau de l'oisiveté et comme mes maux sont du nombre de ceux qui augmentent en raison du temps qu'on s'en occupe, ces distractions m'en sauvent la moitié. Voilà, Monsieur, l'explication de ma tristesse à laquelle je ne vois que des remèdes qui seraient pis que le mal. Adieu, Monsieur, vous connaissez toute mon amitié et vous voyez combien je compte sur la vôtre puisque je ne vous parle que de moi. (1)

LIV

CONDORCET A TURGOT

Le 3 Novembre (1771).

Mon vannier m'a écrit, Monsieur, je n'ai point à la vérité fait de conventions avec lui, mais comme il m'est venu dire qu'il se mettait à la place de son frère, je n'ai pas imaginé que ce fût à d'autres conditions. Comme d'ailleurs elles sont justes et que je crois presque impossible qu'il n'ait pas su celles de son frère, je suis d'avis de nous y tenir. Je lui ai donné 60 francs pour son

---

(1) La passion de Condorcet dura longtemps ; on le voit par les lettres (encore inédites) que Mlle de l'Espinasse lui écrivait : l'aimée était Madame de Meulan — la jeune.

voyage au lieu de 48 ; si vous voulez lui laisser ces douze livres de plus, ce sera une bonté de votre part dont je vous serai obligé.

Ce que vous méditez sur le phénomène de la cristallisation prouve la difficulté et non pas l'impossibilité de résoudre le problème. Si on avait proposé à Pythagore ou à Thalès celui de la précession des équinoxes il l'aurait jugé impossible. Les hypothèses que vous proposez à calculer ne sont pas les seules peut-être qui se puissent proposer. La plupart des corps qui se cristallisent par exemple sont des composés, etc.

Je compte être à Paris le 13 novembre ; mon affaire du secrétariat ne se fera, je crois, qu'au mois de janvier.

Adieu, Monsieur, vous connaissez ma tendre amitié et combien je désire de vous revoir. M. D'Uslé est mort, j'ai été affligé, mais l'état où je le savais depuis quelque temps m'affligeait bien davantage. J'irai loger au bureau de la Gazette, rue Saint-Roch, jusqu'au mois de Janvier.

LV

CONDORCET A TURGOT

Ribemont, ce mardi 3 décembre 1771.

J'ai lu avec bien du plaisir la traduction que vous avez eu la bonté de me confier. J'y ai trouvé cette molle douceur, cette sensibilité piquante de l'original. Vous avez été plus exact à rendre l'effet que les mots et cette exactitude vaut bien mieux que l'autre. Vous avez aussi fait sentir la suite des idées et des sentiments qui aurait échappé dans une traduction plus littérale. Il y a quelques inversions que j'aurais mieux aimé ne pas rencontrer, quoiqu'elles puissent contribuer à l'harmonie.

Gallus était assurément plus malheureux que moi et son mal plus incurable. On veut que je cherche à me guérir du mien. Je demandais de l'amitié et qu'on me laissât aimer comme je pourrais ; mais on exige que je me borne aussi à l'amitié. Je me soumets à ce qu'on fait pour parvenir à ce but et je souffre. Ensuite je crains toujours qu'un autre soit plus heureux que moi et je souffre encore. Je ne compte revenir à Paris qu'à la fin de décembre. Je serai enchanté de vous revoir après une si longue absence. Nous parlerons de vers, de philosophie, de Jurisprudence et d'amour. Ma passion pour les vers ne va pas jusqu'à en faire ou plutôt m'en empêche car je n'aime pas les mauvais vers et je ne pourrais souffrir les miens. La philosophie est plus mal que jamais; les bœufs-tigres étaient plus méchants, mais moins conséquents que ceux-ci et le système de prohibition lié et suivi mettra des entraves plus réelles que les barbaries momentanées des autres.

Adieu, monsieur, mandez-moi à présent quelques nouvelles s'il y en a dans la littérature et la philosophie. Vous connaissez ma tendre et immuable amitié pour vous.

Donnez-moi des nouvelles de Mlle de l'Espinasse et tâchez d'avoir assez de crédit ou de sagacité (1) pour en savoir.

LVI

CONDORCET A TURGOT (2)

Ribemont, ce mercredi 11 décembre 1771.

Monsieur, je n'ai point encore deviné votre secret, mais j'ai lu avec plaisir une traduction harmonieuse bien sentie d'un des ouvrages les plus touchants de l'antiquité (3). Vous êtes bien bon de me promettre des nouvelles. Je désire qu'il n'y en ait point. Avec l'esprit qui nous conduit, les changements doivent faire plus de mal que de bien. On m'a parlé d'un nouveau roman de madame Riccobini, et des sottises de l'abbé Voisenon.

---

(1) On sait que d'Alembert ne connut les grandes passions de son amie pour M. de Mora et M. de Guibert que par les lettres qu'elle lui légua, en le suppliant de ne pas les lire.

(2) Ed. Arago et O'Connor, I, page 196.

(3) La traduction des Églogues de Virgile en vers métriques, par Turgot.

J'ai demandé le roman, et même les sottises si elles sont courtes. Vous voyez, monsieur, que je suis votre conseil à la lettre, et que j'emploie pour me distraire toute sorte de moyens. Personne ne m'a rien dit ni de *Pierre le Cruel* (1) ni du *Bourru bienfaisant* (2), ni de l'élection de l'Académie. J'espère toujours qu'elle n'aura point donné Du Belloy pour confrère à Voltaire, et fait aux vers de *Bayard* le même honneur qu'à ceux d'*Alzire*. Adieu, monsieur, vous connaissez ma tendre amitié.

Donnez-moi des nouvelles de Mlle de l'Espinasse. Il y a long-temps que j'en ai eu à ce qu'il me semble, car lorsque j'attends des nouvelles de mes amis je compte fort mal le temps.

LVII

CONDORCET A TURGOT

Ce mardi 17 décembre 1771.

Sans vous, Monsieur, je ne saurais aucune des choses que vous me mandez : mes amis ne me parlent que d'eux et de moi, qui suis devenu un objet d'intérêt et même de pitié. Je ne voudrais pas être né incapable de passions, mais je ne crois pas pourtant qu'elles contribuent à rendre plus heureux. C'est une dépravation de goût, comme celle qui nous fait aimer dans les aliments ceux dont la saveur forte nous dégoûte des autres.

J'ai bien peur que, malgré ce qu'on dit de la paix, nous ne soyons à la fin forcés de nous battre pour la tolérance de la religion grecque en Pologne. La tolérance est sûrement un grand bien, mais la liberté et le droit des gens ont aussi leur prix, et je crois que le progrès des lumières aurait amené la tolérance plus sûrement que des bataillons russes.

Je ne suis point sûr de ne pas partir la semaine prochaine ; mon départ ne dépend plus que d'arrangements relatifs à ce pays-ci. Je suis déjà bien fâché de tout le temps que vous avez

(1) Tragédie par Du Belloy.
(2) Comédie de Monvel.

passé à Paris sans moi. C'est une double perte, puisque peut-
être y resterai-je ensuite sans vous.

Je vous remercie de m'avoir donné des nouvelles de Mlle de
l'Espinasse; elle ne m'écrit point et elle a raison; elle sait que
j'aime mieux être privé du plaisir de lire ses lettres, quelque
agréables qu'elles soient en elles-mêmes et quelque douceur
que j'y trouve, plutôt que de penser que j'augmente un peu la
masse de ses maux. Mais je n'aurais pas ce désintéressement
si j'étais condamné à être inquiet pour sa santé. Il y a un point
où on devient personnel bon gré mal gré.

Adieu, monsieur, vous savez comme je vous aime et comme
je vous aimerai toujours.

Savez-vous qu'on dit dans ce pays-ci que M. de Morfontaine
se retire et que vous lui succédez. Ce serait un grand bien pour
lui et vous et surtout pour le Soissonnais et moi.

LVIII

CONDORCET A TURGOT

Ribemont, ce 24 décembre 1771.

Je compte arriver à Paris le 30, mais seulement pour me
coucher. Le 31, je serai tout entier à mes amis et j'espère bien
vous voir si vous n'êtes plus à Malesherbes. Je voudrais bien
que Le Sage, qui y est relégué, fût rendu à ses amis, à ses confrères et au public.

Il est très possible que je ne sache ce que je dis lorsque je
parle de passion; il faut les avoir éprouvées et en être quitte
pour en bien parler.

Je crois que les vers de Du Belloi seront beaucoup plus barbares que le roi de Castille, qui n'a peut-être une si mauvaise
réputation que parce qu'il a été battu et qu'il a voulu réformer
ces prêtres, qui, seuls, savaient écrire de son temps.

Dites, je vous prie, à Mademoiselle de l'Espinasse que je
compte aller lui demander de ses nouvelles le 31 au matin.

Adieu, Monsieur, vous ne doutez pas du plaisir que j'aurai à vous revoir, après plus de quinze mois d'absence.

LIX

CONDORCET A TURGOT

Mardi.

Les Commissaires nommés par le Code en rendent compte aujourd'hui et demain aux Chambres.

Il y a, à la Comédie française, une pièce dans le genre de Grandet, de Poisson, mais sans gaieté. On n'a encore rien décidé sur les *Druides*. On a consulté d'abord M. de Toulouse, et ensuite M. Bergier. L'archevêque n'a dit ni oui ni non. Je ne sais ce que dira le Docteur.

Voltaire a envoyé à Marin un avis à la noblesse, où il tourne le Parlement en ridicule. Je l'ai lu depuis ma dernière lettre. L'ouvrage m'a paru assez gai. Il est sûr que les rodomontades parlementaires et la conduite lâche et insolente de leurs zélés partisans prêtent un peu à la plaisanterie. Mais il est cruel de plaisanter des gens qui sont dans le malheur et qui, exilés dans des villages, sans avoir jamais habité que Paris et leurs châteaux, n'en sont pas moins à plaindre pour n'être pas des hommes, mais d'honnêtes badauds.

LX

CONDORCET A TURGOT

Ce mardi.

Il n'y a que vos amis qui perdent à ce que vous ne soyez pas à Paris et comme vous êtes retenu par des motifs vraiment utiles, ils doivent se soumettre. Je me soumets plus difficilement à l'exil de mes amis conseillers, parce qu'il m'est impossible de rien espérer d'utile de tout ceci. Si vous étiez à Paris vous entendriez célébrer les grandes vertus de madame de Grammont, de maître Denis Pasquier, et des clercs de procu-

reur. Vous verriez les demi-fripons faire grand bruit, ne parler
que d'honneur, de vertu, de devoir et se flatter d'effacer par là
leurs petits péchés particuliers. Ce spectacle m'indigne un peu,
tout l'amour et surtout l'amour de ce qu'on appelle le public
me paraît ici bien peu de chose.

M. d'Alembert se porte bien à présent. Ce dont je vous ai
parlé était un petit nuage qui s'est dissipé et que je m'étais
exagéré. Je chercherai la seconde nuit d'Young.

Je trouve qu'il y aurait beaucoup à dire sur la jurisprudence
par jurés et je ne me tiens pas encore pour battu. Je repren-
drai cette matière avec vous pendant mon séjour à la campagne ; comme je m'en suis fort occupé et que j'y prends le plus
grand intérêt, je regarderai comme un grand avantage de pouvoir vous consulter et m'éclairer avec vous.

Voici un fait physique assez singulier, tiré d'une lettre d'un
prêtre espagnol nommé Joseph d'Alzate y Ramires, qui a envoyé plusieurs observations à notre académie. Un domestique
privé de l'usage des deux bras et qu'on occupait à garder des
ânes, fut surpris par un nuage et frappé de la foudre ; il s'éva-
nouit et lorsqu'il revint à lui, il se trouva le libre usage des
bras et des mains. Le fait est attesté par un ecclésiastique.
honnête homme qui n'a aucune connaissance de l'électricité, ni
de son rapport avec la foudre. Cet événement s'est passé aux
environs de la ville de Mexique (1).

Adieu, Monsieur. Mademoiselle de l'Espinasse. M. d'Alembert et moi répondons à votre amitié comme nous le devons.

LXI

TURGOT A CONDORCET

Ce 6 avril (1772).

Il est vrai, Monsieur, que j'étais triste en quittant Paris, et je
le suis encore. Je n'ai point à craindre les chagrins de l'ambi-

______
(1) Mexico.

tion ; mais la sensibilité que j'aurais eue pour cet objet s'est trouvée au profit de l'amitié, et lorsque je quitte mes amis, je suis aussi triste qu'un ministre exilé. Je verrai avec bien du plaisir ce que vous voudrez m'écrire sur la physique ou sur l'économie politique. Je vous parlerai la première fois des raisons que je crois avoir de préférer à tout la manière de juger par jurés. Au reste, il est bien sûr que ce ne sera pour nous qu'un objet de spéculation. Nous aurons ou nos tribunaux ordinaires, ou des tribunaux composés de juges amovibles et pensionnés.

Le pays où je me trouve à présent ne souffre point de la cherté des vivres comme celui que vous habitez ; le blé y est cher ; mais il y en a et plus qu'il n'en faut pour le nourrir. L'édit de 1764 a fait défricher beaucoup de terres, et l'usage de cendres minérales qu'on a découvertes dans les environs de La Fère a mis à portée d'avoir des prairies artificielles ; mais on croit beaucoup la nouvelle ici.

En 1764, l'agriculture languissait ; beaucoup de fermiers étaient ruinés ; ils se sont relevés depuis. Peut-être dans peu d'années tout sera-t-il pis encore qu'en 1764. Je vais constater, pour un petit canton, la différence de l'état actuel à celui de 1764 ; il est bon qu'il reste des preuves du changement qu'a produit l'exportation.

Adieu, Monsieur. Je voudrais bien vous voir à Paris à mon premier voyage ; il y a longtemps, mais bien longtemps que je ne vous ai vu.

LXII

CONDORCET A TURGOT (1)

Paris, mardi 19 mai 1772.

Monsieur, moins de nouvelles, moins de sottises, dit Friport (2) ; mais nous avons ici beaucoup de sottises et point de

---

(1) Ed. Arago et O'Connor, 1, page 197.
(2) Dans *l'Ecossaise.*

nouvelles. Le maréchal de Richelieu a été à l'Académie samedi dernier pour dire qu'il n'avait eu aucune part aux exclusions (1); il a répondu au recteur de l'Université qu'il serait toujours disposé à servir l'abbé Delille dans la suite; qu'il s'était trompé sur son âge, et qu'on lui avait dit qu'il n'avait que vingt-huit ans. Chabanon s'est retiré. Le mystère de l'élection est impénétrable, et le laurier académique, flétri, comme celui de Mahon, par les intrigues du maréchal, ne peut se placer que sur une tête indifférente pour moi; je ne tenterai point de le pénétrer. On donne demain la *Cruelle*, tragédie de *Du Belloy* (2). Mlle Dubois joue le premier rôle avec les talents que vous connaissez. M. de La Harpe lui disait un jour :

Vous avez corrompu tous les dons précieux.

Que pour un autre usage ont mis en vous les dieux.

Mon affaire du secrétariat (3) va assez bien. M. de Trudaine l'a prise avec intérêt; je crois que je vous en dois la plus grande partie. Adieu, monsieur; Mlle de l'Espinasse vous dit mille choses tendres. Nous sommes tous comme vous nous avez laissés, vous aimant beaucoup et n'aimant guère les choses de la vie.

LXIII

CONDORCET A TURGOT (4)

Dimanche, 24 mai 1772.

Monsieur, l'Académie française a élu hier M. de Bréquigni et M. Bauzée : ils ont vingt-et-une voix sur vingt-quatre. Le directeur a proposé d'arrêter que chaque académicien emploierait son

(1) De Suard et de Delille, dont le roi avait refusé de sanctionner l'élection, parce que le premier était en disgrâce de la cour, et le second trop jeune.

(2) *Pierre le Cruel.*

(3) De l'Académie des sciences.

(4) Édit. Arago et O'Connor, t. I, page 141.

crédit particulier pour obtenir du roi la levée de l'exclusion, et la permission de concourir pour MM. Delille et Suard. Cette proposition a été unanimement adoptée.

[M. de Tournière de notre Académie est mort ; je crois que M. d'Angevilliers voudra bien de sa place. Il vaudrait encore mieux qu'il en eût une qu donnât voix. Mais cet arrangement serait plus difficile] (1).

Les comediens français viennent de renvoyer leur perruquier en faisant une pension à sa femme. Le marechal de Richelieu leur a envoyé ordre de le reprendre : sur cet ordre, Brizard a été député au maréchal, et lui a dit qu'il aimerait mieux porter sa tête sur un échafaud que de permettre à cet homme de toucher ses cheveux... Enfin, M. de Duras, dont l'esprit conciliateur est bien connu, s'est mêlé de l'affaire, et il a été décidé que les comédiens seraient libres de se faire friser par qui ils voudraient. *Pierre le Cruel* a été siflé mercredi pendant trois heures; les comédiens voulaient le redonner, mais avec des changements; l'auteur a répondu, comme le general des jesuites, *Sint ut sunt aut non sint*, et les comediens ont pris le même parti que la cour de France.

Nos prêtres ont essayé de faire observer dans la chapelle de Versailles l'office d'Hildebrand, dont les papes ont fait un saint sous le nom de Grégoire (2). Le roi, qui a vu ce nom dans le bref de sa chapelle, l'a fait rayer, de l'avis de son conseil. On a, dit-on, nommé une commission à ce sujet, pour examiner les brefs des communautés religieuses, et voir s'ils ne font point la fête d'Hildebrand ou de quelque autre maraud.

(1) Passage inédit.

(2) « Grégoire VII, dont la France n'a jamais voulu reconnaître la canonisation, fondée sur ce que Grégoire VII a soumis les rois aux papes, le temporel au spirituel. Aujourd'hui les jésuites ont introduit partout le culte de *Saint Grégoire VII*. Ils le proclament dans leurs livres, dans leurs journaux et du haut de la chaire. L'autorité laisse faire. Nous sommes, comme l'on voit, moins avancés qu'en 1772. Aussi avons-nous fait deux révolutions ! » (Note de l'édition Arago et O'Connor).

Mlle de l'Espinasse toussait hier beaucoup et était fort souffrante. M. de Pernau, qui avait fait inoculer ses trois fils, vient d'en perdre un après douze jours de fièvre. Il avait été inoculé par Hostie. La petite vérole était abondante, l'enfant peu sain et il n'a pu y résister. C'est un malheur affreux pour cette famille et une chose très fâcheuse pour l'inoculation en elle-même.

Adieu, monsieur, voilà tout ce que je sais. Nous attendons de vos nouvelles avec impatience.

LXIV

CONDORCET A TURGOT

Le 26 mai.

Nous avons eu une pluie effroyable et nous sommes bien punis de nous être plaints de la durée du beau temps.

Mon affaire ne se fera vraisemblablement qu'à la Saint-Martin, si elle se fait ; j'avoue que si j'avais pu prévoir tant de longueur et tant de langueur, je n'y aurais jamais pensé.

Mademoiselle de l'Esp'nasse a une toux qui l'a empêchée de dormir depuis deux jours; elle lui a donné de la fièvre et a résisté à l'opium. J'aurai de ses nouvelles avant de fermer cette lettre.

J'ai entendu le quatrième livre de l'Enéide, par l'abbé Delille; il m'a fait le plus grand plaisir. Le roi a été très content du nouveau choix de l'Académie; mais on n'a encore rien obtenu pour les deux exclus.

Le Nonce ne quitte plus les ambassadeurs d'Espagne et de Naples, qui n'en sont pas la dupe, et qu'il mènera moins aisément que des carmélites. Il sollicite un Édit pour rétablir les vœux monastiques à seize ans et je l'ai vu faire semblant de pleurer à Mélanie parce qu'on lui avait dit que Choiseul et M. de Grammont y avaient pleuré.

Adieu, Monsieur, je vous écrirai quand il y aura quelque chose de nouveau, et s'il n'y a rien, je vous écrirai encore.

Il n'est pas jour chez Mademoiselle de l'Espinasse ; elle dort actuellement et on ne l'a point entendue tousser depuis longtemps.

LXV

CONDORCET A TURGOT

Dimanche, 31 mai.

Nous avons une nouvelle actrice tragique, sœur de Mademoiselle Sainval. Elle en a la sensibilité sans en avoir les défauts, et on en espère beaucoup.

J'ai acheté pour vous le poëme de Bernard, intitulé *Pauline et Théodore*. On vient de l'imprimer en changeant les noms. Je ne l'ai pas lu encore et je n'en attends pas beaucoup de plaisir.

Mademoiselle de l'Espinasse emploie encore toutes ses nuits à tousser et cette toux, moitié de rhume et moitié convulsion, la brise horriblement. Nos autres amis sont à l'ordinaire. Mon affaire est toujours là. Vous êtes bien heureux d'avoir la passion du bien public et d'être à portée de le faire. Vous avez de quoi remplir votre âme et votre temps, et moi je reste ici à tourmenter l'une et l'autre.

LXVI

CONDORCET A TURGOT (1)

Le 7 juin 1772.

Monsieur, M. de Bréquigni a fait une histoire des orateurs grecs ; une vie de Mahomet, imprimée dans les mémoires de l'Académie des inscriptions ; un beau discours sur les communes à la tête des ordonnances qu'il est chargé de recueillir. C'est un homme honnête, doux et modeste, qui a cinquante-cinq ans, écrit noblement et purement. L'Académie l'a choisi

---

(1) Ed. Arago et O'Connor, 1, page 199.

parce qu'il était plus éligible que la plupart des concurrents,
et qu'il n'y avait pas de meilleur choix à faire sans s'exposer à
une exclusion. Nous espérons que la conduite douce de l'Académie ramènera la cour (1) et nous sommes doux comme des
moutons, mais sans pourtant nous *laisser manger la laine sur
le dos.*

L'actrice nouvelle (2) est d'une sensibilité charmante et remplie de défauts ; elle a dix-sept ans, elle peut se corriger ; et la
sensibilité demeure même lorsqu'elle ne sert qu'au tourment de
ceux qui l'ont.

M. de Mora a eu un crachement de sang : il a été saigné trois
fois et est hors d'affaire ; mais il n'avait pas mérité cet accident,
et cela est bien effrayant pour ses amis. Savez-vous quelle est
la cause finale des crachements de sang, des toux convulsives,
de la goutte, de tous les maux qui tourmentent mes amis ? J'a-
voue, à la honte de ma philosophie, que cela suffit pour que je
ne me rende jamais à aucun raisonnement, en faveur de la sagesse des lois générales. Nous avons à vous envoyer le poëme
de Bernard intitulé *Pauline* (3) : je l'ai trouvé froid et ennuyeux.
Je joins à cette lettre deux petits morceaux de Voltaire.

Mademoiselle de l'Espinasse se porte mieux. Adieu, Monsieur, mon secrétariat est remis à l'année prochaine et à la présidence de M. de Trudaine. Je pars jeudi pour Ribemont. J'espère que vous m'y écrirez quelques lignes, dans les intervalles
de temps que vous laisseront les Limousins. Je m'occupe de
votre vannier.

(1) Qui excluait Delille et Suard.

(2) Mademoiselle Sainval cadette.

(3) *Phrosine et Mélidore* s'intitulait d'abord *Pauline et Théodore.*

LXVII

CONDORCET A TURGOT (1)

Ribemont, ce dimanche 14 juin 1772.

J'ai enfin quitté Paris, Monsieur, aussi las de la vie active que j'y menais que fâché de ne plus voir les gens que j'aime.

Vous êtes bien heureux d'avoir la passion du bien public et de pouvoir la satisfaire ; c'est une grande consolation et d'un ordre supérieur à celle de l'étude. Pour bien finir mon emploi de correspondant, voici un madrigal de l'abbé Arnaud :

De l'inquiet amour je connais les alarmes ;
De la tendre amitié je connais les douceurs :
L'un n'a que des plaisirs fugitifs et trompeurs.
Et sur tous les instants l'autre répand des charmes.
     Je le sais ; mais en vous voyant
     Je donnerais, belle Sylvie,
     Le bonheur de toute la vie
     Pour le bonheur d'un seul instant.

Voltaire a envoyé au vieux maréchal une pièce de vers sur les troubles de l'Académie (2). Je ne l'ai point vue, et je crains de la voir. Que notre vieux maître ne ressemble point au premier général des capucins qui, après avoir enlevé une fille à 70 ans, est mort socinien. On dit cependant qu'à la fin de la pièce il y a un petit morceau de prose ironique en l'honneur de son vieil Alcibiade.

Adieu, Monsieur ; mon encre est blanche comme du lait, et mes plumes sont comme des bâtons. Savez-vous que j'ai pour me divertir un commentaire de dix volumes sur la Bible par le vieux de la Montagne, par Emilie, par son jeune amant (3) : tout cela tiré de la bibliothèque de Cirey.

(1) **Ed. Arago et O'Connor, I, page 201.**

(2) *Les Cabales* (œuvres de Voltaire, t. xiv).

(3) **Voltaire, Mme du Chatelet, Saint-Lambert.**

Ecrivez-moi un peu à Ribemont : j'ai besoin que mes amis me consolent du regret de ne les plus voir.

LXVIII

TURGOT A CONDORCET (1)

A Ussel, le 21 juin 1772.

J'ai reçu, Monsieur, votre lettre du 14, timbrée de Chauni. Quoi que vous en disiez, je crois la satisfaction résultante de l'étude supérieure à celle de toute autre satisfaction. Je suis très convaincu qu'on peut être, par elle, m'lle fois plus ut'le aux hommes que dans toutes nos places subalternes, où l'on se tourmente, et souvent sans réussir, pour faire quelques petits biens, tandis qu'on est l'instrument forcé de très grands maux. Tous ces petits biens sont passagers, et la lumière qu'un homme de lettres peut répandre doit, tôt ou tard, détruire tous les maux artificiels de l'espèce humaine et la faire jouir de tous les biens que la nature lui offre. Je sais bien qu'avec cela, il restera encore des maux physiques et des chagrins moraux qu'il faudra supporter en pliant la tète sous la necessité. Mais le genre humain gagnerait beaucoup à s'abonner à ceux-là. Je vous avoue que la goutte ne m'a point empêché de continuer à croire aux causes finales (2). Je savais bien qu'aucun individu, ni même aucune espèce, n'était le centre du système des causes finales, et que l'ensemble de ce système n'est, ni ne peut être connu de nous. Cracher du sang, tousser, avoir la goutte, pleurer ses amis, tout cela n'est que l'exécution en détail de l'arrêt de mort prononcé contre tout ce qui naît ; et si nous ne mourons que pour renaître, il sera vrai encore que la somme des biens sera supérieure à celle des maux, toujours en mettant à part les maux que les hommes se font à eux-mêmes, maux passagers, à ce que je crois, pour l'espèce, et qui le seraient aussi pour l'individu,

____

(1) Ed. Arago et O'Connor, 1, page 202.

(2) Combattues par Condorcet.

si l'individu pensant et sentant, avait plusieurs carrieres successives à parcourir.

Je me flatte que ceux qui pourront un jour naître Limousins,
ne seront pas prives de la commodite des hottes, grâce au soin
que vous voulez bien prendre de nous envoyer un vannier. Je
vous remercie du madrigal de l'abbe Arnauld, dont la pensee
est agreable, mais les vers un peu duriuscules. J'ai reçu de
Genève un morceau sur les probabilites, qui est une espèce de
plaidoyer pour M. de Morangies (1). Cela vaut mieux que de
faire des vers au vieil Alcibiade (2). J'avoue que je ne pardonne
pas non plus aux academiciens d'avoir ete diner chez ce fat
suranne devenu delateur de ses confrères. Je persiste à croire
que le choix de M. de Brequigni, en pareille circonstance, est
un acte de timidite qui ne fera qu'enhardir et fortifier le parti
des faux frères.

Adieu, Monsieur, conservez-moi votre amitie.

J'ai vu un commentaire sur la Bible, par Emilie, mais il
n'avait que deux volumes in-4°. Il a pu faire la pelote de neige
entre les mains de son jeune amant (3), et du vieux de la Montagne (4). Ce serait une chose interessante qu'un pareil commentaire : mais je le voudrais fait sans passion, et de façon à
tirer aussi du texte tout ce qu'on en peut tirer d'utile comme
monument historique precieux à beaucoup d'egards. L'envie
d'y trouver des absurdites et des ridicules, qui, quelquefois n'y
sont pas, diminue l'effet des absurdites qui y sont reellement, et
en assez grand nombre, pour qu'on n'en cherche pas plus qu'il
y en a.

---

(1) *Essai sur les probabilites en fait de justice*, dans le tome XLVII des
œuvres de Voltaire.

(2) *Les Cabales*, adressees au maréchal de Richelieu.

(3) Saint-Lambert.

(4) Voltaire.

LXIX

CONDORCET A TURGOT

Ribemont, ce 26 juin 1772

J'ai trouvé un vannier, Monsieur, il ira à Limoges moyennant deux louis pour le voyage, deux louis pour le retour s'il s'ennuie et quarante sols par jour jusqu'au temps où vous lui donnerez de l'ouvrage et une condition annuelle. Voilà tout ce que j'ai pu arranger. Comme nos Picards ne voyagent guère, ils ont peur de ce qu'ils appellent *la maladie du pays*. Les sots y sont fort sujets. Cet homme a environ vingt-huit ans ; il vient de se marier. S'il se fixe à Limoges il y fera venir sa femme qui sait filer et ourdir le fil propre à faire du linon. Mandez-moi ce que vous pensez de ces conditions. Je puis vous répondre de l'honnêteté de l'homme et voilà tout : il est assez bon ouvrier pour ce pays-ci.

Ne pourriez-vous pas me procurer de la graine de ces raves qu'on sème dans l'Auvergne et dont on nourrit les bestiaux ? J'ai un oncle, bon cultivateur, qui m'en a demandé. Si vous pouviez m'en faire porter jusqu'à Paris, je me chargerais du reste.

Adieu, Monsieur, voilà une lettre purement économique.

Je n'ai plus à vous parler d'Académies, et il fait si chaud que je me sens plus près de la bête que de l'académicien. Mais, témoin l'histoire de La Belle et de La Bête, les bêtes savent aimer encore, et je le sens bien quand je pense à vous.

LXX

TURGOT A CONDORCET (1)

A Limoges, le 14 juillet 1772.

J'ai bien des reproches à me faire, monsieur, car il y a bien

(1) Éd. Arago et O'Connor, 1, page 264.

longtemps que je ne vous ai écrit, et quoique d'un côté ce ne soit pas tout à fait ma faute, et que de l'autre je vous connaisse indulgent, il est toujours fâcheux de ne pas répondre comme on le voudrait, non pas à l'amitié, mais aux témoignages qu'on en reçoit.

J'attends votre vannier (1), qui sans doute est parti; car je n'imagine pas que vous ayez suspendu son départ, et que vous ayez douté de l'acceptation de vos conditions. Je ferai mon possible pour qu'il soit content et pour tirer parti du talent de sa femme. S'il arrive pendant le petit séjour que je vais faire à Verteuil, il s'adressera à l'ingénieur de la province, M. Tresaguet. J'ai pris le parti pour votre graine de raves de l'envoyer sous une double enveloppe à M. Bertin, et j'ai prié Mlle de l'Espinasse de lui en demander la permission.

J'ai été fort content des *Cabales* et des *Systèmes* (2), à quelques bagatelles près. On a beau dire, cet homme ne vieillit point, et donne le démenti à son extrait baptistaire, pour mieux le donner à son baptême.

Avez-vous eu des orages comme nous et des grêles épouvantables ? Nous avons aussi eu des aurores boréales très fréquentes; mais je les ai peu observées, parce que pendant mes courses je me couchais de très bonne heure. J'en ai pourtant remarqué une le 28 juin sur les dix heures du soir, à Limoges, d'autant plus remarquable qu'elle ressemblait très peu aux aurores boréales ordinaires. Ce n'était qu'une clarté blanchâtre, qui tapissait le fond du ciel, et qu'on apercevait à travers les nuages légers dont le ciel était parsemé, et qui rendaient comme on dit, le temps pommelé. Mais les nuages semblaient être le fond, parce qu'ils étaient obscurs, et c'était le fond blanchâtre entrecoupé qui formait l'apparence d'un ciel pommelé. Une autre particularité de cette aurore boréale, c'est qu'elle était principalement répandue vers le sud, quoiqu'il y eût dans la

---

(1) Turgot, pour répandre dans le Limousin l'art de la sparterie, avait demandé à Condorcet de lui envoyer un vannier picard.

(2) **Deux** pièces de Voltaire. Voyez le tome xiv de ses œuvres.

partie sereine du ciel quelques colonnes lumineuses qui rasaient la grande Ourse.

J'ai souvent vu des nuages bordés de blanc; comme s'ils avaient été éclairés par la lune, quoiqu'elle ne fût pas sur l'horizon. J'ai vu aussi des nuages blanchâtres isolés dans des parties du ciel fort éloignées du nord. Une fois, c'était, je crois, le 18 février 1764, j'ai vu une espèce de bande lumineuse qui s'étendait presque d'un bout à l'autre de l'horizon, et qui était d'une largeur à peu près égale partout. Elle suivait à peu près la direction du Zodiaque, et n'était point la lumière zodiacale, 1° parce qu'elle était détachée de l'horizon; 2° parce qu'elle était beaucoup plus étendue; 3° parce que sa largeur était uniforme, et qu'elle ne se terminait pas en pointe; 4° parce qu'elle avait un mouvement parallèle à elle-même assez lent, mais très sensible. Je ne me souviens plus si c'était au midi ou au nord. Plus je vois ce phénomène et les différentes formes qu'il prend, plus je me convaincs que ce sont de véritables nuages qui n'appartiennent qu'aux parties les plus élevées de l'atmosphère, et que la matière qui les compose s'enflamme par une combustion réelle, tantôt lente et paisible comme celle du charbon, tantôt rapide et se communiquant au loin, comme dans la flamme et dans des trainées de matières combustibles. Je ne serais pas surpris que ces inflammations eussent quelques rapports avec le fluide électrique, fluide expansible qui doit s'étendre beaucoup plus haut que l'air, et qui, certainement, est chargé de beaucoup de phlogistique, qui peut-être est l'intermède par lequel le phlogistique que le soleil nous envoie se combine avec les corps solides et fluides où nous le trouvons. Peut-être est-il aussi l'intermède par lequel la chaleur écarte les parties même de l'air, et des autres corps devenus expansibles par la vaporisation. L'affectation des aurores boréales à occuper la partie septentrionale du ciel tiendrait à un mouvement que je soupçonne depuis longtemps, dans la partie supérieure de l'atmosphère, de l'équateur au pôle, et qui me parait une suite nécessaire de son expansibilité combinée avec la force centrifuge et la pesanteur. Il y a bien longtemps qu'il m'a passé par la tête d'expliquer par là le mouvement du fluide magnétique ; mais les faits relatifs à ce magnétisme sont encore trop peu connus et trop peu analysés. Pardon de vous faire part de mes rêveries : j'oublie que les géomètres n'aiment pas les systèmes, et qu'il leur faut des calculs. Malheureusement je n'en sais pas faire et mon imagination s'égare sans frein.

Mlle de l'Espinasse m'apprend que vous travaillez sur quelque objet de littérature ; je ne crois pas qu'il y ait d'indiscrétion à vous demander sur quoi. Je viens enfin d'achever l'*Histoire des Deux-Indes* (1).

En admirant la facilité et la brillante énergie du style de l'auteur, je vous avoue que je suis un peu fatigué des excursions multipliées et des paradoxes incohérents qu'il rassemble de toutes les parties de l'horizon ; il entasse ceux de tous les auteurs les plus paradoxaux et les plus opposés, tous les systèmes moraux, immoraux, libertins, romanesques ; tout est également revêtu des couleurs de son éloquence, et soutenu avec la même chaleur : aussi ne résulte-t-il rien de son livre. Je voudrais aussi qu'il s'abstînt de déraisonner physique. Il aurait souvent besoin qu'on lui donnât le même avis que vous avez donné à La Harpe, lorsque celui-ci définissait l'octaèdre, une figure à huit angles.

Adieu, monsieur, donnez-moi quelquefois de vos nouvelles, et de celles des choses qui vous intéressent, sans user de représailles avec moi.

LXXI

CONDORCET A TURGOT

A Baume, ce 22 juillet 1772.

J'ai fait la sottise d'attendre votre réponse pour faire partir le vannier et la sottise encore plus grande de l'attendre pour vous écrire. Le vannier va partir, du moins à ce que j'espère, car j'ai laissé ce soin à ma mère et je cours le monde environ

---

(1) De l'abbé Raynal.

quinze jours pour aller voir M. de Saint-Chamans à Givet (1).

J'ai lu l'ouvrage de M. de Morvaux sur le phlogistique, je n'en suis pas mécontent ; mais il est au-dessous de ce que j'en espérais. Il détruit toutes les idées que nous avons de la pesanteur et que tout le reste des phénomènes nous oblige d'admettre. En effet, pour que le phlogistique fit que treize onces de plomb n'en pèsent que douze dans l'air, il faudrait que le phlogistique contenu dans le plomb plus une once de plomb fussent en équilibre avec un volume d'air égal au volume total du plomb, or une once de plomb est toute seule beaucoup plus pesante que ce volume, donc, etc. De plus, dans le vide même le moins parfait, la chaux de plomb se rapprocherait du poids du plomb, avant sa calcination, d'une manière très sensible, et cette expérience qui est fort simple à faire suffirait pour détruire l'opinion de M. de Morvaux.

Je ne connais rien du tout aux aurores boréales ; quant au magnétisme, je crois qu'il faut, avant de rien expliquer, tâcher de deviner la loi quelconque à laquelle la direction de l'aiguille est assujettie, d'abord pour le même lieu et ensuite pour des lieux différents dans le même temps. De là on s'élèverait à la loi générale pour tous les temps et tous les lieux. J'aurais bien voulu que dans les observations faites pour Paris elle eût suivi, en s'approchant de la direction du méridien, où elle a passé en 1666, la même variation qu'en s'en éloignant ensuite de l'autre côté. Mais cela n'a point eu lieu et rend la loi bien plus difficile à deviner. L'explication du Docteur Halley qui n'est suffisante que pour la variation dans les différents lieux est absolument précaire et vague. Quant à la variation pour les différents temps sa marche constante vers le même côté, depuis plus de cent quatre-vingts ans, ne permet guère de ne pas lui supposer une cause assujettie à une loi calculable et je n'en vois point de bien plausible que l'effet des planètes sur notre

____

(1) Joseph-Louis, vicomte de Saint-Chamans, né le 23 septembre 1747, colonel du régiment d'infanterie de la Fère (1771), ami de Mademoiselle de l'Espinasse.

globe, les équations de l'orbite terrestre, celles de la rotation et la précession me paraissent celles qu'il faudrait considérer les premières. Quant à l'inclinaison de l'aiguille, il faudrait nécessairement la continuer avec l'autre variation, parce que nous savons que les forces perpendiculaires à l'orbite des planètes influent sur les équations de ces orbites rapportées à un plan. Peut-être un jour calculerai-je tout cela si cependant les détails n'en sont pas trop rebutants.

Je lis M. de Morvaux sur la dissolution et les cristallisations. J'ai peur qu'il ne soit pas assez géomètre pour se bien tirer de toutes ces théories de pesanteur.

Adieu, Monsieur, à propos vous jugez trop sévèrement l'auteur du livre sur les *Deux Indes* (1), je lui écrirai un peu sur sa physique, et je lui offrirai le peu que je sais pour la seconde édition.

Mademoiselle de l'Espinasse est trop bonne de vous parler de moi. Je n'ai fait que des essais pour donner à mes confrères une idée de mon style ; l'un sur la vie de Fontaine, qui n'est que pour M. de Fouchi ; l'autre sur l'influence de l'imprimerie, qu'on mettra dans les journaux si je peux le rendre passable. Quand cela sera fait vous le verrez, mais je voudrais bien que l'éloignement ne m'eût pas privé de vos conseils.

LXXII

CONDORCET A TURGOT

Ribemont, ce 11 août 1772.

Votre vannier m'a promis, monsieur, qu'enfin il partirait le seize, je lui ai remis ses vingt écus, et le voilà aussi riche que le chevalier Robert. Je lui ai donné pour Limoges une route que j'ai pris plaisir à *composer moi-même* d'après les cartes de M. de Vaugondy et s'il fait plus de chemin qu'il ne faut c'est à lui qu'il faudra s'en prendre.

(1) L'Abbé Raynal.

Je vous ai écrit de Givet: depuis je suis revenu ici par des pays où on ne sait ni lire ni écrire, de façon que les lettres n'en partent qu'une fois la semaine : voilà ce qui a interrompu notre commerce.

Mlle de l'Espinasse tousse; le départ de M. de Mora (1) qu'elle aime beaucoup l'a vivement affectée, et moi je dis : sera-t-il plus heureux en Espagne qu'en France, et quelle est la cause finale de tout cela ? Le monde me parait ressembler à la machine de Swift pour déboucher les bouteilles, ce grand effet était produit par l'engrainement d'une soixantaine de roues qui écrasaient entre leurs dents de pauvres insectes. Mais l'effet était produit et les insectes admiraient la machine quand ils avaient pu s'échapper avec une demi-douzaine de pattes cassées. Il est difficile que ceux qui veulent voir un machiniste dans tout cela y voient un bon horloger. N'y a-t-il pas un ancien qui a prétendu que le grand Être avait abandonné l'arrangement de cette terre à un genie novice qui y avait fait beaucoup de sottises. Cet ancien avait raison et il me parait qu'en raisonnant conséquemment d'après les phénomènes et la volonté determinée de voir une cause intelligente c'est ce qu'on peut conclure de plus raisonnable.

Mlle Sainval est réellement remplie de talents et si elle se corrige d'une douzaine de defauts très desagreables, elle sera au niveau de Mlle Clairon avec plus de sensibilité et moins de majesté et de perfection. Nous avons une tragedie nouvelle remplie d'horreurs. L'auteur a mis à contribution tout ce qui a été inventé d'effroyable. Je vous en parle comme si je l'avais vue

(1) Fils aîné du Comte de Fuentès, ambassadeur d'Espagne à la cour de France, le Marquis de Mora était gendre du Comte d'Aranda, le ministre qui chassa les jésuites d'Espagne. Venu en France vers 1766, il quitta Paris, pour ne plus le revoir, le 7 août 1772. Il mourut à Bordeaux le 27 mai 1774, en revenant auprès de Mlle de l'Espinasse. Voltaire, d'Alembert, Galiani parlent du marquis dans les termes les plus flatteurs et les plus chaleureux. Il écrivait un jour à Condorcet : « Si tout le monde abhorrait comme moi les tyrans et les persécuteurs, on ne serait pas obligé de garder des secrets de cette espece (l'anonyme). » (Lettre inédite provenant des papiers de Mlle de l'Espinasse).

mais j'ai de bons correspondants qui m'ont rendu compte de tout. Adieu, Monsieur, je vous enverrai l'éloge de M. Fontaine quand je pourrai le ravoir. Il est en route pour me revenir de Paris et vous l'aurez avec des retranchements et des corrections.

LXXIII

CONDORCET A TURGOT

Ce 3 septembre 1772.

Voilà, Monsieur, cet éloge (1) de M. Fontaine (2), auquel vous avez la bonté de prendre intérêt. Mandez-moi si vous trouvez que j'aie réussi à faire deviner la vérité, sans manquer aux égards dûs à un homme qu'il faut louer, du même métier, et dont on peut croire que j'aie eu à me plaindre. Tel a été mon but.

Je vous parlerai quelqu'un de ces jours de la cristallisation et de la dissolution de Monsieur de Morveau. Je trouve qu'il est presque toujours fort au-dessous des grands objets qu'il a choisis.

Je vous remercie de votre graine, comme si je l'avais reçue, mais je vous en demande autant pour le printemps prochain et je demanderai à M. Bertin de la graine de garance, en revanche de celle de rave qui lui est restée.

On m'a mandé que depuis mon départ vous manquiez de nouvelles. J'en suis fâché ; mais j'en manque aussi et je m'en passe. Il m'est impossible de savoir ce qui résultera de la Pologne parce que je n'entends point la logique des brigands.

Je m'amuse à calculer les probabilités. Je ferai un petit livre sur cet objet d'où il résultera, à ce que j'espère, que nous savons bien peu de choses sur cette matière. Je suis au fond de

---

(1) Envoyé à Turgot, le 3 septembre 1772 ; envoyé à Turgot le 17 septembre 1773 ; réponse sur cet éloge, octobre 1773.

(2) Fontaine mourut le 21 août 1771.

l'avis de M. d'Alembert, et nous ne différons que dans quelques détails. Adieu, Monsieur, aimez-moi toujours, pensez à moi quelquefois et revenez à Paris cet hiver. Nous raisonnerons ensemble et nous nous aimerons. Cela remplit le cœur et le temps.

LXXIV

CONDORCET A TURGOT (1)

Ce 1er octobre 1772.

Je profiterai avec grand plaisir de vos remarques sur l'*Eloge de Fontaine*. J'y ajouterai sûrement un mot sur l'obscurité nécessaire du compte que je rends de ses principaux ouvrages, et en même temps j'en ferai sentir l'utilité éloignée. Si vous voulez, je vous enverrai cette addition à part ; vous la ferez coudre à votre copie, qui est à vous.

[Je lis l'ouvrage de Romé (2) sur la cristallisation. L'auteur proteste, à la tête de l'ouvrage, qu'il ne prétend pas que jamais la géométrie puisse expliquer ce phénomène ; je ne sais s'il a le droit de faire les honneurs de la géométrie, mais il a mis cette phrase pour contenter l'école de Rouelle. Ils seraient bien fâchés qu'on puisse calculer quelques-unes de leurs opérations, et ils paraissent un peu tentés de la réputation d'être sorciers.

La formule que vous me demandez est : $\dfrac{n.\,n+1.\,n+2}{6}$ ou $\dfrac{n^3 + 3\,n^2 + 2\,n}{6}$, on la trouve, en observant que ces nombres doivent être exprimés par une fonction de n, telle qu'en y mettant $n+1$, au lieu de n, la différence soit $\dfrac{n+2\,n+1}{2}$ qui est la formule pour le nombre triangulaire, qui est le $n+1^e$.] (3)

(1) Ed. Arago et O'Connor, I, page 208.
(2) Essai de Cristallographie, Paris 1772, in-12.
(3) Passage inédit.

J'ai été fort content de l'éloge d'Helvétius (1), à cela près que je crois qu'il le place un peu trop haut ; il le met sur la même ligne que Locke, que Montesquieu, et, dût-on m'accuser de jalousie et dire que je cherche à *déraciner avec un canif un chêne planté dans un terrain ferme*, je ne pourrai me résoudre à regarder Helvétius comme un grand génie. Mais quel rapport trouvez-vous entre le livre de l'*Esprit*, qui se lit avec plaisir, et le poëme, qui est mortellement ennuyeux ?

Adieu, Monsieur. Je vous écris à Limoges, parce que votre lettre m'a trouvé au retour d'un voyage de huit jours, et qu'ainsi je n'ai pu vous répondre sur-le-champ. Voici le temps où je dois m'inquiéter de votre retour à Paris. Dites-moi quand j'aurai le plaisir de vous y revoir?

LXXV

TURGOT A CONDORCET

A Limoges, le 27 octobre 1772.

Je me reproche, Monsieur, un bien long silence avec vous. Mes courses en ont été en partie cause ; m'en voilà revenu depuis samedi et fixé ici pour quelque temps et d'ici à mon retour à Paris, quelque impatience que j'aie d'y arriver, j'imagine que vous y serez avant moi, ne fut-ce que pour terminer l'affaire du secrétariat qui, ce me semble, devait l'être à la Saint-Martin. J'ai grand désir que ce soit une chose faite et non à faire.

J'ai traité hier à leur passage MM. du Régiment Royal de Pologne, parmi lesquels était M. votre cousin, orné d'une moustache qui le rend très vénérable et sur laquelle je lui ai promis de vous faire mon compliment.

Votre vannier commence à faire des hottes ; mais il ne sait point faire de vans. J'ai trouvé au reste ses demandes plus considérables que les conditions que vous m'aviez annoncées par

(1) Par le Marquis de Chastellux.

votre lettre du 26 juin. Il demande un écu par jour au lieu de 40 sols et trois ou même quatre louis au lieu de deux pour son voyage. Sur ce que je lui ai fait observer cette différence, il m'a répondu que ce n'était pas avec lui que vous aviez traité ; mais avec son jeune frère, lequel avait craint de s'éloigner si fort de sa patrie et d'aller vivre parmi des barbares, que lui, plus aguerri aux dangers des voyages, avait pris sur lui de faire honneur aux engagements de son frère ; mais qu'il n'avait rien fixé sur le prix. Je suis convenu avec lui que je vous en écrirais et que je m'en rapporterais entièrement à ce que vous décideriez. Dans le vrai, les meilleurs ouvriers de ce pays-ci ne gagnent pas 40 sols et le sieur Fondemant est très bien nourri pour vingt sols et d'ailleurs logé.

Je vous remercie bien de votre formule, quoiqu'elle soit arrivée lorsque je n'en avais plus besoin, m'étant procuré un moyen équivalent pour arriver au même but, par une règle arithmétique fondée sur les mêmes principes. De plus, je m'étais aperçu que je ne pouvais en tirer aucune utilité pour l'objet que je me proposais. Je supposais que l'on pouvait, par une division toujours poussée plus loin, augmenter indéfiniment l'espace occupé par une quantité de matières quelconque et je voulais rechercher suivant quelle loi et pour cela je supposais une boule inscrite dans un tétraèdre et occupant l'espace qu'il renferme.

Je la supposais divisée successivement en quatre, dix, vingt et autres nombres pyramidaux : mais je n'ai pas tardé à m'apercevoir de ce que j'aurais dû prévoir dès le premier moment, c'est que le tétraèdre renfermant les quatre boules était plus petit que celui qui n'avait qu'une seule sphère et qu'ainsi au lieu de gagner du terrain j'en perdais. Je me souviens pourtant d'avoir lu autrefois dans Keil ou Sgravesande un beau théorème de Newton, d'où il résulte qu'avec un pouce cube de matière, on peut remplir toute la sphère qui a pour rayon celui de l'orbite de Saturne. S'il y a des vides tels que les corps ne se touchent pas les uns les autres, ou si l'on dépose la matière en figures creuses, il n'y a rien de bien merveilleux. M. de Morveau rappelle l'énoncé de ce théorème ; mais il n'en donne d'ailleurs aucune idée et je ne me souviens plus du tout de la manière dont Newton dispose la matière pour obtenir son résultat. J'ai à propos de boules un beau problème à vous proposer ; mais cela demande quelque explication et je n'aurais pas le temps ce soir.

Je ne suis pas plus en droit que M. de Romé de faire les honneurs de la géométrie ; mais j'ai bien peur qu'il n'ait trop raison quand il dit que la géométrie ne pourra jamais expliquer ce phénomène. Ce n'est pas qu'il ne gise comme toute la physique *in pondere et mensura*. Mais les mouvements se passent trop hors de notre portée et nous n'en voyons que des résultats trop éloignés et trop compliqués pour que nous puissions remonter aux causes. La seule tendance des parties de l'eau qui se gèle à s'assembler sous des angles de soixante degrés, qui peut-être est de tous les phénomènes relatifs à la cristallisation, le plus simple, n'a-t-elle pas de quoi confondre toutes les recherches ? Quelle figure faudra-t-il supposer aux unités du fluide aqueux ? Il n'en existe aucune possible qui ait tous ses angles de soixante degrés : le tétraèdre, l'octaèdre formés par des triangles équilatéraux n'ont aucune de leurs faces qui se joignent sous cet angle. Supposera-t-on de petits parallépipèdes d'une hauteur presque nulle et ayant pour base un losange composé de deux triangles équilatéraux ? Comment concilier cette figure avec l'idée d'un fluide, avec le mouvement de fluidité, avec tous les phénomènes que présente l'eau ? D'ailleurs, comment expliquer l'inclinaison dans tous les sens, des lames qui s'enfoncent dans le fluide et de celles qui s'élèvent en s'inclinant sur la surface de l'eau. La figure supposée n'expliquerait que la formation des filets sur la surface même de l'eau et les lames inclinées les unes aux autres et aux parois du vase sous l'angle de soixante degrés devraient, d'ailleurs, nager à plat sur la surface de l'eau. C'est ce qui n'arrive pas. Autre mystère. Supposerez-vous l'élément ou l'unité insensible semblable au cristal sensible ? Dans le fait, le plus petit cristal ressemble au plus grand. Mais comment l'assemblage de ces petits cristaux en formera-t-il un grand semblable à ses éléments ? Il y en a dont la figure est un tétraèdre, d'autres dont la figure est octaèdre, d'autres en très-grand nombre composés de prismes hexagonaux terminés par une pyramide hexagonale. Aucune de ces figures ne peuvent, en s'assemblant, remplir un espace ni former une figure semblable à la première. Il faudrait pour cela des cubes ou des prismes hexagonaux terminés par trois rhomboïdes comme les cellules des abeilles. Mais même avec le cube comment expliquer la formation du cristal de sel marin ? Comment, lorsque dans l'évaporation insensible, lorsque le petit cube élémentaire de Rouelle est devenu la pointe d'une pyramide renversée, cette pyramide retombée enfin dans la liqueur s'y reforme-t-elle en cube ? Comment tous les vides se remplissent-ils et pourquoi tous les cubes qui se déposent à la surface de la pyramide, ne s'arrangent-ils pas en la couvrant couche par couche et en lui conservant sa figure primitive ? Comment la figure cubique se rétablit-elle après avoir été dérangée et même en laissant des vides qui ne sont point remplis ? Ces fluides et bien plus encore des interruptions des corps étrangers, qui sont au milieu d'un cristal doivent déranger l'effet de l'attraction. Cependant la forme du cristal se retrouve. Les cristaux de nitre ont toujours six pans ; mais quelquefois ces cristaux sont aplatis de façon à former une espèce de table de deux faces opposées tandis que les quatre autres ne forment qu'une espèce de double biseau. Dans les cristaux de roche on trouve souvent des quilles qui traversent d'autres quilles en se pénétrant et se confondant en partie et qui, cependant, sont toutes deux régulières. Tout cela confond le chimiste et le géomètre ; mais le chimiste se borne à observer. Le géomètre qui parviendrait à expliquer serait, je crois, le véritable sorcier. Adieu, Monsieur, j'aurais encore bien des choses à vous dire ; mais ma lettre ne partirait pas. Vous savez combien vous devez compter sur mon amitié.

Mlle de l'Espinasse m'a mandé l'extrémité de M. Dussé et je crains bien que vous ne l'ayez déjà perdu. Vous ne doutez pas de la part que je prends à ce que cet évènement a de douloureux pour vous.

LXXVI

CONDORCET A TURGOT (1)

Ce 5 novembre 1772.

Il y a longtemps que je vous ai écrit à Limoges, Monsieur ; je vous parlais, avec la douceur d'un agneau qu'on va tondre, des précautions sublimes qu'on se prépare à prendre pour nous faire mourir de faim ; ainsi je ne puis croire que mes bêlements aient tenté les commis de la poste, et je crois que ma lettre s'est perdue par les chemins.

Je ferai votre commission pour M. Montagne. Je savais que nous avions dans notre grenier quelques mauvais instruments ; mais je ne savais pas que nous en prêtassions, et j'ai peur que M. l'évêque de Rhodez ne se soit trompé. Au reste, cet évêque n'est pas bon catholique ; il cherchait l'année dernière un professeur de physique pour son collége ! Notre évêque de Laon a des idées bien plus chrétiennes ; on vient de décider que dans le collége de Laon on n'enseignerait plus la physique, à cause que cette science était dangereuse pour la foi : on y fera deux ans de logique, parce que la logique prépare à goûter la théologie. C'est cette année 1772 que cette belle décision a été faite par le cardinal de Rochechouart, des anciens vicomtes de Limoges, et par conséquent gentilhomme limousin comme Pourceaugnac, mais *qui n'a pas étudié en droit.*

Adieu, Monsieur ; je ne vous écrirai plus que de Paris.

LXXVII

TURGOT A CONDORCET

A Limoges, le 6 novembre 1772.

Voici, Monsieur, le problème dont je vous ai parlé dans ma dernière lettre.

(1) Ed. Arago et O'Connor, I, page 200.

Si l'on suppose un nombre indéfini de sphères d'un diamètre égal, parfaitement dures, parfaitement lisses, d'une densité égale, on convient, ce me semble, que leur assemblage a toutes les propriétés des fluides. Si l'on n'en convient pas, il est bon de rechercher avant tout si la chose est vraie et démontrable et si l'on pourrait dans ce cas démontrer *a priori* le principe de l'égalité de pression. Quoiqu'il en soit, si en effet il est démontré qu'un assemblage de sphères ainsi constitué formerait un fluide, bien entendu que cet assemblage soit assez vaste pour que ses dimensions n'aient qu'un rapport inassignable avec le diamètre des sphères, car sans cela on conçoit aisément que leur jeu ne serait plus libre. Tout cela supposé, je dis que si dans cet assemblage de sphères on interpose d'autres sphères aussi en nombre indéfini dont le diamètre soit différent, le fluide cessera d'être aussi fluide que si l'on ne mêle deux, trois, quatre ordres de boules, l'assemblage prendra une solidité toujours plus grande et qu'il y a tel assemblage de tel nombre d'ordres différents de boules, avec un tel rapport de nombre entre leurs différents diamètres, qui rendent l'assemblage capable de résister à une force donnée. C'est l'expérience de ce qui se passe dans la confection des routes qui m'a conduit à cette théorie. Il est certain que des cailloux ronds d'un ou deux pouces de diamètre répandus sur un chemin roulent les uns sur les autres et que le chemin n'a aucune solidité jusqu'à ce qu'une partie ait été broyée par le passage des voitures. Un chemin de sable pur n'est pas plus solide et les roues y font des ornières profondes. Mais si ce même sable et ces mêmes cailloux sont mêlés ensemble dans une certaine proportion que l'expérience fait connaître et qui varie suivant la finesse du sable et les dimensions des cailloux, il en résulte de toutes les espèces de chemins le plus solide et le plus inaltérable. Il me paraît que cet effet vient de ce que le caillou qui est immédiatement pressé par la roue d'une voiture a, par le moyen de l'interposition du sable, une plus grande masse de cailloux et de sable à déplacer que s'il était seulement environné de cailloux égaux et du même diamètre que lui. Il me semble que le sable par sa plus grande

division et par l'espèce de fluidité qui en résulte distribue au
loin l'action du fardeau et le partage entre un plus grand nombre de boules. Mais ce n'est là qu'une vue infiniment vague. Je
doute fort que la solution du problème soit possible, surtout
si on l'envisage dans sa généralité, le nombre des ordres, les
diamètres des boules, leur pesanteur spécifique sont trois éléments susceptibles chacun de varier à l'infini et de compliquer
peut-être le problème au point de le rendre insoluble. Mais
peut-être pourrait-on en examiner quelque cas particulier et en
tirer des considérations utiles et applicables à quelques points
de physique. Au pis aller vous excuserez mon ignorance qui ne
me permet pas de distinguer nettement les limites du possible
et de l'impossible.

Adieu, Monsieur, vous connaissez toute mon amitié. Je vous
adresse ma lettre à Paris, vous croyant bien près de votre retour. Je crois vous avoir fait mon compliment sur la perte de
M. d'Ussé, sur laquelle je partage vos regrets et ceux de
Mademoiselle de l'Espinasse. Vous n'avez pas eu, comme elle,
la douleur de le voir souffrir.

LXXVIII

TURGOT A CONDORCET

A Limoges, le 13 novembre 1772.

Je suis fort aise, Monsieur, que vous me donniez des armes
contre les prétentions exorbitantes de votre vannier; je ne veux
pas lui tenir rigueur, mais ce qu'il aura de plus que vos premières conventions sera une grâce.

J'ai oublié dans la grande lettre que je vous ai écrite dernièrement la chose la plus essentielle et pour laquelle précisément je
vous écrivais, c'est-à-dire l'énoncé de mon problème. Vous y aurez facilement suppléé quoiqu'il en soit. On peut l'envisager de
deux manières, l'une particulière et l'autre plus générale. On
peut, étant donnés un, deux ou trois ordres de boules de différents diamètres et pesanteurs spécifiques donnés et mélangés

dans une proportion donnée, examiner le rapport de la résistance de l'aggrégat qui en résulterait avec celle de l'aggrégat formé par un seul ordre de boules, ou bien l'on peut demander quel est le nombre d'ordres, de boules, la proportion des diamètres et des mélanges qui donnera le maximum de résistance. Je crains fort que ces problèmes ne soient trop compliqués.

Ils le sont pourtant bien moins que ceux qu'il faudrait résoudre pour expliquer le phénomène de la cristallisation. Je ne suis pas du tout battu par votre comparaison de Thalès et de Pythagore auxquels on aurait proposé le problème de la précession des équinoxes à résoudre et qui auraient eu tort de conclure de leur impuissance à l'impossibilité de la chose. L'astronomie physique s'est prêtée au calcul parce qu'on y voit ce qu'il y a à calculer ; tous les mouvements et les distances des corps célestes, leurs figures mêmes sont données par l'observation. Dans les phénomènes de la chimie au contraire tout se passe hors de la portée de nos sens et nous n'avons point de prise pour connaître ni les figures, ni les mouvements, nous ne voyons que des résultats infiniment compliqués dont les causes sont non-seulement trop éloignées de l'effet, non-seulement en nombre presque infini ; mais, ce qu'il y a de pis, en nombre inconnu, puisqu'il est démontré qu'il y a plusieurs fluides plus subtils que l'air qui sont absolument incoercibles et qui peuvent entrer comme principes dans les combinaisons des mixtes. Je n'ai pas assurément prétendu épuiser les hypothèses, même pour le cas de l'eau glacée ; mais elle indique cependant la forme de triangle équilatéral, et comment arranger cette forme avec les propriétés d'un fluide. Je vous ai fait grâce de la manière dont les grands cristaux se forment par lames parallèles et cependant conservent la forme hexagone. Vous me dites que les corps qui se cristallisent sont composés ; oui, les unités du mixte. Mais c'est l'aggrégat composé d'un nombre immense d'unités dont nous voyons la cristallisation, et la difficulté consiste à expliquer comment la même figure se retrouve dans l'aggrégat, quel que soit le nombre d'unités dont il est composé. Adieu, Monsieur, le papier me manque. Recevez les assurances de mon amitié.

Je suis charmé de vous savoir à Paris.

LXXIX

CONDORCET A TURGOT (1)

Ce 22 novembre 1772.

Nous avons été nommés commissaires, M. d'Alembert et moi pour l'ouvrage de M. Montagne. Nous ferons notre rapport d'après demain en huit, mais nous croyons que si M. Montagne fait imprimer son ouvrage, il fera bien d'y ajouter une démonstration de sa méthode d'approximation.

Monsieur, on va bientôt jouer les *Lois de Minos* (2) ; c'est, dit-on, l'apologie de M. le chancelier (3). Il est vrai que Minos chasse des hypocrites et des fanatiques qui faisaient des sacrifices de sang humain, et que les gens chassés par M. de Maupeou ont bien quelque chose d'approchant à se reprocher (4). M. d'Argental a ordre de ne plus paraître à la cour comme ministre de Parme ; mais on lui a écrit pour lui témoigner qu'on n'a aucun mécontentement particulier. L'Espagne et la France ont d'ailleurs supprimé les pensions et rappelé leurs ministres. Vous aurez l'*Epître d'Horace* (5) par le courrier de dimanche. On a donné aujourd'hui l'*Anglomanie* de M. Saurin : c'est son *Orpheline* réduite à un acte.

N'a-t-on pas reçu chez vous un paquet de hardes que j'ai fait adresser à votre vannier ? Adieu, Monsieur, Mademoiselle de l'Espinasse tousse toujours et il semble qu'à mesure que sa santé la force de renoncer au reste, son amitié augmente pour tous ses amis. Revenez donc la voir et nous aussi.

(1) Ed. Arago et O'Connor, I, page 210.

(2) Tragédie de Voltaire. Elle ne fut jamais représentée.

(3) Maupeou.

(4) L'ancien parlement qui avait condamné La Barre.

(5) Par La Harpe. C'est une réponse à l'épitre de Voltaire à Horace.

LXXX

CONDORCET A TURGOT

Ce dimanche 22 novembre 1772.

Je vous dois bien des réponses, Monsieur, mais voici mon excuse: je fais, pour donner un échantillon de mon style, l'éloge d'une partie des académiciens morts entre 1666 et 1699. Ils n'ont point été donnés par Fontenelle.

Je ne puis encore rien répondre à votre problème, mais j'y penserai un peu à loisir, parce qu'il est vraiment intéressant et qu'il est très possible qu'aucun de ces assemblages de sphères ne jouisse de sa propriété de l'égale résistance.

Voici une expérience que M. Sage fera ces jours-ci avec moi. Je mettrai de la chaux de plomb avec du charbon dans une cornue dont le bout lutté sera garni d'un tube plongé dans l'eau de chaux, si en réduisant la chaux de plomb, la chaux se précipite, ce sera un indice que la rephlogistication du plomb produit de ce que nous appelons air fixe, etc.

M. de La Harpe a fait une réponse d'Horace à Voltaire, que je vous enverrai dimanche prochain au plus tard ; elle est très agréable et remplie de vers heureux :

A l'Elysée en pleurs Racine a lu Zaïre

Virgile et Racine avouent que

Pour les vaincre tous deux

Il ne t'a rien manqué que leur langue et leurs Dieux.

Il parle des soupers où Frédéric

N'avait plus d'ennemis que les sots.

Et même contre lui permettait les bons mots.

La fin est très adroite. Horace, après avoir parlé des deux langues ajoute :

Pour la première fois, je t'écris dans le tien.

Et si j'ai bégayé la langue de Voltaire,

Je vais le lire encore pour apprendre à mieux faire.

Il y a un *Monde primitif*, une traduction de deux écrits de Plutarque, par M. du Theil. Mme de l'Espinasse ne vous écrit

point; elle est toujours très souffrante et tourmentée par des
insomnies et une toux presque continuelle. Adieu, Monsieur,
revenez le plus tôt que vous pourrez. Nous vous attendons
avec bien de l'impatience.

LXXXI

TURGOT A CONDORCET

A Limoges, le 27 novembre 1772.

L'histoire de l'Académie ou des académiciens morts avant
1699, me paraît devoir être un morceau intéressant ; quoiqu'à
quelques égards ce soit étaler notre pauvreté, car il faut avouer
qu'à cette époque nous étions prodigieusement inférieurs dans
les sciences aux Anglais, dont c'était le bon temps, et même aux
Allemands. Il y avait pourtant quelques gens de mérite. Je ne
me souviens plus si Fontenelle a fait l'éloge d'Hughens ; il me
semble que non. En ce cas, ce sera un éloge principal à traiter.
Ce qui me fâche de cet ouvrage, c'est qu'il ne laisse pas de demander des recherches et des lectures de livres qu'on ne lit plus
guère, qu'il exige par conséquent du temps pour être bien fait.
Or, je voudrais que votre affaire fût décidée promptement.

Vous aurez à discuter s'il est vrai que Roberval et Frenicle
aient eu avant Newton l'idée d'expliquer toute l'Astronomie
physique par la gravitation universelle. Quand cela serait vrai,
cela n'ôterait guère à la gloire de Newton, car de cette première idée à l'exécution, il y a une bien prodigieuse distance ; il
y a toute celle de Frenicle à Newton.

A propos de Newton, je viens de lire dans un journal anglais
un moyen fort ingénieux pour expliquer comment il a pu ne pas
s'apercevoir de l'inégale dispersion des rayons dans la réfrac-
tion de l'eau et du *Flintglass*, quoiqu'il ait fait l'expérience d'où
on l'a conclue. C'est un moyen de sauver son infaillibilité, dont
l'idée est due à un M. Mitchell. La voici : elle consiste à supposer, ce qui, je crois, est fondé sur quelques textes de l'optique,
que pour augmenter la force réfractive de l'eau, Newton y mê-

lait des sels et en particulier du sel de Saturne. Or, a dit
M. Mitchell, il est très probable que le plomb dissous dans l'eau
sous la forme de sel, aura le même effet d'augmenter la propriété
dispersive des rayons qu'il a lorsqu'il est combiné avec le sable
dans le *Flintglass*. M. Mitchell a répété l'expérience de Newton
avec de l'eau imprégnée de sel de Saturne et il a vu qu'effecti-
vement la dispersion des rayons se compensait à peu près, en
sorte que l'image qui avait traversé les deux prismes disposés
en sens contraire n'était pas sensiblement troublée, ainsi que
Newton l'avait remarqué. Dollond, ayant fait l'expérience avec
de l'eau simple et du *Flintglass*, a dû voir l'effet tout différem-
ment. Cette explication m'a fait plaisir, car j'aime et vénère la
mémoire de Newton.

Quand votre expérience ne réussirait pas, je n'en croirais pas
davantage à la prétendue légèreté spécifique du phlogistique
dans l'air. Encore, si M. de Morveau, au lieu de parler de l'air,
eût parlé de l'éther, de ce fluide ou de ces fluides plus subtils
que l'air qui passent à travers les pores des corps, comme le fluide
électrique, le fluide magnétique, le fluide qu'il faut supposer
pour expliquer comment la chaleur produit entre les éléments
de l'air, de l'eau en vapeur, du mercure, du cuivre en vapeur ;
cette répulsion en raison inverse des distances, d'où résulte l'é-
tat de vaporisation ou de fluide expansible ; on pourrait l'écouter, car il pourrait supposer que le volume du tissu spongieux
que formeraient également dans un pareil fluide la litharge et le
plomb revivifié, serait augmenté plus que sa pesanteur par l'introduction du phlogistique, à peu près comme si l'on empâtait
avec de la cire fondue une masse de limaille de fer d'un pied
cube, ou si vous voulez une masse de plomb en grains ; le volume total apparent serait le même, mais le volume réel, celui
qui correspondrait à l'eau déplacée, serait augmenté et comme
la cire nage sur l'eau, la pesanteur relative du tout serait diminuée. Mais si l'on veut recourir à ces fluides, je dirai encore
qu'il est très-possible que ces différents fluides ou leurs éléments
soient susceptibles d'entrer, ainsi que l'air, dans la combinaison
des mixtes, d'en devenir principes ou d'être *principiés*, comme

nos chimistes le disaient quelquefois de l'air, avant que nous
eussions adopté des Écossais cette fausse et impropre dénomination d'air fixe, qui donnerait à entendre que l'on a découvert
une nouvelle espèce d'air différente de l'air commun, comme
l'ont, à ce que je crois, imaginé quelques-uns des Écossais qui
ont travaillé sur cette matière. Il paraît qu'ils ont ignoré les travaux de nos chimistes et la doctrine de l'air combiné dans les
mixtes, tantôt au point de saturation, tantôt avec surabondance,
comme dans les eaux de Selters, dans le vin mousseux, etc.,
telle que l'a développée Venel et que Macquer l'a expliquée aussi
dans son dictionnaire de chimie. Ces messieurs avaient rappelé
à une meilleure théorie et ils avaient étendu les conséquences
des premières expériences de Stahl, lequel est vraiment le premier qui ait aperçu le rôle que l'air joue dans la nature comme
principe des mixtes; mais toutes les idées spéculatives de Stahl,
toutes les conséquences qu'il tire des faits qu'il a vus sont infiniment embrouillées et manquent de cette dialectique, de cette
précision d'idées et de langage dont jusqu'ici les physiciens se
sont occupés beaucoup trop peu et dont le défaut remplit leurs
écrits de paralogiomes, de paradoxes, de suppositions tacites d'où
naissent des conséquences absurdes, etc., etc., etc. Ce sont nos
chimistes qui ont fait disparaître les paradoxes de cette doctrine,
qui ont montré que l'air dans les corps solides n'était pas com-
primé, mais combiné, que ce n'était ni à l'air, ni à l'eau que les
corps solides devaient leur solidité, mais à l'union de leurs différents principes, à l'équilibre des tendances en vertu desquelles
ces principes en telle ou telle proportion, s'unissent pour former tel ou tel mixte et à la force des tendances qui sont les unes
vers les autres les unités de ces mixtes ainsi formés. Ils ont remarqué que la fluidité liquide dans l'eau, la fluidité expansible
dans l'air et dans l'eau en vapeur, étaient des propriétés appar-
tenantes à l'aggrégat et non aux unités des mixtes plus ou moins
composés, plus ou moins simples, ou de leurs éléments, que
ces propriétés avaient pour cause l'application de la chaleur et
la force par laquelle elle tend à écarter les molécules des corps
qu'elle pénètre, d'où il suit que cet effet est nul, lorsque la ten-

dance des molécules de l'aggrégat les unes vers les autres, ou la tendance des principes vers les autres principes du mixte surpasse la force d'écartement de la chaleur actuelle. Voyez l'art. chimie dans l'Encyclopédie, l'article effervescence des mémoires de Venel sur les eaux de Selters et l'art. expansibilité (avec l'errata, qui est au 7ᵉ volume, sans lequel vous ne l'entendriez pas.) Dans cette doctrine, l'air *combiné* avec les corps y est fixé par la combinaison ; il en est *dégagé* lorsque le mixte se décompose et qu'il s'en forme de nouveaux souvent il se recombine sur le champ comme dans la fermentation du vin. Mais la dénomination de fixe ne lui convient point. Cette fixité n'est qu'un état accidentel et passager et non une propriété constitutive d'une substance particulière de l'air, distinguée de l'air commun.

Mais les Écossais sont venus : ils ont (1) cru découvrir ce que nous savions il y a plus de vingt ans, ce qui n'a pas peu contribué à l'enthousiasme avec lequel ils ont annoncé leurs découvertes. Ils y ont ajouté beaucoup d'expériences ingénieuses et intéressantes sur les effets de cet air récemment dégagé des mixtes auxquels il était uni : ils ont observé que cet air ainsi récemment dégagé se recombinait plus aisément et qu'il avait différents effets, qu'on ne pouvait point obtenir de l'air qui était depuis longtemps dans l'état d'aggrégation expansible. Cette partie de leur doctrine est ce qui leur appartient ; elle est nouvelle, intéressante, féconde en belles expériences chimiques et peut-être médicales. Mais s'ils en ont conclu que cet air était une autre substance que l'air commun, leur conclusion est plus étendue que les prémisses. L'air sur lequel ils opèrent n'est point de l'*air fixe*, mais bien de l'air *qui a été fixé* pendant quelque temps et qui ne l'est plus. C'est de l'air *dégagé* de la combinaison dans laquelle il avait été *fixé*. La dénomination d'air fixe est donc impropre et il faut la bannir. Au reste les Anglais n'ont pas tant de tort que leurs traducteurs, car leur mot est :

(1) Je reprends le ton affirmatif parce que je viens de lire un extrait de Priestley, dans le *Monthly review* et que j'y vois toutes mes conjectures vérifiées. (Note de Turgot.)

fixe d'air, ce qui peut se traduire par air *fixé*, aussi bien que par air *fixe*; mais encore ce mot d'air fixé ne donne-t-il pas une idée nette de la chose : cette chose est de l'air élémentaire considéré comme *élément* ou comme *principe* et non comme *aggrégat*, lequel est tantôt *fixé*, tantôt *dégagé* par la combinaison ou la décomposition des mixtes.

Pardon de cette digression occasionnée par l'humeur que m'a donnée 1º l'introduction d'un langage impropre dans la physique déjà trop infectée de ce vice, 2º l'emphase avec laquelle au moyen de cette dénomination impropre on a voulu nous persuader que quelques médecins d'Édimbourg avaient changé la face de la physique, lorsqu'ils n'ont fait qu'étendre des découvertes très connues, beaucoup plus intéressantes en elles-mêmes que la nouvelle extension qu'on leur a donnée et qui n'ont pas fait autant de bruit lorsqu'elles ont paru sous leur véritable nom, qu'elles en font aujourd'hui sous leur mauvais surnom. Je reviens à votre projet d'expérience. Elle me paraît très bien imaginée et devoir être concluante, si en effet l'introduction dans l'eau de chaux d'un air qui se dégage d'autres substances fait précipiter par l'union de cet air avec l'eau la matière calcaire qu'elle tenait en dissolution. Je ne connais ce fait que par le récit que vous m'en avez fait un jour et j'ai compris alors tout le contraire, c'est-à-dire que l'eau ne pouvait dissoudre la chaux, qu'autant que l'on rendait à cette chaux l'air qu'elle avait perdu avec son eau de cristallisation par l'opération de la calcination. Cela me paraissait se lier fort bien avec les expériences de Stahl qui, en calcinant la pierre sous son appareil, en a tiré beaucoup d'eau et beaucoup d'air; c'était d'ailleurs une clef fort heureuse pour expliquer comment la dureté du mortier, n'étant due qu'à la régénération du spath calcaire qui en se cristallisant adhère aux parois que lui présentent les grains de sable ou de ciment avec lesquels la chaux est brassée, comment ce spath calcaire régénéré formant sous les voûtes en s'infiltrant à travers les joints des pierres de véritables stalactites calcaires qu'on peut de nouveau réduire en chaux par le moyen du feu, comment la chaux reprenant lorsqu'on l'éteint, l'eau que le feu lui avait enlevée ; il arrive cependant que la chaux qui se précipite conserve une onctuosité qui l'empêche de se sécher et de se mettre en une poudre friable, comme fait tout sel régénéré qui se cristallise au fond de l'eau, comment cette onctuosité se conserve plusieurs années si la chaux est dans une fosse couverte, en sorte qu'elle n'en est que meilleure pour faire du mortier, tandis qu'on tenterait vainement d'en faire avec de la pierre calcaire réduite en poudre impalpable. Il faut donc qu'il y ait une grande différence entre la chaux éteinte et la pierre calcaire ou le spath calcaire recristallisé et servant de lien aux grains de sable dans le mortier. L'expérience que vous m'annonciez de la manière dont je la comprenais m'expliquait cette différence. Sans doute, disais-je, l'air n'est pas moins essentiel à la cristallisation du spath calcaire que l'eau. Il a perdu l'un et l'autre dans la calcination. L'extinction de la chaux n'a rendu à la terre calcaire que l'eau et peut-être seulement une partie de l'eau qu'elle avait perdue : elle ne lui a point rendu cet air nécessaire à la constitution du spath calcaire et sans lequel il ne peut ni être dissous dans l'eau ni cristallisé. Cet air ne peut lui être rendu que peu à peu, par le laps de temps, par la multiplication des surfaces exposées à l'air, par l'infiltration même successive des eaux qui contiennent toujours de l'air dans une certaine proportion et souvent avec surabondance. J'étais fort satisfait de cette théorie et vous venez la renverser par votre manière d'exposer l'effet de l'air dégagé appliqué à l'eau de chaux. Il me reste pourtant une ressource : c'est de supposer que l'eau chargée d'une surabondance d'air est moins propre à tenir le spath calcaire en dissolution, que par conséquent celle à qui l'on fournit de nouvel air laisse précipiter une partie du spath qu'elle tenait dissous. Cette explication n'empêcherait pas que le défaut de solidité de la chaux récemment éteinte et son état d'onctuosité ne fût dû au défaut de l'air qu'elle n'a point encore pu reprendre.

Il serait aisé de vérifier si c'est du spath calcaire régénéré ou simplement de la chaux en état de chaux éteinte que précipite l'air introduit surabondamment dans l'eau de chaux. Il n'y a qu'à examiner le précipité ; s'il est onctueux comme la chaux, s'il est propre à faire le bon mortier en le mêlant avec du sable ou de la terre cuite pilée, ma théorie ne vaut rien; mais s'il se sèche, s'il est friable sous les doigts, s'il ne fait pas plus corps avec le sable que ne le ferait de la pierre calcaire réduite en poudre fine, ma théorie n'aura reçu aucune atteinte. Vous pourrez aisément faire cette expérience en même temps que la vôtre. Je serai charmé d'apprendre le résultat de toutes deux.

Je n'entends pas trop bien ce que vous me dites sur ces assemblages de sphères dont vous dites qu'il serait possible qu'aucun ne jouît de la propriété de l'égale résistance. Y comprenez-vous l'assemblage de sphères toutes égales ? J'en serais surpris, car il me semble que les physiciens conviennent assez, sans pourtant l'avoir rigoureusement démontré, qu'un pareil assemblage aurait toutes les propriétés d'un fluide. Il serait, ce me semble, également intéressant de démontrer que la chose est ou de démontrer qu'elle n'est pas. Je vous dirai à ce sujet que les six hypothèses possibles à imaginer sur la composition des fluides sont en si petit nombre et si simples que j'ai toujours cru qu'on pourrait, si les difficultés analytiques ne s'y opposent pas, les examiner toutes et voir si l'on en peut déduire la propriété de l'égalité de pression. Si les six hypothèses donnent ce résultat on aura démontré *a priori* le principe de l'égalité de pression et par conséquent toute la science du mouvement des fluides. Si quelques hypothèses s'y refusent et que les autres s'y prêtent, on aura restreint et fixé par voie d'exclusion le nombre des hypothèses qui peuvent avoir lieu dans la réalité.

Voilà tant de bavardage physique qu'il ne me reste guère de temps pour vous parler d'autre chose. Vous me donnez fort bonne idée de la réponse d'Horace ; il est mieux en secrétaire que Boileau, pas aussi bien cependant que Mademoiselle de l'Espinasse. Ce que tout le monde me mande de l'état où elle est m'inquiète véritablement. Je crains pour sa poitrine. J'espère être bientôt à portée de juger par moi-même de son état, cependant je ne puis encore fixer le temps de mon départ.

Adieu, Monsieur, chargez-vous, je vous prie, de tous mes compliments pour tous nos amis.

Cela ne vaut plus la peine de me rien envoyer que ce qui peut aller par la poste.

Je reçois votre lettre de mardi. M. Montagne ajoutera toutes les démonstrations. Ce que vous me mandez de l'état de Mlle de l'Espinasse me désole.

LXXXII

CONDORCET A TURGOT

Mardi, 1er décembre 1772.

Vos réflexions sur l'air fixe me paraissent très justes et je crois très vraisemblable que l'élasticité soit une propriété des masses.

Le problème des boules est très difficile et demande une analyse dont je ne sais si je pourrai me tirer.

Vous n'aurez point encore aujourd'hui l'épitre à Horace. L'auteur n'a été que huit jours à la faire et il lui en faudra quinze pour obtenir la permission de la faire imprimer. L'Hippopotame en est la cause.

Mademoiselle de l'Espinasse va un peu mieux, mais son état est toujours affligeant; le Docteur Roux répond de sa poitrine. Cela rassure, mais rien ne console de voir souffrir quelqu'un qu'on aime et c'est à quoi je crains bien que nous ne soyons condamnés pour longtemps.

Mon ouvrage avance; il y aura treize éloges. Le reste ne vaut pas l'honneur d'être loué. Mais ils seront nommés avec une petite notice dans une liste alphabétique que je mettrai à la fin de l'ouvrage.

Mon affaire trainera parce que beaucoup de gens se sont, disent-ils, engagés avec Bailli et qu'il faut leur donner des raisons de se dégager. Or M. de Fouchi m'a chargé de l'aider dans son histoire et ce sera là d'ici à quelques mois une très bonne raison. Adieu, Monsieur, revenez bien vite.

LXXXIII

TURGOT A CONDORCET

A Limoges, le 4 décembre 1772.

J'attends l'épître d'Horace avec impatience, Monsieur, j'imagine qu'elle arrivera ce soir. Pour les livres, cela ne vaut plus la peine de m'en envoyer ; je vous prierai seulement de me faire souscrire pour Montagne. Je préfère l'in-quarto.

Je n'ai point reçu les hardes du vannier ; mais je les lui ferai remettre quand elles arriveront.

La toux de Mademoiselle de l'Espinasse m'inquiète beaucoup. Je voudrais qu'elle prît du lait, soit que sa toux soit de poitrine, soit qu'elle appartienne aux nerfs ; cela lui vaudrait mieux que de se bourrer de drogues. Si les lois de Minos sont bien écrites et la pièce intéressante, je leur pardonnerai le reste, attendu que si la pièce est intéressante les portraits seront d'imagination.

Adieu, Monsieur, j'ai encore plus d'impatience de savoir le résultat de votre expérience que d'avoir l'épître d'Horace.

Recevez les assurances de ma bien sincère amitié.

LXXXIV

CONDORCET A TURGOT

Ce samedi 5 décembre 1772.

Je vous envoie enfin l'épître d'Horace qui est enfin sortie saine et sauve de la gueule de l'hippopotame comme Jonas de celle de la baleine. J'ai fait l'éloge du chimiste Duclos et j'y parle de l'augmentation de poids des métaux. Voulez-vous que j'y parle de vos conjectures, en cas que vous ne prévoyiez pas pouvoir faire les expériences nécessaires d'ici à un long temps ? Nous allons choisir un chimiste : Bucquet, Romé de Lille, Viellard des eaux de Bassi et Baumé qui nous a un peu demandé pardon en particulier après nous avoir insultés publiquement : mais nous nous contenterons en bons chrétiens de ses excuses et nous le choisirons. C'est, dit-on, le plus habile et le plus tracassier de tous les chimistes ; il fait cent découvertes prétendues pour une réelle, mais enfin il en fait et c'est là le premier de tous les mérites pour une académie. Adieu, Monsieur, nous vous attendons avec impatience : Soyez sûr que nous vous aimons autant que les Limousins devraient vous aimer. Mlle de l'Espinasse est mieux depuis quelques jours.

LXXXV

CONDORCET A TURGOT

Le prix d'apprentissage pour un vannier est 100 fr. en ne nourrissant point et 300 fr. en nourrissant. Voilà du moins ce que les meilleurs vanniers de St-Quentin prennent ordinairement et je vous apporterai la lettre du maire à qui je me suis adressé pour cela afin que M. Picard n'ait rien à répondre.

J'arriverai à Paris lundi prochain au soir et j'aurai le plaisir de vous embrasser mardi chez madame la duchesse d'Anville ou chez Mlle de l'Espinasse. Je vous remercie bien de la nouvelle que vous m'avez écrite touchant cet homme. Vous m'avez ôté un grand poids de dessus la poitrine. Adieu, Monsieur, vous connaissez tout mon attachement (1).

LXXXVI

TURGOT A CONDORCET

A Limoges, le 18 décembre 1772.

Je ne vous laisse pas tranquille, Monsieur. Voici encore un nouveau problème, qui serait utile pour un homme qui voudrait pousser les tables de logarithmes plus loin qu'elles ne le sont. Un homme qui habite Limoges y a pensé et a resserré l'espace

---

(1) L'adresse est à Monsieur, Monsieur Turgot, intendant du Limousin, rue de la Chaise, à Paris

en se bornant aux nombres premiers qui, comme on sait, sont les seuls nécessaires, les autres étant très faciles à suppléer. Il voudrait se servir de quelques calculateurs que j'ai dans mes bureaux, qui calculent avec une facilité prodigieuse, et dont il

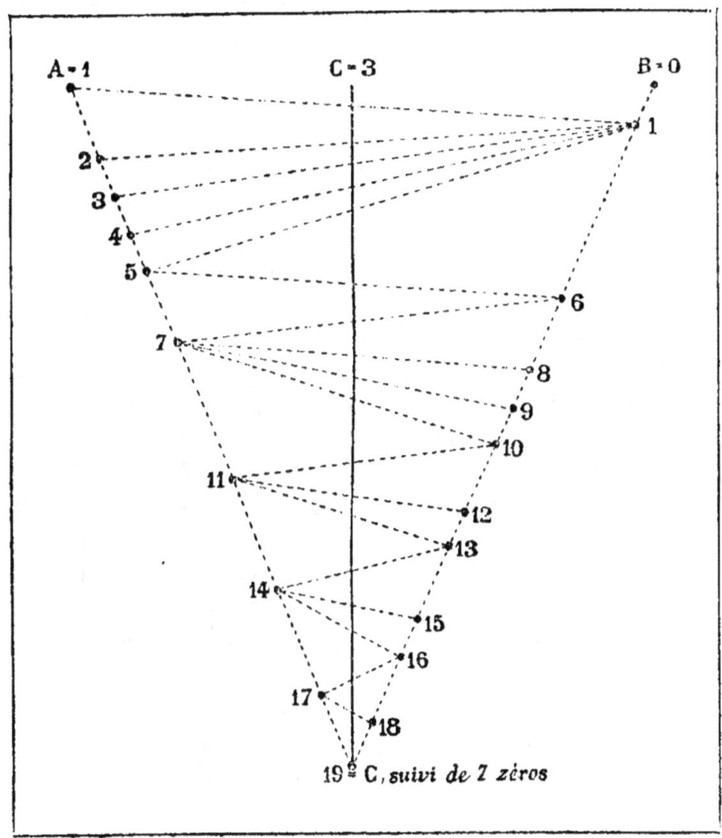

dirigerait et surveillerait les opérations. Le travail qu'il faut faire pour trouver le logarithme d'un seul nombre rend cette entreprise épouvantable pour l'homme le plus patient et le plus intrépide, et je ne conçois pas comment on en est venu à bout. Je me suis demandé s'il n'y aurait pas moyen d'abréger cet immense travail en le réduisant aux seuls calculs nécessaires pour trouver les moyens arithmetiques sans être obligé de faire les multiplications et les extractions de racines qni donnent les moyens géometriques correspondants.

Voici mon idée : il n'est pas necessaire de trouver ces moyens géometriques pour connaître l'ordre dans lequel on doit proceder pour chercher les moyens arithmetiques. Si l'on pouvait, par une formule, un nombre E etant donné, entre les deux extrêmes A et B, et la distance de ce nombre à ces deux extrêmes étant connue et exprimée en unites, trouver combien il faut chercher de moyens proportionnels géometriques pour arriver à un moyen qui soit le nombre E lui-même, suivi d'autant de zeros qu'on veut mettre de decimales au logarithme et trouver en même temps dans quel ordre ces moyens, successivement cherchés, passeraient alternativement au-dessus ou au-dessous du nombre E, on aurait tout ce qu'il faut pour chercher tous les moyens arithmetiques disposes dans le même ordre et dont le dernier serait le logarithme du nombre E. J'ai marqué dans la figure ci-jointe l'ordre que suivent les moyens geometriques qu'il faut trouver pour arriver au log. de 3 dans les tables ordinaires. Cette figure suffirait pour trouver ce logarithme en cherchant les moyens arithmetiques dans le même ordre, sans savoir quels sont ces moyens géometriques. Mais il faut former cette figure, et je crois qu'il doit être possible de donner pour cela une formule ; mais ce que je crains fort, c'est que le calcul et l'application n'en soient plus compliques encore que l'opération même de la recherche des moyens geometriques ; c'est ce que je vous propose de chercher, si vous croyez que la chose en vaille la peine.

A propos de logarithmes, si vous êtes à portée de voir les grandes tables de Wlac, je vous prie de m'envoyer : 1º le logarithme de 240 ; 2º le log. de 241 ; 3º les nombres qui répondent aux logar. de ces deux nombres multipliés par 84 ; bien entendu que la caractéristique sera réduite pour trouver les nombres dans les tables, 4º les logarithmes des tables pour ces deux derniers nombres, avec les logarithmes des deux nombres suivants, étant en tout six logarithmes et deux nombres; le tout écrit lisiblement. Je demande les logarithmes des tables de Wlac. J'ai celles de Rivard; mais je voudrais plus de chiffres pour plus d'exactitude.

Si, à tout cela, vous pouvez joindre l'éloge de Racine, je vous en serai encore plus obligé. Vous me demandez quand donc je reviens; je vous réponds que ce ne sera que les premiers jours de janvier, ce dont je suis bien fâché. Je viens d'avoir un petit ressentiment de goutte; mais c'est si peu de chose, que je n'en serai point retardé.

Adieu, Monsieur, recevez les assurances de mon amitié. Mille respects à Mademoiselle de l'Espinasse et donnez-m'en des nouvelles.

LXXXVII

CONDORCET A TURGOT (1)

Ce lundi, fin décembre 1772.

Vous avez donc la goutte, Monsieur, et nous n'osons plus rien espérer pour votre retour. Pourquoi donc avoir tant retardé ? Si vous étiez resté pour toute autre chose que pour faire des chemins sans corvées, nous aurions bien de la peine à vous pardonner. Mais ce que nous ne pardonnons point à la Providence, c'est le décret en vertu duquel elle vous donne la goutte.

Mes *Eloges* vont s'imprimer. J'aurai contre moi à l'Académie le Paulmy, ce qui me fait croire que je ne suis point sans quelque mérite.

Nous avons ici les *Trois siècles de la littérature*. C'est une rapsodie infâme faite par un abbé Sabattier, protégé par Ber-

(1) Ed. Arago et O'Connor, I, page 211.

gier (1) et par Cogé (2), aidé par Clément et Palissot. Ce nouvel
athlète a été nourri par Helvétius : il dit que son protecteur
était le plus honnête homme du monde, mais au demeurant un
sot, un lache et un hypocrite ; que M. d'Alembert n'a point de
génie en géométrie, attendu qu'il a dit à M. Sabatier qu'il écrivait du style d'un laquais. D'ailleurs Cogé a proposé pour sujet
de prix à l'Université, la proposition suivante : *Non magis
Deo quam regibus infensa ista quæ hodie vocatur philoso-
phia* (3). Ce qui prouve surtout que Cogé n'entend pas le
latin.

Savez-vous qu'on dit que Voltaire a voulu faire l'écolier avec
une Génevoise, et que ses efforts ont produit un évanouissement (4) ? Sophocle faisait des tragédies à quatre-vingts ans,
mais avait-il des bonnes fortunes ? Je vous en souhaite le désir
à l'âge de Voltaire ; vous serez trop sage pour abuser de vos
forces, et vous ne jouiriez que du plaisir de pouvoir.

Adieu. En vérité on ne peut rien dire de Mademoiselle de
l'Espinasse. J'espère beaucoup de l'oxymel scillitique qu'on lui
fait prendre.

LXXXVIII

TURGOT A CONDORCET

A Limoges, le 21 décembre 1772.

J'ai reçu, Monsieur, l'épître d'Horace et je vous en fais d'autant plus de remerciements qu'elle m'a fait grand plaisir. Il y a

---

(1) Voyez la lettre II.

(2) L'abbé Cogé, que Voltaire appelait *Coge pecus*, était régent au
collége Mazarin ; il rédigea avec Riballier, principal du même collége, la
censure du *Bélisaire* de Marmontel.

(3) Voltaire remarque avec raison que Cogé a pris *magis* pour *minus*.

(4) Cette aventure est racontée par Voltaire dans une lettre du 21 décembre 1772 au maréchal de Richelieu. Voyez aussi sa lettre du 4 janvier
à Condorcet. (Œuvres de Condorcet, Ed. Arago et O'Connor. tome I.
p. 11.)

une foule de vers très heureux, de la facilité, un ton fort et bon l'ouvrage marche bien. Je suis pourtant fâché que l'auteur ait justifié Horace de ses flatteries.

Je ne savais pas que les travaux du chimiste Duclos vous donnassent occasion de parler de l'augmentation du poids des métaux calcinés. Je ne crois pas que cela vaille beaucoup la peine de parler de mes conjectures : 1° parce que quoique Stahl et Lewis n'aient eu sur cela que des idées assez vagues, je vois cependant par l'ouvrage de M. de Morveau, qu'ils ont l'un et l'autre eu l'idée d'attribuer cette augmentation à l'absorption de l'air ; 2° parce qu'une des inductions dont je me servais pour appuyer ma conjecture se trouve détruite par des expériences de M. de Morveau, qui sont dans les mémoires de l'Académie de Dijon. Je parle de celle que je fondais sur la nécessité du contact de l'air pour la combustion. M. de Morveau a fort bien prouvé que ce n'était pas l'air comme agent chimique qui était nécessaire à la combustion ; mais l'air comme agent mécanique et doué d'une élasticité dont les vibrations alternatives en comprimant plus ou moins le fluide igné entretiennent le mouvement de l'ignition. Cela ne me fait pas renoncer à mes idées, mais me fait désirer de les confirmer par des expériences. J'ai imaginé un appareil pour calciner les métaux dans les vaisseaux fermés et pour mesurer l'absorption de l'air. Nous en causerons à Paris. Il faudrait malheureusement du loisir et un local commode pour exécuter ces expériences, dont l'appareil serait d'ailleurs un peu coûteux.

Vous êtes difficile en certitude si vous doutez que l'expansibilité de l'air soit une propriété de l'aggrégat. Vous voyez que je traduis votre phrase et que je ne regarde point l'élasticité comme synonyme d'expansibilité, ni le mot de masse comme synonyme de celui d'aggrégat. Au reste, cela me paraît démontré autant que les choses physiques le sont.

Vous allez donc choisir un chimiste. Dans ce genre l'Académie a quelques fois, en choisissant, pris le pire. Depuis la sottise qu'elle a faite de rejeter Rouelle et d'Arcet pour prendre Sage, elle n'avait rien de mieux à faire que de les élire malgré le parti qu'ils avaient pris de ne se plus présenter, cette réparation leur était due et l'Académie aurait eu des hommes qui lui auraient fait honneur. Baumé, au reste, est homme de mérite.

Adieu, Monsieur, recevez les assurances de mon amitié.

LXXXIX

CONDORCET A TURGOT

(Fin décembre 1772.)

Voici l'éloge de Racine que M. de La Harpe me charge de vous envoyer. Je n'ai point encore les nombres, je les aurai et je pourrai vous les envoyer par le premier courrier. Mademoiselle de l'Espinasse est mieux. Revenez vite. Je vous verrai plus souvent. Mademoiselle Sanville m'a permis de lui faire ma cour.

XC

CONDORCET A TURGOT (1)

(Fin décembre 1772.)

Voilà, Monsieur, les nombres que vous m'avez demandés, tels que j'ai pu les tirer des bureaux de M. de Lalande. Comme je suis très peu exercé en ce genre, j'ai cru faire pour le mieux. Quant à ce que vous me demandez sur les tables de logarithmes, nous en causerons.

Nous avons ici une actrice nouvelle qui tourne les têtes (2) ; elle joue les rôles de mademoiselle Clairon : c'est une si belle tête, une si belle taille, de si grands bras ; enfin c'est une merveille. Je ne l'ai point encore vue ; elle n'a encore joué que du Pompignan ; j'attends qu'on vienne à du Voltaire.

Je ne sais si je vous ai parlé de ces cuistres de l'Université,

(1) Ed. Arago et O'Connor, 1, page 212.
(2) Mademoiselle Sainval cadette.

avec leurs discours contre la philosophie (1). Ce qui en console, c'est une belle lettre du roi de Prusse à Voltaire, pleine de galanterie pour lui et de mépris pour les anti-philosophes. Le roi avait envoyé à Voltaire une jatte de porcelaine où il y avait des lyres, des Amphions portés sur des dauphins, des couronnes de laurier. Voltaire a répondu que les gens de Sa Majesté mettaient ses armes partout. Le roi a répliqué (2) que tout cela était allégorique ; que la mer où nageait Amphion était l'image du temps ; que les dauphins étaient l'image des princes qui soutenaient les grands pendant les tempêtes, et que c'était tant pis pour les dauphins quand ils n'aimaient pas les grands hommes.

Adieu, Adieu, mais revenez donc.

XCI

TURGOT A CONDORCET

A Limoges, le 29 décembre 1772.

Ma goutte, Monsieur, ne vaut pas la peine de murmurer contre la Providence et il y a dans ce monde beaucoup de choses auxquelles j'ai bien plus de peine à me résigner.

J'espère qu'elle m'a quitté tout à fait. Je lui demande du moins quartier jusqu'à Paris où je trouve ses inconvénients beaucoup moins sensibles.

Mademoiselle de l'Espinasse m'a mandé l'aventure de Voltaire ; il me semble que l'évanouissement gâte un peu le miracle. J'ai peur que les tragédies ne ressemblent un peu aux bonnes fortunes. Ces Pélopides ont bien de l'analogie, mais il faut avouer que les pièces fugitives ont encore toute la vigueur de la jeunesse. Ces trois siècles dont vous me parlez pourront nous valoir quelque morceau d'indignation.

(1) C'est l'affaire de Cogé, régent du collège Mazarin.

(2) Cette lettre de Frédéric est datée du 4 décembre 1772 ; elle porte, dans l'édition Beuchot, le n° 6449, t. LXVIII.

Je ne suis point étonné que vous ayez contre vous à l'Académie le Paulmy. Mais ces gens-là ont tant de moyens de nuire et tant d'activité à les employer que je suis fâché qu'il se soit avisé d'être votre ennemi.

Adieu, Monsieur, vous pourrez encore m'écrire dimanche ; mais ce sera la dernière fois. Mille choses à nos amis. Je vois avec peine que vos inquiétudes sur Mademoiselle de l'Espinasse reviennent.

XCII

TURGOT A CONDORCET

A Limoges, (après le 29 décembre 1772.)

Hélas ! Monsieur, mon départ était fixé à aujourd'hui et me voilà encore réduit à ne partir que la semaine prochaine, tandis que les chemins semblaient s'être aplanis pour mon voyage. Le retard ne sera pourtant pas long ; car tout mon monde est parti et même la plus grande partie de mes papiers. J'ai d'ailleurs grande envie de ne pas attendre le dégel.

J'ai lu avec un vrai plaisir l'éloge de Racine. Voici ma lettre de remerciement à l'auteur dont je ne sais pas l'adresse, je suis enchanté que vous ayez fait connaissance avec Mme d'Anville : ce sera une occasion de plus pour vous voir souvent. Je vous remercie de vos nombres : mais quoique vous vous soyez on ne peut mieux adressé, il y a pourtant erreur dans le logarithme de 241 multiplié par 84. Mais cela ne fait rien parce qu'il n'y en a point dans le chiffre correspondant. Mais ce qui me fâche c'est que je n'ai précisément que ce que j'avais par Rivard. Je croyais que les tables de Wlac contenaient beaucoup plus de décimales et me donneraient au moins un chiffre de plus pour chacun des nombres correspondants aux 84e puissances de 240 et de 241, ce qui m'aurait suffi pour mon objet.

Je ne sais trop si les éloges du roi de Prusse doivent consoler les philosophes des injures des cuistres et des fripons. Ne pourrait-on pas dire au contraire que ces injures peuvent consoler des éloges.

Je vous remercie des bonnes nouvelles que vous me donnez de Mlle de l'Espinasse. Vous savez combien vous devez compter sur mon amitié.

XCIII

CONDORCET A TURGOT (1)

(1772 ou 1773.)

Il faut que je vous interrompe encore, Monsieur, pour vous parler de mon affaire (2), dont je suis sûrement plus ennuyé que vous. M. de Trudaine me paraît désirer que l'Académie obtienne une augmentation de fonds; il me paraît y attacher même beaucoup d'intérêt. Je serais très fâché d'être un obstacle à ses vues, et je vous prie de vouloir, en traitant avec lui, oublier que je suis au monde. Tout ce que je puis dire sur ce sujet, c'est que lorsque M. de Fouchy (3) se retirera, ou j'aurai des appointements assurés égaux à ceux de Fontenelle, ou que je n'en accepterai point. Je ne veux pas recevoir d'augmentation de pension, à la volonté du premier commis, comme cela se pratique.

J'ai pris la liberté de dire à M. de Trudaine que l'idée de donner 12,000 livres pour des expériences me paraissait fort peu avantageuse aux sciences. Si on en excepte la géométrie, que le nom de M. d'Alembert défend dans l'Académie, on n'y lit aucun mémoire approfondi sur aucune science. Si quelqu'un veut approfondir l'objet qu'il traite, on ne l'écoute point; toutes les assemblées et tous les volumes sont remplis par de la physicaille, dont toute l'Europe se moque; et si on y ajoute un

(1) Ed. Arago et O'Connor, I, page 214.

(2) Sa nomination à la place de secrétaire perpétuel de l'Académie des Sciences.

(3) Grandjean de Fouchy, secrétaire perpétuel de l'Académie des Sciences. Condorcet lui succéda en 1773, et a fait son éloge.

intérêt de faire cette physicaille, il n'y aura plus de place pour les choses utiles. Ni Newton, ni Franklin, ni Galilée, ni Stahl, ne se sont fait payer leurs expériences. Il faut donner à un savant de quoi vivre, de quoi suivre son génie, et le laisser faire ce qu'il veut. Jamais un homme de génie n'ira soumettre à une académie un plan d'expérience. Cela n'est bon que pour les gens à vues, toujours gros de découvertes et qui n'accouchent jamais. Ces gens-là disent qu'ils se sont ruinés en expériences ; il faut les laisser dire et leur demander ce qu'ils ont trouvé.

Adieu, Monsieur. Je vous demande cette marque d'amitié, de ne songer qu'au bien des sciences en traitant cette affaire avec M. de Trudaine, et je consens, pour ce temps-là seulement, à être absolument oublié de vous.

XCIV

TURGOT A CONDORCET

A Paris, ce lundi 19 avril 1773.

Puisque vous ne partez que jeudi, Monsieur, j'espère que vous recevrez encore cette lettre, la vôtre du vendredi m'étant arrivée hier. Le pis aller, c'est qu'elle soit perdue. Le sieur Fondemant a écrit à l'ingénieur qu'il demandait cent écus d'avances pour acheter un cheval et une petite voiture. Cela est exorbitant pour un homme dont la conduite n'est pas, d'ailleurs, infiniment propre à donner de la confiance. C'est déjà mauvaise marque qu'il ne vous ait pas été trouver, car je lui avais déclaré que je m'en rapporterais entièrement à vous. Si ma lettre arrive à temps, je vous serai très obligé de l'envoyer chercher et de tout régler avec lui, et de laisser à quelqu'un en partant la commission de lui donner, lorsqu'il en sera temps, l'argent dont vous serez convenu. Ce Monsieur demande encore qu'on lui paye son apprentissage pour apprendre à faire des vans. En effet, c'est une chose nécessaire, et je n'imaginais pas qu'il l'ignorât. Naturellement, je ne devrais entrer sur cela dans aucune dépense. Cependant je m'en rapporte encore à ce que vous réglerez sur cela.

Je vois que votre jugement sur l'ouvrage de De Luc se rapporte assez au mien ; mais ce qui me confond, c'est la liaison qu'il établit entre plusieurs points de sa mauvaise physique et ses corrections du baromètre ; mais il est assez inutile de causer physique dans cette lettre, puisqu'il est incertain qu'elle vous parvienne. Je n'ai point vu Mademoiselle de l'Espinasse depuis jeudi.

Adieu, Monsieur. Je vous embrasse.

XCV

TURGOT A CONDORCET

A Paris, le 8 juin 1773.

J'ai été dans votre pays, Monsieur, pendant que vous étiez à Paris, et en arrivant à Paris, je vous ai trouvé parti pour votre pays. C'est ressembler à Castor et Pollux, qui s'aimaient beaucoup et ne se voyaient guère. J'espère que vous ne serez pas longtemps sans revenir voir vos amis, et je me console de votre absence en pensant que vous aurez un peu reposé votre santé, qui en avait besoin, si tant est que ce soit vous reposer que de ne faire que de la géométrie au lieu de partager votre temps entre la géométrie et la botanique. Vous y gagnerez toujours le temps du voyage de chez vous au jardin du roi, et j'imagine que vous serez assez raisonnable pour l'employer à dormir.

M. Du Pont veut faire usage de ce que je vous avais envoyé il y a deux ans sur la procédure criminelle. J'ai la seconde lettre, qui est la principale ; mais je vous en avais envoyé une première, que je serai bien aise de ravoir, et que je vous prie de me rapporter ou de chercher dans vos papiers à Paris.

Adieu, Monsieur. Vous connaissez l'amitié que je vous a vouée. Madame d'Anville me charge de bien des choses pour vous. Revenez vite si vous voulez la trouver encore à Paris. La santé de Mademoiselle de l'Espinasse me paraît passable.

XCVI

CONDORCET A TURGOT

Ce 8 septembre 1773.

J'ai lu, Monsieur, vos réflexions sur Colbert et je vous les renvoie. Si l'auteur de l'Eloge (1) avait autant étudié que M. Dupont les choses dont il voulait parler. il aurait vu que, pour louer Colbert, on n'avait pas besoin de chercher des expressions hors de la domination de la langue, et que la tache de l'envie n'avait pas de peine à atteindre les défauts. Je ne crois pas que Colbert ait réellement formé le projet de détruire l'agriculture. Je crois qu'il vivait au jour la journée et qu'uniquement occupé pour garder et sa place et augmenter son crédit, du soin de fournir de l'argent à Louis XIV et de flatter ses goûts fastueux, il n'eut ni d'autre système, ni d'autre religion, ni d'autre honneur. J'espère qu'il y aura quelque bonne âme amie du pauvre peuple qui se chargera de le venger du reproche qu'on lui fait d'ingratitude envers les ministres, d'avoir la sottise d'aimer mieux être gouverné par des maximes générales et constantes que par la volonté d'un ministre qui est toujours droite et son esprit qui ne se trompe jamais, etc., etc. Cependant il pourrait se faire que les bonnes âmes en relisant le discours vissent qu'il est impossible que jamais on le relise et qu'on en reparle.

Je vais faire copier l'eloge de Fontaine et vous l'envoyer. Il est bien différent de celui que vous avez vu. Mandez-m'en, je vous prie, votre avis et les défauts que vous y trouverez.

Je n'aurai donc pas le plaisir de vous retrouver à Paris et je serai obligé de reprendre avec vous mon ancienne fonction de nouvelliste. J'espère que ce sera pour peu de temps et que j'aurai le plaisir de vous revoir cet hiver.

Adieu, Monsieur, ménagez-vous, tâchez de trouver un régime préservatif de la goutte ; c'est à vous qu'on peut parler de ménager sa vie. Vous êtes sage, vous êtes heureux et vous êtes utile.

(1) Necker.

XCVII

CONDORCET A TURGOT

Ce 17 septembre 1773.

Voilà, Monsieur, mon éloge de Fontaine : *stylo humili*, comme disaient les anciens, si j'avais pu y mettre un peu de *fia fia*, il aurait été plus à la mode; mais la nature m'a refusé l'heureux talent de rassembler des mots

L'un de l'autre étonnés

Hurlant d'effroi de se voir accouplés,

et je m'humilie devant ceux qu'elle a mieux traités que moi. Comme vous êtes aussi de ceux qui écrivent *stylo humili*, mandez-moi, je vous prie, votre avis et vos remarques.

Vous désirez maintenant que je dise pourquoi $a + \dfrac{c}{b}, (c < b)$.

qui représente en général toutes les fractions, ne peut être la

racine carrée d'un entier, le voici : $\overline{a + \dfrac{c}{b}}^2 = a^2 + \dfrac{2\,a\,c}{b} + \dfrac{c^2}{b^2}$,

je divise 2ac par b si cela est possible, et j'ai $\dfrac{2\,a\,c}{b} = a'$

$+ \dfrac{d}{b}, d < b$. Si la division n'était pas possible on aurait $a' = 0$.

Je divise de la même manière c^2 par b^2 et j'ai $\dfrac{c^2}{b^2} = a'' + \dfrac{e}{b^2}$,

$e < b^2$ et divisant e par b, j'ai $\dfrac{e}{b} = d' + \dfrac{f}{b}, f < b$. J'ai donc

$\overline{a + \dfrac{c}{b}}^2 = a^2 + a' + a'' + \dfrac{d}{b} + \dfrac{d'}{b} + \dfrac{f}{b^2}$ et faisant $\dfrac{d + d'}{b} = a'''$

$+ \dfrac{e'}{b'} e' < b, \ \overline{a + \dfrac{c}{b}}^2 = a^2 + a' + a'' + a''' + \dfrac{e'}{b} + \dfrac{f}{b^2}$. Or, e'

et f étant plus petits que b, $e' + \dfrac{f}{b}$ est plus petit que b et par conséquent $\dfrac{c^2 \cdots \frac{1}{b}}{b}$ plus petit que l'unité, donc $\overline{a + \dfrac{c}{b}}^2$ ne

saurait être un entier, car si cela n'était pas il faudrait que f fût
zéro ; mais si f était zéro c² serait divisible par b : soient donc
c $=$ m n p ; m, n. p étant des nombres entiers, m² n² p² serait
divisible par b. Or, cela ne peut être que b ne le soit par m,
n ou p, donc e et b ne seraient pas premiers entre eux. Or, on
peut toujours supposer qu'ils le soient ; donc etc.

Je crois cette démonstration aussi simple et aussi satisfai-
sante que puisse l'être la démonstration d'un théorème sur les
nombres entiers. La réduction à l'absurde a malgré sa certitude
je ne sais quoi de difficultueux et de pénible.

Adieu, Monsieur, vous me faites plaisir de me mander le
jour de votre départ ; mais j'aimerais bien mieux apprendre que
vous restez.

XCVIII

CONDORCET A TURGOT

Ce lundi (octobre 1773).

Vous voilà donc encore à Limoges, mais ce n'est que pour
deux mois et j'espère qu'avant le mois de janvier j'aurai le
plaisir de vous revoir. Notre intendant nous écrit ici d'étranges
lettres sur le trop de liberté du commerce des grains, seule cause
morale de la cherté, à ce qu'il prétend ; ensuite il dit que la circulation intérieure doit être libre et que cependant il ne faut
pas que les grains passent par plusieurs mains. Ces nouvelles
entraves qu'il paraît que le gouvernement veut donner à ce
commerce dont la liberté illimitée serait utile sous tant de rapports, sont bien à la gloire du panégyriste de Colbert. Il faut
dire comme les Cortès quand on les va pendre : *patientia*. Je me
remets à la géométrie pour toute nourriture. C'est dans le
monde la seule chose qui aille toujours bien. Ce pays est dé-
solé par une maladie épidémique de bestiaux contre laquelle

les vétérinaires de M. Bertin ne peuvent rien. Nous devons des messes à sainte Corneille à cause des cornes. C'est une consolation; mais cela ne donne pas à manger, aussi nos pasteurs disent-ils, qu'ils espèrent que Dieu voudra bien leur envoyer la peste. Adieu, j'attends avec bien de l'impatience le moment de vous revoir.

XCIX

CONDORCET A TURGOT

Octobre 1773.

Vous ne doutez sûrement point, Monsieur, que je ne partage la douleur que vous a causée la perte de M. votre frère. On regrette les personnes qu'on aimait, quelque sûr qu'on soit que la mort a été un bien pour eux, et les gens sensibles sont encore sur ce point plus personnels que les autres.

Ce que vous me dites de la démonstration de l'abbé Venini me paraît fort juste et assurément que $\sqrt{1 + a^2}$ ne puisse être un quarré est une démonstration plus difficile que celle de la question proposée ; comme je n'ai point de copie de la mienne, je ne puis voir si vos objections sont bien fondées. Quoiqu'il en soit, en voici une qui revient au même que je vous envoie en formule pour un degré quelconque et que j'ai tâché de mettre à l'abri de toute espèce de difficultés.

Toutes les lettres que j'emploie désignent des nombres entiers ; cela posé, je dis que soit $m > n^p$ et $< \overline{n + 1}^p$ il est impossible de trouver une fraction dont la puissance p soit égale à m ; en effet, soit $a + \dfrac{b}{c}$, cette fraction, $b < c$, elle représente toutes les fractions rationnelles ; j'aurai $\overline{a + \dfrac{b}{c}}^p = m$, c'est-à-dire égal à un entier et par conséquent

$$a^p + p\,\frac{ba^{p-1}}{c} + \frac{p.\,p-1}{2}\,\frac{b^2}{c^2}a^{p-2} + \frac{p.\,p-1.\,p-2}{1.\;2.\;3.}\,\frac{b^3}{c^3}a^{p-3} + \dots$$

$\dfrac{b^p}{c^p} = m$. Maintenant b et c sont premiers entre eux car s'ils ne l'étaient pas, divisant b et c par leur facteur commun, on aurait une fraction égale à la première où b et c seraient premiers entre eux. Cela posé, il est aisé de voir que quels que soient p, a, b, et c on pourra mettre la valeur ci-dessus de $a + \dfrac{b}{c}$ moins le dernier terme sous la forme

$$A + \frac{B}{c} + \frac{C}{c^2} + \frac{D}{c^3} \cdots + \frac{P}{c^{p-1}}$$

ou B, C, D .... P sont des nombres plus petits que c, car s'ils étaient plus grands on voit que l'on pourrait les diviser en deux parties, l'une de la forme du terme précédent et l'autre où le numérateur serait plus petit que c). Cela posé il est aisé de voir que le dernier terme $\dfrac{b^p}{c^p}$ sera $\dfrac{B'}{c} + \dfrac{C'}{c^2} \cdots + \dfrac{P'}{c^p}$ ou B', C', P' sont des nombres plus petits que C. Ajoutant à la formule ci-dessus et réduisant toujours à la même forme on aura

$$m = A'' + \frac{B''}{c} + \frac{C''}{c^2} + \frac{D''}{c^3} \cdots + \frac{P''}{c^p} \, ,$$ B'' ... P'' étant plus petits que c. Il est évident qu'une quantité entière ajoutée à une fraction ne la rend pas un entier. Donc si m est un entier $\dfrac{B''}{c} + \dfrac{C''}{c^2} \cdots + \dfrac{P''}{c^p}$ sera un entier, donc $\dfrac{B c^{p-1} + C'' c^{p-2} \cdots}{c^p} +$ P sera un entier, donc $B'' c^{p-1} + C'' c^{p-2} \ldots + P$ sera divisible par c^p, donc elle le sera par c ; essayant donc de la diviser par c le quotient sera $B' c^{p-2} + C'' c^{p-3} \ldots + \dfrac{P}{c}$: or tous les termes sont entiers, hors $\dfrac{P}{c}$; donc ce quotient ne peut être entier que P ne soit divisible par c, or P ne peut être divisible par c puisqu'il est plus petit et de plus P ne peut être c car s'il l'etait, b^p serait divisible par c, ce qui ne peut avoir lieu tant que b et c sont premiers entre eux. En effet soit b = r. s. t. u etc. tous nombres premiers, b^p sera $r^p s^p t^p u^p$ ... Donc

pour que c divise b^p, il faut que c $=$ p$^{r'}$ s$^{s'}$ t$^{t'}$ u$^{u'}$, r$'$, s$'$, t$'$, u$'$ étant plus petits que p donc c et b auraient alors un diviseur commun ; donc puisqu'on peut supposer c et b sans diviseur commun dans la formule $a + \dfrac{b}{c}$ jamais $a + \dfrac{\overline{b_p}}{c}$ ne peut devenir un entier. (1)

Je verrai avec plaisir ce que l'abbé Baudot a fait sur Colbert et Mazarin, mais je voudrais que cela fût public. Le ton de l'Eloge aurait un peu mérité qu'on renvoyât l'auteur à Montauban, faire avec Simon Lefranc des réflexions sur la manière d'écrire avec modestie. Mais du moins faudra-t-il répondre. M. de Pourceaugnac avait la satisfaction de dire leur fait à ceux qui lui donnaient des soufflets ; nous sommes moins heureux que lui, mais du moins il serait trop dur de ne pas pouvoir dire leur fait, même à ceux qui veulent nous prouver que les soufflets nous font du bien et qui nous croient assez sots pour les croire.

J'ai reçu avec beaucoup de reconnaissance vos notes sur mon éloge ; j'en ferai un bon usage ; mais je me réserve de vous dire une autre fois pourquoi je ne les ai pas toutes adoptées.

Adieu, Monsieur, j'accepte avec bien du plaisir l'espérance de vous revoir de meilleure heure qu'à l'ordinaire. A présent que me voici habitant de Paris, j'ai besoin que mes amis ne fassent pas de si longues absences.

C

TURGOT A CONDORCET

A Limoges, le 23 octobre 1773.

Mlle de l'Espinasse ne vous appelle plus, Monsieur, que le ci-

---

(1) Les propositions de la lettre xcvii et de la lettre xcix (démontrées dans tous les cours d'arithmétique) se déduisent plus simplement de ce théorème général :

Si deux nombres sont premiers entre eux, leurs puissances sont premières entre elles.

devant *bon* Condorcet. Je ne sais si c'est parce que vous n'écrivez plus à vos amis. Je dois être par intérêt très-tolérant pour toute espèce de paresse et j'ai rarement droit de me plaindre, cependant je trouve votre silence bien long. Je suis arrivé ici en bonne santé et j'en repars demain pour mes courses, pendant lesquelles je serai dispensé d'écrire, faute de poste, du moins d'ici à la Toussaint. J'ai heureusement un très-beau temps, car je serai une grande partie du temps à cheval. J'espérais recevoir ici de vos nouvelles, mais je sais que vous ne perdez pas votre temps et je fais le sacrifice de mon plaisir.

L'Evêque de Rhodès m'a dit qu'un M. de Montbaron, astronome d'Auxerre, avait des instruments que l'Académie lui aurait prêtés. J'ignorais qu'elle eût des fonds pour cet emploi. Mais rien ne peut être plus avantageux pour les progrès de l'astronomie, qui souffrent de ce que presque tous les observateurs sont concentrés dans les brouillards de Paris et autres grandes villes. S'ils étaient dispersés, il echapperait beaucoup moins de phénomènes.

M. Montagne a beaucoup de zèle, d'assiduité, d'intelligence et tout cela est perdu faute d'instruments. Je lui ai fourni un très-bon quart de cercle, une lunette acromatique, mais d'une force médiocre, une pendule à seconde. Il lui faudrait encore une bonne lunette garnie d'un micromètre. Faute de ce dernier instrument, il est reduit à comparer les comètes à des étoiles souvent mal déterminées et à ne juger leur situation que par leur configuration avec ces étoiles. Un micromètre le mettrait à portée de donner des observations précises et de profiter de la beauté du ciel de ce pays-ci. Informez-vous, je vous prie, s'il serait possible de lui en faire procurer un par le même moyen que M. de Montbaron a eu ses instruments. Si la chose n'est pas possible, je voudrais savoir du moins ce qu'il en coûterait. Il aurait aussi besoin du catalogue de Flamstead, ou de ce qu'il y a de mieux en ce genre depuis Flamstead. Je serais bien aise de savoir ce qu'il en coûterait pour cela, ou si l'on pourrait en avoir gratuitement. Je crois qu'il y a un catalogue d'étoiles zodiacales que le roi a fait graver. Je vous serai obligé de vous occuper de ces objets quand vous serez revenu à Paris et de me mander le résultat de vos recherches.

Adieu, Monsieur, conservez-moi votre amitié et comptez sur la mienne comme sur les démonstrations de la géométrie.

CI

TURGOT A CONDORCET

Limoges, le 12 novembre 1773.

Ce n'est pas votre lettre, Monsieur, qui s'est perdue par les chemins, c'était moi qui courais le monde comme la princesse de Babylone, lorsqu'elle est venue à Limoges, où je suis à présent sédentaire jusqu'au moment où mes affaires de famille me rappelleront à Paris. Il faut que les moutons bêlent et que les ânes braient et ruent ; il n'eût tenu qu'à moi de braire et l'on m'avait tout aussi bien sifflé que les ânes de vos cantons ; apparemment que mon gosier s'est trouvé moins propre à cette musique et je l'ai gardée toute notée dans mon portefeuille ainsi que j'ai fait dans mainte occasion toute semblable.

J'imagine comme vous que M. de Rhodès s'est trompé sur les richesses et sur les générosités de l'Académie en fait d'instruments ; mais c'est une tentative dont le mauvais succès laisse comme on était.

Votre évêque de Laon est bien digne de son origine limousine. Il a conservé précieusement l'ignorance des vicomtes de Limoges, du dixième siècle.

Vous aurez trouvé Mademoiselle de l'Espinasse dans une bien mauvaise santé ; suivant mes dernières nouvelles elle était toujours dans la douleur ou dans la langueur. J'espère bien que vous m'instruirez exactement de son état.

N'est-ce pas demain que vous devez lire l'Eloge de Fontaine ? Je vous fais d'avance mon compliment sur son succès.

Adieu, Monsieur, comptez sur toute mon amitié.

Mille choses à tous nos amis.

CII

CONDORCET A TURGOT (1)

Ce 14 novembre 1773.

Mademoiselle de l'Espinasse vous a parlé de mes succès, Monsieur, et de ceux de Madame de Forcalquier ; ainsi, il ne me reste plus rien à vous dire d'intéressant, à moins de vous parler de la querelle de M. Cassini et de M. de Lalande, au sujet de l'anneau de Saturne. Lalande a fait imprimer une lettre où il tourne Cassini en ridicule, d'une manière très outrageante (2). Cassini veut faire pendre Lalande, c'est-à-dire le faire exclure de l'Académie, ce qui est une peine capitale pour un académicien. On dit que nous allons juger cette affaire. Le plaisant est que Lalande n'a point publié sa lettre, que Cassini est presque le seul qui en ait eu un exemplaire, et qu'il va partout, apprenant à tout le monde le mal qu'on a dit de lui. Le prince de Conti a, dit-on, promis à Cassini que, si l'Académie ne chassait pas Lalande, il l'en débarrasserait en l'assommant. Vous voyez que l'anneau de Saturne produit des querelles encore plus vives que l'exportation.

Adieu, Monsieur. L'ambassadeur de Naples (3) doit me mener à La Roche-Guyon (4). Je n'ai que le temps de vous dire que personne ne vous aime plus que moi.

Les nouvelles lettres de Madame de Sévigné paraissent. L'opéra de Marmontel (5), musique de Grétry, est tombé à la répétition.

(1) Ed. Arago et O'Connor, i, page 215.

(2) « Lettre sur l'anneau de Saturne, écrite par Lalande à M. Cassini, au sujet de son avis imprimé dans le *journal politique* d'août 1773. » In-8° Toulouse.

(3) Caraccioli.

(4) Terre de Madame la duchesse d'Anville.

(5) *Céphale et Procris.*

CIII

CONDORCET A TURGOT (1)

Ce 20 novembre 1773.

L'anneau de Saturne ne causera plus de guerre, Monsieur. Lalande a demandé pardon (2), et Cassini a pardonné. Ce Lalande est insupportable ; qu'il dise ce qu'il voudra de Cassini, mais qu'il laisse Voltaire en repos : lui et La Condamine lui ont écrit des injures au sujet des comètes, et ils ont trouvé le secret de ne savoir trop ce qu'ils disent.

L'abbé Morellet vous prie de lui rapporter le livre de l'abbé Galiani, sur les monnaies.

Je compte aller passer un jour à La Roche-Guyon, avec l'ambassadeur de Naples ; je vous l'ai peut-être déjà mandé.

Adieu, Monsieur. A propos, M. Necker a enfin été prendre sa médaille à l'Académie. Tout est bien ensemble : style, opinions et conduite ; tout est également gauche et entortillé ; mais je ne dis mot ; entendez-vous ?

CIV

TURGOT A CONDORCET (3)

A Limoges, le 23 novembre 1773.

Le temps a tout l'air, Monsieur, depuis quelques semaines, de s'arranger pour mettre MM. les astronomes dans l'impossibilité de vider leurs querelles sur l'anneau de Saturne. Nous n'avons pas vu ici *une étoile qui ait montré le bout de son nez* (4). Ce M. de Lalande me paraît un peu hargneux ; car il vient de mettre dans Fréron (5) une lettre qu'il a faite ou fait

---

(1) Ed. Arago et O'Connor, I, page 216.
(2) Lalande supprima sa *lettre à Cassini*.
(3) Ed. Arago et O'Connor, I, page 217.
(4) *Le Sicilien*, de Molière, scène 1re.
(5) Dans *l'Année littéraire*, de Fréron.

faire contre Voltaire, dont il a cru que les plaisanteries etaient dirigées contre lui, auquel je crois que Voltaire n'avait guère pensé. Cela n'est ni adroit ni prudent. M. Cassini devrait laisser faire Voltaire, qui le vengera mieux que l'Académie. A propos d'astronome, M. Montagne est à Paris. Il doit prier M. Desmarets de vous le présenter, et je vous prie de le recevoir avec bonté.

Je ne dis pas que je vous souhaite beaucoup de plaisir dans le voyage que vous devez faire à la Roche avec M. de Caraccioli ; mais je vous envie le plaisir que vous aurez l'un et l'autre.

Je ne suis point surpris que l'opéra de Marmontel et de Grétry (1) soit tombé à la répétition ; c'est peut-être de peur qu'il ne réussît trop à la représentation.

Adieu, Monsieur ; vous savez combien vous devez compter sur mon amitié. Ne m'oubliez pas auprès de Mademoiselle de l'Espinasse et de nos autres amis.

Il vient précisément de s'élever un vent froid qui vient d'éclaircir l'horizon. Nos astronomes pourront s'amuser cette nuit, et je me hâte de me rétracter, parce que j'aime l'exactitude, quoiqu'elle soit le sublime des sots.

CV

CONDORCET A TURGOT (2)

Ce 4 décembre 1773.

Monsieur, vous jugez le livre *de l'Esprit* (3) avec une sévé-

---

(1) *Céphale et Procris*, représentée d'abord à Versailles en 1773, pour le mariage du comte d'Artois ; ensuite à Paris le 2 mai 1775 seulement, « avec un médiocre succès, tant à Versailles qu'à Paris. » (*Mémoires de Grétry*, I, 279.)

(2) Ed. Arago et O'Connor, I, page 229.

(3) Cette lettre où Turgot jugeait le livre d'Helvétius ne s'est point retrouvée.

rité qui me fait peur; je prétends contre vous que c'est un bon livre : 1° parce qu'il nous donne le portrait naïf de l'âme d'Helvétius dessous les replis de son amour-propre, de l'occupation continuelle où il était de se comparer avec les autres, et de tâcher de se trouver supérieur : or, il vaut mieux avoir le portrait par l'homme même et sans qu'il ait voulu le faire, que d'après les observations d'un moraliste. 2° Ce portrait est celui d'une foule d'*honnêtes gens*, comme dit Mme de Beauveau, dont Helvétius a dit le secret. 3° Il y a beaucoup de gens que la nature ou l'éducation ont destinés à être fripons, et qui ne deviendront honnêtes gens qu'à la manière et par les principes d'Helvétius. 4° Il aura beau dire, il ne m'empêchera pas d'aimer mes amis; il ne me condamnera pas à l'ennui mortel de penser sans cesse à mon mérite ou à ma gloire. Il ne me fera pas croire que, si je résous des problèmes, c'est dans l'espérance que les belles dames me rechercheront; car je n'ai pas vu jusqu'ici qu'elles raffolassent des géomètres. Ainsi, il ne me fera aucun mal, ni à moi ni aux autres bonnes gens. 5° Il prêche avec beaucoup de force contre l'intolérance de tous les clergés. Sa plus grande faute me paraît d'avoir déclamé contre le despotisme de manière à faire croire, non pas aux despotes qui ne lisent guère, ni à leurs vizirs qui lisent encore moins, mais aux sous-vizirs ou à leurs espions, que tous les gens d'esprit sont leurs implacables ennemis, ce qui peut exciter une persécution contre les gens d'esprit.

Nous vous attendons avec beaucoup d'impatience; nous raisonnerons sur tout cela, et nous ne parlerons plus d'exportation. J'ai l'air d'avoir été abîmé sous le poids de la gloire de M. Necker, lequel a été loué dans tous les journaux, parce que les journaux louent toujours les livres des gens riches. On dit que Voltaire a dit en voyant cet écrit : *J'ai vu de meilleurs papiers de lui*.

Adieu, Monsieur, etc., etc.

CVI

TURGOT A CONDORCET (1)

(Commencement de Décembre 1773.)

Comme je ne crains pas, Monsieur, que vous fassiez jamais un livre de philosophie sans logique, de littérature sans goût et de morale sans honnêteté, je ne vois pas que la sévérité de mon jugement sur le livre *de l'Esprit* puisse vous effrayer... (2).

. Il fait consister tout l'art des législateurs à exalter les passions, à présenter surtout le tableau de la volupté comme le prix de la vertu, des talents, et surtout de la bravoure, car on dirait qu'il ne voit de beau que les conquêtes (3).

Je conviens avec vous que ce livre est le portrait de l'auteur. Mais ôtez ce mérite et celui de quelques morceaux écrits avec une sorte d'éloquence poétique assez brillante, quoique ordinairement mal amenée, et le plus souvent gâtée par quelques traits de mauvais goût, j'avoue que je ne lui en vois guère d'autres. Il me paraît écrit et fait avec la même incohérence qui était dans la tête d'Helvétius. Malgré un appareil affecté de définitions et de divisions, on n'y trouve pas une idée analysée avec justesse, pas un mot défini avec précision. Même dans les bons mots dont il a farci son ouvrage, il est rare que le trait ne soit manqué ou gâté par de fausses applications et des paraphrases qui en émoussent toute la finesse ou l'énergie. On prétend qu'il a dit le secret de bien des gens. Je suis fâché qu'il ait dit celui de madame de B... J'avais toujours cru que ce mot était de madame du Deffant à laquelle il paraissait appartenir de droit.

(1) Publiée pour la première fois par Dupont de Nemours, (*Œuvres de Turgot*, tome ix, p. 288.) reproduite par M. Eugène Daire (*Œuvres de Turgot*, tome ii, p. 795) cette lettre a échappé à MM. Arago et O'Connor qui écrivent : On n'a pas retrouvé cette lettre où Turgot faisait sa profession de foi sur Helvétius et le livre de *l'Esprit*. »

(2) Il y a ici une lacune (note de Dupont de Nemours).

(3) Il y a ici une seconde lacune (note de Dupont de Nemours).

Je sais qu'il y a beaucoup de passablement honnêtes gens qui ne le sont qu'à la manière ou d'après les principes du livre *de l'Esprit*, c'est-à-dire d'après un calcul d'intérêt. J'ai sur cela plusieurs choses à remarquer. Pour que ce fût un mérite dans ce livre, il faudrait que l'auteur se fût attaché à prouver que les hommes ont un intérêt véritable à être honnêtes gens, ce qui était facile. Mais il semble continuellement occupé à prouver le contraire. Il répand à grands flots le mépris et le ridicule sur tous les sentiments honnêtes et sur toutes les vertus privées ; par la plus lourde et la plus absurde des erreurs en morale, et même en politique, il veut faire regarder ces vertus comme nulles, pour ne vanter que de prétendues vertus publiques beaucoup plus funestes aux hommes qu'elles ne peuvent leur être utiles. Partout il cherche à exclure l'idée de justice et de morale. Il confond avec les cagots et les moralistes hypocrites ceux qui s'occupent de ces minuties ; jamais du moins on ne le voit fonder sa morale sur la justice et il n'a pas un mot qui tende à prouver que la justice envers tous est l'intérêt de tous, qu'elle est l'intérêt de chaque individu comme celui des sociétés. D'après cette fausse marche et ces très faux principes, il établit qu'il n'y a pas lieu à la probité entre les nations, d'où suivrait que le monde doit être éternellement un *coupe-gorge* ; en quoi il est bien d'accord avec les panégyristes de Colbert. Nulle part il ne voit que l'intérêt des nations n'est autre que l'intérêt même des individus qui les composent. Nulle part il ne s'appuie sur une connaissance approfondie du cœur humain : nulle part il n'analyse les vrais besoins de l'homme qu'il semble ne faire consister que dans celui d'avoir des femmes ; il ne se doute nulle part que l'homme ait besoin d'*aimer*. Mais un homme qui aurait senti ce besoin n'aurait pas dit que l'*intérêt est l'unique principe qui fait agir les hommes*. Il eut compris que dans le sens où cette proposition est vraie, elle est une puérilité et une abstraction métaphysique d'où il n'y a aucun resultat pratique à tirer, puisqu'alors elle équivaut à dire que *l'homme ne desire que ce qu'il désire*. S'il parle de l'intérêt réfléchi, calculé, par lequel l'homme se compare aux autres et se préfère, il est faux que les hommes même les plus corrompus se conduisent toujours par ce principe. Il est faux que les sentiments moraux n'influent pas sur leurs jugements, sur leurs actions, sur leurs affections. La preuve en est qu'ils ont besoin d'effort pour vaincre leur sentiment lorsqu'il est en opposition avec leur intérêt. La preuve en est qu'ils ont des remords. La preuve en est que cet intérêt, qu'ils poursuivent aux dépens de l'honnêteté, est souvent fondé sur un sentiment honnête en lui-même et seulement mal réglé. La preuve en est qu'ils sont touchés des romans et des tragédies, et qu'un roman dont le héros agirait conformément aux principes d'Helvétius, je dis à ceux qu'ils suivent, leur déplairait beaucoup. Ni nos idées ni nos sentiments ne sont innés : mais ils sont *naturels*, fondés sur la constitution de notre esprit et de notre âme et sur nos rapports avec tout ce qui nous environne.

Je sais qu'il y a des hommes très peu sensibles et qui sont en même temps honnêtes, tels que *Hume*, *Fontenelle*, etc. ; mais tous ont pour base de leur honnêteté la *justice*, et même un certain degré de *bonté*. Aussi reproche-je bien moins à Helvétius d'avoir eu peu de sensibilité, que d'avoir cherché à la représenter comme une bêtise ridicule, ou comme un masque d'hypocrite ; de n'avoir parlé que d'exalter les passions, sans fixer la notion d'aucun devoir et sans établir aucun principe de justice.

Les honnêtes gens qui ne sont honnêtes que suivant les principes qu'il étale dans son livre sont certainement très communs. Ce sont ceux que M. le Chancelier appelle *des gens d'esprit*.

J'oubliais encore l'affectation avec laquelle il vous raconte les plus grandes horreurs de toute espèce, les plus horribles barbaries et toutes les infamies de la plus vile crapule, pour déclamer contre les moralistes hypocrites ou imbéciles qui en font, dit-il, l'objet de leurs prédications, sans voir que ce sont des effets nécessaires de telle ou telle législation donnée. A propos de tous leurs vices relatifs à la débauche, il s'étend avec complaisance sur les débauches des grands hommes, comme si ces grands hommes devaient l'être pour un philosophe... Qui a jamais douté que leur espèce de grandeur ne fût compatible avec tous les vices imaginables ? sans doute un débauché, un escroc, un meurtrier, peut être un Schah-Nadir, un Cromwel, un Cardinal de Richelieu ; mais est-ce la destination de l'homme ? est-il désirable qu'il y ait de pareils hommes ? Partout Helvétius ne trouve de grand que les actions éclatantes ; ce n'est assurément point par cette façon de voir qu'on arrive à de justes idées sur la morale et le bonheur.

Je ne peux lui savoir gré de ses déclamations contre l'intolérance du clergé, ni contre le despotisme : 1° parce que je n'aime pas les déclamations ; 2° parce que je ne vois nulle part dans son livre que la question de l'intolérance soit traitée de manière à adoucir, ni le clergé, ni les princes, mais seulement de manière à les irriter ; 3° parce que dans ses déclamations contre le despotisme, il confond toutes les idées, il a l'air d'être ennemi de tout gouvernement, et que partout encore il affecte de désigner la France : ce qui est la chose du monde la plus gauche, la plus propre à attirer sur soi l'éclat de la persécution qui ne fait pas grand mal à un homme riche, et à en faire tomber le poids réel sur beaucoup d'honnêtes gens de lettres qui reçoivent le fouet qu'Helvétius avait mérité ; tandis qu'après la comédie des philosophes, à laquelle il avait presque seul fourni matière, il faisait sa cour à M. de Choiseul, protecteur de la pièce et de Palissot, et l'engageait à lui faire l'honneur d'être parrain de son enfant.

Quand on veut attaquer l'intolérance et le despotisme, il faut d'abord se fonder sur des idées justes, car les inquisiteurs ont *intérêt* d'être intolérants, et les vizirs et sous-vizirs ont *intérêt* de maintenir tous les abus du Gouvernement. Comme ils sont les plus forts, c'est leur donner raison que de se réduire à sonner le tocsin contre eux à tort et à travers. Je hais le despotisme autant qu'un autre ; mais ce n'est point par des déclamations qu'il faut l'attaquer ; c'est en établissant d'une manière démonstrative les droits des hommes. — Et puis, il faut distinguer dans le despotisme des degrés ; il y a une foule d'abus du despotisme auxquels les princes n'ont point d'intérêt ; il y en a d'autres qu'ils ne se permettent que parce que l'opinion publique n'est pas fixée sur leur injustice et sur leurs mauvais effets. — On méritera bien mieux des nations en attaquant ces abus avec clarté, avec courage, et surtout en intéressant l'humanité, qu'en disant des injures éloquentes. Quand on n'insulte pas, il il est rare qu'on offense. Les hommes en place sont justement choqués des expressions violentes que tout le monde comprend, et n'attachent qu'une médiocre importance aux conséquences incertaines ou éloignées des vérités philosophiques souvent contestées, et regardées par le plus grand nombre comme des problèmes.

Il n'y a pas une forme de Gouvernement qui n'ait des inconvénients auxquels les gouvernements eux-mêmes voudraient pouvoir apporter remède, ou des abus qu'ils se proposent presque tous de réformer au moins dans un autre temps. On peut donc les servir tous en traitant des questions de bien public, solidement, tranquillement, non pas froidement, non pas avec emportement non plus, mais avec cette chaleur intéressante qui naît d'un sentiment profond de justice et de l'amour de l'ordre. — Il ne faut pas croire que persécuter soit un plaisir. Voyez combien *J. J. Rousseau* a inspiré d'intérêt malgré ses folies, et combien il serait respecté si son amour-propre avait été raisonnable. Il a été décrété, il est vrai, par le Parlement; mais, 1º c'est parce qu'il avait eu la manie de mettre son nom à Emile; 2º le Parlement aurait été bien fâché de le prendre, et si Rousseau eût voulu, il eût facilement évité cet orage en se cachant deux ou trois mois. Il n'a été vraiment persécuté que par les Genevois; mais c'est parce qu'il était en effet l'occasion de leurs troubles intérieurs, et parce qu'ils avaient peur de lui.

Avec le ton d'honnêteté on peut tout dire, et encore plus quand on y joint le poids de la raison et quelques légères précautions peu difficiles à prendre. Je sais gré à Rousseau de presque tous ses ouvrages; mais quel cas puis-je faire d'un déclamateur tel qu'Helvétius, qui dit des injures véhémentes, qui répand des sarcasmes amers sur les Gouvernements en général, et qui se charge d'envoyer à Frédéric une colonie de travailleurs en finance ; et qui en déplorant les malheurs de sa patrie où le despotisme est, dit-il, parvenu au dernier degré d'oppression et de bassesse, ce qui n'est pas du tout vrai, va prendre pour ses héros le roi de Prusse et la Czarine ? Je ne vois dans tout cela que de la vanité, de l'esprit de parti, une tête exaltée ; je n'y vois ni amour de l'humanité ni philosophie.

En voilà plus long sur Helvétius que je ne croyais vous en écrire en commençant ; mais je ne suis pas fâché d'avoir fait ma profession de foi à son égard. Je suis, je vous l'avoue, indigné de l'entendre louer avec une sorte de fureur qui me paraît une énigme que le seul esprit de parti peut expliquer. On loue aujourd'hui les livres d'un certain genre comme on louait autrefois les livres Jansénistes ; et comme d'autres gens louent la *Correspondance* et les *Œufs rouges*. Cela me donne donc de l'humeur, et peut-être exprimerais-je moins fortement ma pensée si je n'étais animé par la contradiction. Je vois que les éloges outrés donnés à M. N. ont fait sur vous le même effet.

Je ne vous promets pas beaucoup de bonne fortune si vous écrivez sur la hauteur la plus avantageuse des roues pour le tirage ; mais peut-être trouverez-vous quelque satisfaction à travailler pour la facilité du transport des marchandises, et même pour le soulagement des chevaux. Au reste, il y a sûrement quelque chose dans les Mémoires de l'Académie sur cette question. Peut-être aussi cet *Euler*, à qui rien n'échappe, en aura traité dans sa mécanique ou ailleurs.

J'ai reçu des nouvelles par lesquelles on me marque que mon retour n'est pas pressé. Je resterai donc ici tout le mois. Ce n'est pas pour mon plaisir, ni même pour mon *intérêt*, car j'aimerais bien mieux aller vous rejoindre, mes amis. Je trouve qu'il y a plus de substance dans ce vers de Lafontaine :

> Qu'un ami véritable est une douce chose !

que dans tout le livre *de l'Esprit*. — J'espère que cela m'obtiendra de vous mon pardon de tout le mal que j'ai dit du héros dont j'ai osé attaquer la gloire. Vous savez bien que c'est vouloir obscurcir le soleil en jetant de la poussière en l'air.

CVII

CONDORCET A TURGOT (1)

Ce lundi, 13 décembre 1773.

Je viens de recevoir, Monsieur, votre profession de foi (2), et voici la mienne. Lorsque je suis sorti du collége, je me suis mis à réfléchir sur les idées morales de la justice et de la vertu. J'ai cru observer que l'intérèt que nous avions à être justes et vertueux était fondé sur la peine que fait nécessairement éprouver à un être sensible l'idée du mal que souffre un autre être sensible.

Depuis ce temps, de peur que d'autres intérêts me rendissent méchant, j'ai cherché à conserver ce sentiment dans toute son énergie naturelle. J'ai renoncé à la chasse, pour qui j'avais eu du goùt, et je ne me suis pas même permis de tuer les insectes, à moins qu'ils ne fassent beaucoup de mal. Je ne suis donc pas de l'avis d'Helvétius; puisque j'admets dans l'homme un sentiment dont il ne me paraît pas qu'il ait soupçonné la force et l'influence.

Je trouve avec vous que ce livre peut faire beaucoup de tort à ce qu'on appelle les *philosophes*, parce qu'on regardera toujours ses opinions comme les principes secrets de tous les gens qui pensent avec liberté sur la religion et sur le Gouvernement.

Je n'aime pas aussi qu'un homme qui écrit si fortement contre le despotisme, prodigue l'encens à des despotes qui n'ont fait que du mal à l'humanité, et dont tout le mérite est d'avoir loué l'auteur et ses ouvrages.

Je pense avec Helvétius qu'on peut être très juste, très bienfaisant et très scrupuleux; que surtout on peut être un grand homme de guerre, un grand philosophe, un grand poëte, et avoir des mœurs détestables; et qu'en établissant de l'ordre entre les vertus, il faut mettre la justice, la bienfaisance, l'amour

(1) Ed. Arago et O'Connor, 1, page 220.
(2) Voyez la lettre précédente.

de la patrie, le courage (non pas celui de la guerre qu'ont tous les chiens de basse-cour), la haine des tyrans, bien loin au-dessus de la chasteté, de la fidélité conjugale, de la sobriété. Mais je crois qu'il faut distinguer, en fait de mœurs, ce qui n'est que local de ce qui est de tous les temps et de tous les lieux. Par exemple, il peut être permis ou défendu de jouir de toute femme qui y consent avec plus ou moins de restriction : cela n'est que local; mais il est sûr que les autres espèces de débauche et les orgies des mauvais lieux, et la violation de la promesse faite à une autre de lui être fidèle, sont partout, ou un manque de probité, ou des actions dégoûtantes et qui avilissent l'humanité.

J'ai été presque aussi en colère que vous, lorsque j'ai lu *que les enfants haïssent leur père, que nous n'aimons que les gens que nous pouvons mépriser,* et d'autres choses qu'il serait bien malheureux qui fussent vraies.

Mais c'est M. du Muy qui a succédé absolument à Colbert dans la facilité à me mettre en colère. Sa conduite à Lille est un mélange de dureté, d'hypocrisie, d'espionnage et d'injustice qui font horreur.

Adieu, Monsieur.

CVIII

CONDORCET A TURGOT

Mademoiselle de l'Espinasse m'a donné, Monsieur, de fort mauvaises nouvelles de votre orteil et nous craignons bien que le plaisir de vous voir bientôt que nous nous promettions, ne soit changé au chagrin de vous voir absent et souffrant.

M. Desmarets n'est point à Paris ; ainsi je n'ai pas vu M. Montagne et j'ai été en colère contre la négligence de M. Desmarets qui retarde l'impression de nos mémoires.

Connaissez-vous ces vers d'un jeune tacticien qui était allé voir Voltaire (1) et Voltaire ne voulait point se faire voir ce jour-là.

(1) M. de Guibert.

> Je dinais chez Voltaire et Voltaire au repas
> N'étant point, j'étais là sans plaisir et sans vie
> Révérend dis-je, alors au père Adam tout bas,
> Dans ce temple c'est donc comme à l'Eucharistie
> On l'adore, on le mange et l'on ne le voit pas.

Mme D'Anville vous a écrit pour vous prémunir contre mes sollicitatións ; eh bien ! j'avais raison et ceux qui m'avaient voulu redresser se trompaient. M. de Muy, ne pouvant faire autre chose à cet imprimeur que de le tenir en prison, n'a rien su de mieux que de le donner comme suspect d'imprimer des livres impies, dans l'espérance que cela pourrait donner lieu de l'envoyer aux galères. Ces gens-là, qui se sont faits dévots de peur de n'être rien, sont une race bien détestable et bien plate. Adieu, Monsieur, n'ayez pas la goutte, je vous en prie : c'est le seul moyen de me faire croire aux causes finales.

CIX

TURGOT A CONDORCET

A Limoges, le 17 décembre 1773.

Mon orteil est, Monsieur, très innocent de votre perversion, si vous ne voulez pas croire aux causes finales ; il me laisse très tranquille et n'aurait mis aucun obstacle à mon retour à Paris si ma présence y avait été nécessaire ou inutile à Limoges.

Je croyais Desmarets à Paris : je suis de moitié avec vous pour gourmander sa paresse et sa négligence impardonnables.

Les vers de M. de Guibert ne sont pas tournés d'une manière facile ; mais l'idée est très jolie, et cela fait sur le champ, écrit à table est certainement très bon et a dû être trouvé tel.

Il me semble que dans la proscription assez générale de la nation dévote, l'on fait ordinairement une exception en faveur de M. Du Muy qui s'est montré d'une manière très franche dans le refus qu'il a fait du ministère, qui est estimé de beaucoup d'honnêtes gens qui ne sont point dévots, considéré des militaires comme un homme instruit dans son métier, exact et honnête et adoré des soldats comme un homme humain.

Le résultat de tout cela est de suspendre mon jugement entre vous et Mme d'Anville. Ma proscription contre les dévots n'est pas aussi générale que la vôtre parce que j'en ai vu qui étaient de très honnêtes gens. Le fanatisme même qui conduit à des actions fort mauvaises sur quelques points n'exclut pas toujours la probité sur les autres. Il y a des gens qui ont un coin de malhonnêteté comme il y en a qui ont un coin de folie. Je ne veux pourtant pas dire que M. de M. soit dans ce cas. Il faudrait savoir les faits et les circonstances pour en juger. Ni vous ni Mlle de l'Espinasse ne me parlez de sa santé ; je voudrais pouvoir croire que c'est bon signe. Je l'ai un peu contrariée sur le livre de M. H. Je lui mande que c'est votre exemple et son indulgence pour nos sarcasmes contre les éloges de Colbert qui m'ont gâté.

Adieu, Monsieur, soyez bien persuadé de toute l'amitié que je vous ai vouée. Mille choses à tous nos amis.

<h2 style="text-align:center">CX</h2>

<h3 style="text-align:center">CONDORCET A TURGOT (1)</h3>

Lundi, 20 décembre 1773.

Monsieur, Mlle de l'Espinasse avait été passablement depuis mon arrivée ; il y a environ huit jours qu'elle va en empirant. L'insomnie et l'accablement augmentaient, et la toux est revenue hier. Peu de personnes ont été plus maltraitées, et l'ont moins mérité. Elle n'a pas même le tort de trop admirer le nouvel Helvétius, et vous avez bien moins besoin d'indulgence que moi. Elle prétend que je dois vous mander ce qui est arrivé au bon M. de Goëzman. Voici ce que j'en sais : ce grave magistrat s'est, dit-on, avisé de faire un enfant à une autre qu'à Mme de Goëzman, apparemment dans une de ces époques où madame n'a pas sa

____

(1) Ed. Arago et O'Connor, 1, page 222.

tête (1). Cet enfant, il l'a fait baptiser, et ensuite par décence, il a signé sur l'acte un autre nom que le sien. Beaumarchais a découvert ce trait de pudeur ; il l'a envenimé, et, sur la dénonciation de M. le procureur général, son digne confrère a été décrété d'ajournement personnel. Au reste, on dit que Beaumarchais a eu défense de faire paraître un mémoire contre Marin, qui a seul le privilége de diffamer qui il lui plait. Que l'ordre de la justice soit violé pour un grand, c'est sans doute un horrible mal ; mais qu'il soit violé pour un homme tel que Marin, c'est, selon moi, le comble de l'avilissement et du scandale.

Savez-vous que les professeurs d'Auxerre ont été condamnés aux galères (2) par le bailliage ? L'évêque est impliqué dans cette abomination. Leur crime est d'avoir mal parlé de personnes très respectables.

Nous avons enfin des nouvelles du comte de Crillon. Il est à Berlin ; il a vu Frédéric, il l'admire. Diderot baise à Saint-Pétersbourg les mains de l'impératrice.

Grâces au ciel ces mains ne sont pas criminelles !

Et moi :

Je hais tous ces héros, et Nemrod et Cyrus.

Et le roi si brillant que forma Lentulus. (Voltaire.)

M. du Muy n'a jamais refusé le ministère (3). Il est maintenant en horreur au militaire. D'ailleurs il peut être dévot de bonne foi, car il est persécuteur.

Adieu, Monsieur, revenez-vous ? et votre orteil ? Envoyez-moi ou apportez-moi encore un peu de graine de raves du Limousin.

---

(1) « Mme Goëzman (dans son second récolement) prétend qu'elle ne « savait ce qu'elle disait, et n'avait pas sa tête à elle, étant dans un « temps critique. — Critique à part, madame, lui dis-je, en baissant les « yeux pour elle, etc..... » (Beaumarchais, suppl. au *Mém. à consulter.*)

(2) Voyez les lettres cxiii et cxiv.

(3) Condorcet parait mal informé. On connait la lettre à Louis xv, où M. du Muy expose au roi les raisons de son refus.

CXI

CONDORCET A TURGOT (1)

Ce lundi, 27 décembre 1773.

Monsieur, Mlle de l'Espinasse est plus fatiguée de sa toux que jamais; elle ne nous a point vus depuis deux jours.

On dit que M. de Monteynard (2) repart, et que M. d'Aiguillon lui succède, et réunit la Marine à son département.

On dit que le pauvre hippopotame (3) est décrété pour être ouï (4), ainsi que le nigaud de Bertrand (5). C'est ce Bertrand et le Gardanne qui voulaient escroquer de votre ami Dupont (6) une pension de 100 pistoles pour Marin, et qui ont fait supprimer les *Ephémérides*. Vous savez que dans une certaine phrase Beaumarchais parle de l'espionnage de Marin. Marin, dans une requête pour réparation qu'il a imprimée, cite cette phrase, mais il n'a osé copier le fatal mot d'espionnage : c'est le cri de la conscience. Il prétend qu'en cas de déni de justice, il ira se vautrer aux pieds du roi.

On va donner *Sophonisbe* (7).

(1) Ed. Arago et O'Connor, I, page 224.

(2) Ministre de la Guerre. Condorcet semble faire allusion à un vaudeville qui courut alors, et que Bachaumont rapporte à la date du 30 décembre 1773 :

> C'est monsieur de Monteynard
>   Qui repart
> Après avoir par hasard
> Occupé le ministère
> Sans penser et sans rien faire.

(3) Marin.

(4) Dans le procès de Beaumarchais contre Goëzman.

(5) Bertrand Dairolles, célèbre dans les *Mémoires* de Beaumarchais.

(6) Dupont de Nemours, rédacteur des *Ephémérides du Citoyen*, plus tard secrétaire de Turgot devenu ministre. Sur le docteur Gardanne, voyez Bachaumont, 15 janvier et 25 février 1774.

(7) De Voltaire. Voyez la lettre du 16 janvier 1774.

CXII

TURGOT A CONDORCET (1)

A Limoges, le 28 décembre 1773.

Ce que vous me mandez, Monsieur, de l'état de Mlle de l'Espinasse m'afflige beaucoup, et d'autant plus que l'hiver ne fait que commencer.

Je lui dois d'autant plus de reconnaissance de ce que dans cet état elle pense à moi, et de ce que, non contente de me pardonner mes sorties contre Helvétius, elle me rend le bien pour le mal en m'envoyant le *Mémoire* de Beaumarchais, et en vous chargeant de me faire part de la nouvelle aventure de M. Goëzman. Ce Beaumarchais est bien méchant d'aller ainsi envenimer le respect d'un de ces Messieurs pour la décence publique ! Je trouve cependant comme vous que la défense qu'on lui fait de publier son *Mémoire* contre Marin (2) est très tyrannique, et d'autant plus tyrannique que son *supplément* m'a paru plus amusant.

Je ne sais point l'histoire des professeurs d'Auxerre. Je serais fâché que l'évêque eût eu part dans une pareille affaire. Cela est pis que d'admirer Frédéric (3) et de baiser les mains de Catherine seconde (4).

Je ne connais point M. du Muy par moi-même ; mais des gens que j'estime, et qui ne sont point dévots, l'aiment et l'estiment. Il est sûr que s'il est persécuteur et délateur, il mérite toute votre colère, quelque terrible qu'elle soit. On dit

(1) Ed. Arago et O'Connor, I, page 225.

(2) *Addition au supplément du mémoire à consulter.* (Œuvres de Beaumarchais, t. III.)

(3) Comme M. de Crillon.

(4) Comme Diderot.

que l'affaire du P. Boscowich (1) l'a aussi allumée; je n'ai jamais su de quoi il s'agissait que d'une manière générale par Mlle de l'Espinasse. Cet homme méritait un sort, mais non pas d'être mieux traité que des gens qui valent mieux que lui.

Je voulais vous écrire sur Helvétius. Nous sommes presque d'accord. Cependant il y a encore un article sur lequel nous aurions à disputer, et peut-être beaucoup, et sur lequel j'imagine encore que, malgré la différence de nos énoncés, nous pourrions bien finir par nous accorder presque tout à fait; mais la dispute demande du temps, et je n'en ai point. Je vous dirai seulement que je ne crois pas que la morale en elle-même puisse être jamais locale. Ses principes sont partout fondés sur la nature de l'homme et sur ses rapports avec ses semblables, qui ne varient point, si ce n'est dans des circonstances très extraordinaires. Mais le jugement à porter des actions des individus est un problème beaucoup plus compliqué, et infiniment variable, à raison des opinions locales et des préjugés d'éducation. Je suis, en morale, grand ennemi de l'indifférence et grand ami de l'indulgence, dont j'ai souvent autant besoin qu'un autre. C'est, je crois, faute d'avoir bien distingué ces deux points de vue si différents sur la manière de juger la moralité des actions, que les uns donnent dans un rigorisme excessif, en jugeant les actions individuelles d'après les idées générales de la morale, sans égard aux circonstances qui excusent l'individu; et que les autres regardent toute action comme indifférente, et n'y voient que des faits de physique, parce qu'il en est peu qui ne puissent être excusés dans quelque circonstance donnée.

Adieu, Monsieur, recevez les assurances de toute mon amitié.

J'ignore encore le moment où je partirai.

---

(1) Le P. Boscowich, jésuite, professeur à l'Université de Pavie, fut appelé en France en 1773, pour occuper la place de directeur de l'optique de la marine, avec 8,000 liv. de pension. Forcé bientôt de renoncer à ce poste, il se retira à Milan, où il mourut en 1787. Ses idées sur la matière sont citées et étudiées par M. Herbert Spencer (*Premiers Principes.*)

CXIII

TURGOT A CONDORCET

A Limoges, le 3o décembre 1773.

Je crois, Monsieur, que ma lettre vous trouvera revenu de La Roche. Je vous remercie bien de vous être occupé de M. Montagne. Je suis médiocrement tenté de l'instrument dont M. de La Lande veut se défaire, parce que j'imagine qu'il le garderait s'il était fort bon. Comme M. Montagne est à Paris, et moi assez près d'y aller, sans savoir précisément quand, je remets à ce temps à me décider.

L'abbé Morellet fait bien de me rappeler le livre de l'abbé Galiani, sur la monnaie, car je l'aurais peut-être encore oublié.

Je ne vous trahirai pas sur M. Necker. Nous sommes complices sur ce point, et j'ai aussi mon franc parler. J'en use même aujourd'hui à l'occasion de M. Helvétius.

Adieu, Monsieur. Vous connaissez tout mon attachement.

Savez-vous si le problème de la hauteur la plus avantageuse des roues, pour la facilité du tirage, a été résolu bien complètement et en ayant égard à toutes les circonstances? Il serait très intéressant pour la pratique qu'on eût levé sur cela tous les doutes. Si la chose n'était pas faite, elle mériterait qu'on s'en occupât.

CXIV

CONDORCET A TURGOT (1)

(Vers le 6 janvier 1774.)

Monsieur, votre distinction entre l'indifférence en morale et l'indulgence me paraît infiniment juste. Reste à savoir s'il n'en est pas un peu de la vertu comme des talents. Il y a un degré au-dessous duquel on est sot ; mais au-delà de ce degré, on ne

____

(1) Ed. Arago et O'Connor, I, page 228.

cultive guère un talent qu'aux dépens d'un autre ; aussi, il pourrait se faire qu'en morale on ne pût éviter absolument certains
vices peu dangereux, sans risque de perdre de plus grandes
vertus. En général, les gens scrupuleux ne sont pas propres
aux grandes choses : un chrétien perdra, à dompter les aiguillons de la chair, le temps qu'il aurait pu employer à des choses
utiles à l'humanité. Il n'osera s'élever contre les tyrans, de peur
d'avoir formé un jugement téméraire, etc.

L'abbé de La Ville va être fait évêque *in partibus ;* il aura
le titre de directeur des Affaires Étrangères (1). M. d'Aiguillon
restera ministre. Vous voyez à quoi cela prépare: J'ai lu le
mémoire des professeurs d'Auxerre (2) : c'est une grande
infamie que cette affaire. Je ne sais trop si l'évêque pourra s'en
laver. Mais vouloir faire perdre leur place à ces professeurs,
et pour cela leur susciter un procès criminel ; les accuser de
discours séditieux, les juger sur des dépositions d'écoliers, parents des juges, de tonsurés vendus à l'évêque, de nouveaux
professeurs actuellement en procès avec eux ; faire un crime
d'avoir fait lire Nicole et l'Ancien Testament de Mezangui, c'est
une grande barbarie, une plus grande absurdité, et surtout une
effroyable bassesse de la part des Auxerrois

Adieu, Monsieur ; revenez donc nous voir. Mademoiselle de
l'Espinasse est mieux depuis quelques jours.

----

(1) L'abbé de La Ville, de l'Académie française : « M. l'abbé de La
Ville, sacré évêque dimanche, est mort le jeudi suivant. Sa perte devient
nulle quant aux Affaires Étrangères ; car il est décidé aujourd'hui que la
place de directeur général, qu'on avait créée pour lui, n'était qu'un vain
titre dont on avait décoré sa vanité, afin de l'éconduire plus agréablement. »
         (*Bachaumont, Mémoires secrets.* 16 avril 1774.)

(2) Ils furent condamnés aux galères.

CXV

CONDORCET A TURGOT (1)

Ce 10 janvier 1774.

J'ai lu le mémoire des Auxerrois, Monsieur, et j'ai bien peur que leur évêque ne se lave pas aisément du reproche d'être complice d'une des plus lâches atrocités qu'on ait encore vues. Jusqu'ici les noms de conspirations, de magie, avaient servi de voile à ces actes de tyrannie ; mais ici, c'est une bassesse avouée ; il y a eu plus de perversité et de cruauté dans l'affaire d'Urbain Grandier, il y a ici plus d'avilissement. L'évêque d'Auxerre n'a d'autre traité à faire avec les honnêtes gens que celui que les Hollandais proposèrent à Louis XIV aux conférences de Gertrudenberg : il faut qu'il chasse lui-même les juges qu'il a protégés et rendus insolents.

Il paraît une *Gazette de littérature* pour laquelle il vous faudra souscrire à votre retour. Mademoiselle de l'Espinasse a un torticolis qui a succédé à la toux, parce qu'il est apparemment nécessaire qu'elle souffre. M. de Monteynard (2) est toujours en place. J'ai vu sa lettre circulaire. Est-ce que depuis l'éloge des administrateurs de cet été, ils se croient obligés d'en imiter le style ? On a joué hier *Eugénie* (3) à la Comédie-Française : elle a été reçue comme *Tancrède* ; on a crié qu'on voulait le *Barbier de Séville*, pièce du même auteur, interrompue, comme vous savez, par le coup de poing que M. le duc de Chaulnes lui donna l'année passée (4) ; les rieurs

(1) Ed. Arago et O'Connor, I, page 229.

(2) Ministre de la Guerre.

(3) C'est une reprise d'*Eugénie* ; la première représentation est de 1767. V. les *Mémoires secrets* à la date du 12 février 1774.

(4) Le *Barbier de Séville* ne fut joué que le 23 février 1775 ; mais depuis plus de deux ans la pièce était célèbre dans le public par les hésitations de la police, qui tour à tour la permettait et la défendait.

sont pour Beaumarchais. J'ai entendu la musique de Gluck
hier : un air sublime pour le pathétique ; mais cet air est ancien (1), et ceux de son nouvel opéra, que j'ai entendus après,
m'ont paru pauvres et mesquins en comparaison.

Adieu, Monsieur; revenez. Mais on dit que vous avez ici de
bonnes actions à faire, que des malheureux vous y attendent ;
vous reviendrez donc, car vous avez le défaut d'aimer mieux
vos devoirs que vos amis, et vous ferez plus pour le plaisir de
cette bonne action que vous n'auriez fait pour nous.

CXVI

TURGOT A CONDORCET (2)

A Limoges, le 14 janvier 1774.

J'avais mandé, Monsieur, à Mademoiselle de l'Espinasse,
par le dernier courrier, qu'il ne fallait plus m'écrire. Je suis
obligé, à mon grand regret, de me rétracter. Une colique
d'estomac assez vive, que j'ai eue avant-hier, et dont il me
reste encore quelques ressentiments très légers, m'a décidé à
retarder mon départ, en partie parce que je veux avoir le
temps de m'assurer entièrement contre le retour de cet acci-

L'affaire de Beaumarchais avec le duc de Chaulnes retarda beaucoup
la pièce : le duc de Chaulnes, jaloux de Beaumarchais, qu'il avait lui-même
introduit chez sa maîtresse, devait se battre en duel avec son rival préféré.
Dans son impatience, il ne put attendre jusque-là, et, dans sa propre
maison, il se précipita sur Beaumarchais, qui fut réduit à se défendre à
coups de pied et à coups de poing. Les domestiques, accourus au bruit,
se mêlèrent à ce combat tragi-comique, dont le dénoûment se fit par le
commissaire. « Il a fallu, dit Bachaumont, donner un garde à M. de Beaumarchais, pour le garantir des fureurs de son adversaire, dont on cherche
à guérir la tête. » (17 février 1773.) L'histoire est contée tout au long
dans le *Beaumarchais* de M. de Loménie.

(1) Probablement un air d'*Orphée*, qui était gravé à Paris depuis dix
ans lorsqu'on le mit à la scène. Le nouvel opéra ne peut être qu'*Iphigénie
en Aulide*, jouée le 19 avril suivant.

(2) Ed. Arago et O'Connor, I, page 231.

dent, en partie parce qu'il m'a fait perdre quatre jours de travail sur lesquels j'avais compté, et qu'il faut remplacer. — J'écrirai mardi, et je manderai si l'on peut encore m'écrire le dimanche.

Je ne suis pas trop d'avis que les vertus soient opposées les unes aux autres, si ce n'est lorsque l'on entend par vertus certaines qualités actives, qui sont peut-être autant des talents que des vertus. Au surplus, tous ces mots ont été pris dans tant d'acceptions différentes, et ont presque toujours été si mal définis, qu'on peut aisément disputer des siècles sur ces matières sans s'accorder.

La morale roule encore plus sur les devoirs que sur ces vertus actives qui, tenant aux caractères et aux passions, sont en effet rarement réunies, dans un haut degré, dans le même individu ; mais tous les devoirs sont d'accord entre eux. Aucune vertu, dans quelque sens qu'on prenne ce mot, ne dispense de la justice ; et je ne fais pas plus de cas des gens qui font *de grandes choses* aux dépens de la justice, que des poëtes qui s'imaginent produire de grandes beautés d'imagination sans justesse. Je sais bien que l'exactitude excessive amortit un peu le feu de la composition et celui de l'action ; mais il y a un milieu à tout. Il ne s'est jamais agi, dans nos disputes, d'un capucin qui perd son temps à dompter les aiguillons de la chair (quoique, par parenthèse, dans la somme du temps perdu, le terme qui exprime le temps perdu pour les satisfaire, soit vraisemblablement beaucoup plus grand) ; il ne s'agit pas non plus d'un sot qui craint de s'élever contre les tyrans, de peur de faire un jugement téméraire.

A propos de jugement téméraire, on ne juge donc point l'affaire de Beaumarchais (1) ? Messieurs craignent apparemment de juger témérairement.

Voltaire s'est mieux tiré que je l'aurais espéré, de la pro-

---

(1) Le jugement, rendu un mois après, le 26 février 1774, condamne les quatre mémoires publiés par Beaumarchais à être lacérés et brûlés de la main du bourreau ; ce qui fut exécuté le 5 mars suivant.

position de travailler à l'éloge du maréchal de Richelieu dans la *Galerie des hommes illustres.*

Adieu, Monsieur; recevez les assurances de mon amitié. Est-il vrai qu'on ait découvert un complot pour assassiner le comte du Muy? Ce sont les nouvelles de Marin qui parlent de ce fait.

CXVII

CONDORCET A TURGOT (1)

Ce dimanche, 16 janvier 1774.

On a joué hier *Sophonisbe* (2), qui n'a pas été trop bien reçue. L'auteur y a laissé des familiarités qui ont fait rire, et des longueurs qui ont impatienté le parterre. Le commencement du cinquième acte a été sifflé, jusqu'au moment où Lekain dit à Scipion, en lui montrant Sophonisbe expirante : *Sur ces bras tout sanglants viens essayer tes chaînes.* Ce vers a été dit avec tant de force et de vérité, que le parterre a passé en un moment du rire à la terreur. Enfin, Lekain est venu l'annoncer pour mercredi; il semblait demander grâce : cela a réussi, on a beaucoup applaudi. D'ici à mercredi, M. de la Harpe fera des retranchements, quelques corrections, et j'espère que tout ira bien. Il y a cinquante-cinq ans, qu'on n'a joué *Œdipe.* Vous savez sans doute la mort du vicomte de Rohaut, que M. de La Moussetière a tué il y a un mois environ, parce qu'il était l'amant de sa femme? Elle était hier à l'agonie. Elle meurt de douleur. Cette femme n'a que vingt-cinq ans, et son lot n'aurait pas été mauvais si sa mort eût été plus prompte ; elle a été heureuse, ou du moins elle a eu de grandes jouissances pendant un an qu'a duré

(1) Ed. Arago et O'Connor, I, page 233.

(2) De Voltaire, qui la donna comme celle de Mairet, *réparée à neuf par M. Lantin.* La première représentation (à Paris) eut lieu le 15 janvier 1774.

sa passion. Cela vaut mieux que de vivre aussi longtemps et aussi tristement que les autres.

Ne pourriez-vous pas me rapporter encore un petit sac de graines de raves ?

Le Parlement a condamné le *Bon sens* (1) et le livre l'Helvétius (2), toujours à être lacérés et brûlés, à l'exemple de l'empereur Tibère, de glorieuse mémoire. Adieu, Monsienr, j'espère que je ne vous écrirai plus de cet hiver.

CXVIII

TURGOT A CONDORCET (3)

A Limoges, le 21 janvier 1774.

Je suis fâché et vraiment surpris, Monsieur, du mauvais succès de *Sophonisbe*. La pièce est en général très bien écrite, et je n'y vois point ces familiarités qui ont fait rire le parterre, et que M. de La Harpe doit, dites-vous, retrancher. Je n'y vois pas non plus de longueurs sensibles, et le cinquième acte me paraît terrible et de la plus grande beauté. Je l'avais même vu représenter à Limoges (4) par des acteurs très médiocres, à l'exception de celui qui jouait Massinissa, et le cinquième acte faisait sur moi un grand effet. Il faut, ou que je ne me connaisse point du tout en effet théâtral, ce qui est très possible, ou que la cabale des Clément et consorts dominât dans le parterre.

J'espère que, pour cette fois, c'est tout de bon que je vous mande de ne plus m'écrire. Ce n'est pas que je n'aie encore un

(1) Du baron d'Holbach.

(2) *De l'Esprit*.

(3) Ed. Arago et O'Connor, 1, page 235.

(4) On pourrait s'étonner que Turgot eût déjà vu représenter à Limoges une pièce dont la première représentation avait eu lieu, à Paris, sept jours seulement avant la date de sa lettre. Mais *Sophonisbe* était imprimée depuis 1770, lorsqu'on la joua, le 15 janvier 1774, sur le Théâtre-Français.

peu souffert de ma colique d'estomac ; mais je me ménagerai tant, que je me flatte de pouvoir partir la semaine prochaine.

Adieu, Monsieur ; chargez-vous, je vous prie, d'être mon interprète auprès de Mademoiselle de l'Espinasse et de tous nos amis.

CXIX

CONDORCET A TURGOT (1)

Ce 22 avril 1774.

Mademoiselle de l'Espinasse et Madame d'Anville (2) vous ont donné de mes nouvelles, Monsieur, et c'est ce qui m'a empêché de vous écrire jusqu'ici. Cependant, je veux vous remercier moi-même de toutes les marques de votre amitié, et vous dire combien je regrette la perte de votre société. J'espère vous revoir à mon retour, c'est-à-dire à la fin du mois prochain, où je compte revenir prendre mes fonctions. Vous m'y donnerez vos observations sur l'éloge de La Condamine, et j'en profiterai avec docilité pour le rendre moins indigne du succès que la manière de lire de M. D'Alembert et les suffrages de mes amis lui ont fait obtenir.

(1) Ed. Arago et O'Connor, 1, page 236.

(2) La duchesse d'Anville, correspondante de Voltaire, protectrice des Calas, liée avec les philosophes, était l'amie très intime de Turgot. Dans une caricature du temps de la guerre des farines, elle est représentée en cabriolet avec le ministre. L'abbé Baudeau, l'abbé Roubaud, Dupont de Nemours, de Vaines et autres économistes attelés à la voiture, la font rouler sur des tas de blés. Mais la voiture verse bientôt et l'on voit un peu plus loin le contrôleur général culbuté et la duchesse jetée à terre montrant une légende : *Liberté, liberté, liberté tout entière. (Mémoires Secrets.)* L'archevêque d'Aix, Mgr de Boisgelin, l'évêque de Blois, le prince de Laon, le duc et la duchesse de la Rochefoucault, lord et lady Camelfort, lord Eyre, etc. étaient la société habituelle de la duchesse. (Arthur Young. *Voyages en France,* trad. Lesage, 1, page 190). L'autographe et l'édition portent toujours *Enville.*

Personne ne m'a parlé de Gluck ; j'en conclus que Larrivée (1) est encore enrhumé, ou que les membres de l'Académie royale de musique ne veulent pas reprendre leurs démissions. On sera forcé de former un nouveau parlement avec la troupe de Nicolet, troupe subalterne que l'Académie royale avait persécutée, précisément comme le Parlement avait vexé le Grand Conseil.

Il fait un temps effroyable, qu'on dit être excellent pour les biens de la terre, c'est-à-dire ici pour le blé et surtout pour l'avoine et le foin, dont nous consommons beaucoup.

Adieu, Monsieur, écrivez-moi quelques nouvelles quand il y en aura, et surtout donnez-moi des vôtres.

CXX

CONDORCET A TURGOT

Ce lundi.

J'ai été très paresseux d'écrire depuis votre départ. Le calcul intégral en est la cause. Quand j'ai fait tout ce que ma tête me permet de faire, je reste imbécile et paresseux.

Lorsque les lettres de M. de Vill. *** réussissaient, on voulait qu'elles ne fussent pas de lui. A présent qu'elles ont moins de succès, elles lui resteront, ce que je crois juste. Je suis à Nogent jusqu'à demain au soir. Je ne passerai à Paris qu'un seul jour pour venir me remettre à mon calcul. Vous croyez bien que je ne sais rien de nouveau. J'attends avec tremblement ce que la Providence fera de nous. Ma mère a beaucoup souffert des chaleurs ; elle souffre aujourd'hui du vent ; mais son accès de suppuration est passé et elle va avoir du repos. Adieu, je vous embrasse bien tendrement. Je saurai du moins être à vous le jour de votre arrivée.

J'écrirai demain à Madame la Duchesse d'Anville.

____

(1) Qui chantait le rôle d'Agamemnon dans *Iphigénie en Aulide.*

CXXI

TURGOT A CONDORCET (1)

Paris, le 26 avril 1774.

Je suis tout honteux, Monsieur, que vous m'ayez prévenu. Mais chaque jour je suis de plus en plus gagné par le temps. Je ne sais comment vous faites pour faire tant de choses et être encore autant à vos amis et à la société. Je souhaite que votre santé n'en souffre pas, et vous exhorte à profiter de votre séjour à la campagne pour ménager surtout vos yeux.

Vous avez vu le cheval Pégase (2) : n'en êtes-vous pas enchanté? Pour moi, j'ai vu enfin cet opéra de Gluck (3). Il y a des morceaux qui m'ont fait le plus grand plaisir : tels sont le chœur de l'arrivée d'Iphigénie, les adieux d'Achille et d'Iphigénie, des deux parts; les morceaux que chante Clytemnestre à la fin du troisième acte et le quatuor de la fin. Ces morceaux m'ont paru de la plus grande beauté. Il y en a d'autres qui m'ont fait plaisir ; mais je n'y ai pas trouvé en général assez de morceaux de chant ; et tant de récitatifs, parlés ou obligés, ou d'airs qui se rapprochent beaucoup du récitatif, m'ont laissé désirer quelque chose. C'est peut-être la faute du poëte, qui n'a point donné au musicien des paroles bien coupées, liées à l'action et propres au chant. Peut-être aussi le musicien a-t-il sur cela un faux système. Je trouve, comme l'abbé Arnaud, que les chœurs gagnent plus à être en action qu'ils ne perdent à être moins compliqués que ceux de Rameau. L'ouverture m'a plu comme chant (4), mais je n'y ai rien vu de tout ce que l'enthousiasme de l'abbé Arnaud lui a fait voir. J'ai été très flatté, dans mon ignorance, de voir que mon impression était assez conforme au jugement de l'ambassadeur de Naples (5). Le

(1) Ed. Arago et O'Connor, 1, page 237.
(2) *Dialogue de Pégase et du Vieillard*, par Voltaire.
(3) *Iphigénie en Aulide*, jouée pour la première fois le 19 avril 1774. Ce fut le début de Gluck à l'Opéra de Paris.
(4) On la fit répéter à la première représentation.
(5) Caraccioli.

pauvre ambassadeur nous quitte sans rémission à la fin de la semaine.

Il n'y a d'ailleurs aucune nouvelle ; les politiques prétendent que les co-brigands de la Pologne vont se diviser, et que M. de Lascy fait sa cour à Madame, et même à M. Dubarry, pour tâcher de nous entraîner dans cette querelle. Pour moi, j'espère beaucoup de notre sagesse et un peu de notre impuissance. Adieu, Monsieur : je voulais vous parler de vos affaires et de physique, mais je n'ai que le temps de vous embrasser avec la plus véritable amitié. Mademoiselle de l'Espinasse a souffert depuis votre départ ; mais elle est mieux. Madame d'Anville est arrivée, et vous fait mille compliments.

CXXII

CONDORCET A TURGOT

Ce jeudi 28 avril 1774.

Je vous prie très-sérieusement, Monsieur, de ne plus me faire de compliments sur tout ce que je fais, cela me rend honteux, et puis, comme j'ai l'air de faire beaucoup, puisque vous le trouvez, j'ai peur de ressembler à la mouche du coche, ce qui est un peu le rôle d'un secrétaire d'Académie des Sciences.

Si les brigands (1) se battaient en champs clos au lieu de se battre en bataille rangée, je serais fort aise de leurs querelles. J'ai grand peur que le Roi de Prusse n'ait la gloire de faire École, non pas de conquérants comme César et Alexandre qui ravageaient le monde en courant, mais de tyrans qui oppriment lentement, froidement et avec réflexion.

Les Gloukistes ne doivent pas être contents du succès. Cette querelle produit des haines ! Passe encore de se quereller pour les principes de l'Economie, mais pour des chansons, quelle frivolité ! Je me trouve bien raisonnable et bien grave.

A propos, vous m'avez demandé une fois un professeur de

(1) Voyez la lettre précédente.

physique pour le collége de Rhodez, j'en ai trouvé un qui sait
des mathématiques en même temps. J'ai prié M. l'archevêque
de Toulouse de le proposer à M. de Rhodez ; mais comme
l'archevêque était sûr alors de faire revenir les jésuites, j'ai
peur qu'il n'ait cru que ce n'était pas la peine de placer d'autres professeurs. Si la volonté de M. de Rhodez tient encore,
je vous prie de lui annoncer mon homme qui s'appelle Garan-
ger et qui était répétiteur à l'école de La Fère lorsqu'il y avait
une École.

Adieu, Monsieur, Je vous embrasse de tout mon cœur.

CXXIII

TURGOT A CONDORCET (1)

A Paris, ce 2 mai 1774.

Quand vous seriez, Monsieur, dix fois plus actif que vous
n'êtes, c'est-à dire quarante fois plus que moi, je vous défie-
rais de vous agiter autant que le font en ce moment tous les
habitants de la fourmilière de Versailles. Vous savez ou vous
apprendrez par tout le monde que le roi a la petite vérole. Elle
est confluente. Il est fort affaissé, et si peu à lui, qu'il n'a pas
demandé les sacrements. Madame Dubarry l'a vu avant-hier, et
hier pendant le souper de Mesdames ; mais il ne lui a point
parlé. L'archevêque, qui lui-même est très-mal, a été, malgré
les chirurgiens, à Versailles ; il a vu le roi. Mais les douleurs de
sa néphrétique l'ont pris ; il a pissé du sang, a rendu une
pierre, et n'a point parlé au roi de sacrements. On dit que le
grand aumônier s'en est chargé. L'archevêque est revenu à
Paris. A minuit et demi, le roi était très-mal ; on prétend que
les boutons s'aplatissaient, on en augure très mal (2). Cependant, il n'avait point encore été question de sacrements. Mesdames, qui n'ont point eu la petite vérole, le voient toutes trois.

(1) Ed. Arago et O'Connor, I, page 239.

(2) Louis XV mourut huit jours après, le 11 mai 1774.

Vous aurez par moi ou par vos amis des nouvelles tous les jours. Madame d'Anville a été hier à Versailles ; mais elle n'a pu que remettre à M. de Beauveau le mémoire que nous avons fait pour une pension (1). M. de Maurepas en donnera une de son côté. Mais vous jugez bien que dans ce moment-ci tout est en l'air.

Le roi de Prusse a fait une chute, et on le dit dans un véritable danger. Dieu veuille que les changements qui peuvent résulter des événements ne nous amènent pas la guerre.

J'écrirai demain à M. de Rhodez. Je vous embrasse. L'ambassadeur de Naples (2) a, comme de raison, retardé son départ.

CXXIV

CONDORCET A TURGOT

10 mai 1774.

Il y a donc sur la terre une classe de gens qui ne peuvent prononcer une phrase entière sans montrer leur absurdité, leur bassesse et leur atrocité. Le G. A. sera donc un menteur et un fripon dans toutes les actions de sa vie. Tout lui a réussi et cela dégoûterait de la vertu, si le sentiment du mépris qu'il inspire à tous les honnêtes gens n'était pas un châtiment bien suffisant de toutes ses infamies. D'ailleurs j'espère que ces jours-ci M. B. fera traiter ce G. A. comme M. C. fit traiter le P. A. dans une semblable occasion et comme selon l'ordre alphabétique un G. A. précède de beaucoup un P. A., il me paraît raisonnable de traiter le G. A. selon sa dignité. J'ai ouï parler d'un certain Ebbon qui, dans le neuvième siècle, fut rasé, cloitré et fessé, tout archevêque de Reims qu'il était, pour avoir été ingrat et insolent.

Ne craignez-vous pas que l'incartade du G. A. ne tourmente

(1) Pour M. Suard.

(2) Le marquis de Caraccioli.

beaucoup notre vieil ami V; mais en revanche votre ami le F., qui n'est plus le mien, doit se savoir bon gré d'avoir pris à temps le bon parti et se flatter avec justice de devenir incessamment C. G., C. B. ou C tout court (1).

Voilà une lettre qui ressemble au dialogue des lettres de l'alphabet, de Lucien, car il faut imiter les Anciens.

Je suis actuellement occupé de cette grande question : la force de la gravitation universelle. Suffit-elle seule pour produire la force de projection des planètes? Mais c'est un secret dont je prie de ne point parler parce que je ne veux pas qu'on me prenne mon sujet, comme disent les auteurs de tragédies.

Je vous fais mille remerciements de tout ce que vous avez fait pour moi ou plutôt je ne vous en fais point parce que je connais toute votre amitié. J'ai demandé des titres en Dauphiné, pour me rendre digne de me dévouer au service du Mont-Carmel. Ne serait-il pas à propos que vous eussiez la bonté de voir le généalogiste afin de savoir ce qu'il faut exactement, la forme, etc. Je connais assez mes Dauphinois pour être sûr qu'ils enverront trop ou trop peu.

Je vous embrasse et vous aime de tout mon cœur.

CXXV

CONDORCET A TURGOT

12 mai 1774.

J'ai reçu les mauvaises nouvelles que vous me mandez. Si M. Dauphin a confiance à un de Muy, nous serons gouvernés par un des plus sots et des plus profondément méchants hommes du royaume et il n'y aura de salut pour les gens honnêtes que dans la fuite. Cependant si M. le Dauphin le voulait bien, le comte de Muy, qui n'a été dévot jusqu'ici que dans l'espérance de survivre au Roi, jouait la comédie pour lui plaire et il

(1) Ce paragraphe obscur (Voyez la lettre cxxvi) était commandé par les indiscrétions de la poste.

irait chez les filles. Louis XV était faible, mais cela vaut mieux que d'être dupe des plus plates gens du monde tels que le Muy; j'aimais mille fois mieux un Bari.

Donnez-moi de vos nouvelles si vous le pouvez.

CXXVI

TURGOT A CONDORCET

A Paris, le 18 mai 1774.

Je n'entends rien du tout à votre algèbre (1) et je soupçonne que les données du problème vous ont été mal présentées. Car certainement la proportion $\dfrac{G.\,A.}{B} = \dfrac{P.\,A.}{C}$ dont vous semblez partir n'a jamais eu lieu et je ne vois même aucune apparence qui ait pu conduire à la supposer. Il est certain que les conditions réelles du problème sont totalement différentes de ce que vous avez cru qu'elles étaient. B est une quantité évanouissante et G. A. devient par là une quantité qu'on peut négliger, C. B. A. P. doit être aussi entièrement éliminé de l'équation, ce qui peut conduire à une solution plus élégante qu'on ne l'aurait espéré. Quant à A. T. il n'entrera point dans la nouvelle équation; il ne peut être ni $= c\,g.$ ni $= c\,b$, ni $- c$; mais je ne pense pas pour cela que l'équation en donne un meilleur résultat. J'ai peur qu'on ne puisse parvenir à se débarrasser de ce mélange de quantités positives et négatives qui compliquaient la première équation et dont il n'a jamais été possible de tirer aucun résultat avantageux. Il faut du temps pour calculer ce que produira le nouveau facteur substitué à celui que le coëfficient $s\,m.\,l\,p.\,x$, a fait disparaître.

Le problème dont vous vous occupez sur la possibilité d'une force de projection résultante de la gravitation universelle me paraît beaucoup plus intéressant. J'aime à vous voir méditer ce sujet, parce que je compte que vos réflexions vous conduiront

(1) Voyez la lettre du 10 mai 1774.

à un résultat sur lequel nous ne sommes pas d'accord, mais qui
me paraît indiqué par la physique qui repose et satisfait l'esprit
en métaphysique, et qui donne à la morale un appui solide et
doux. Ce résultat n'est combattu que par une seule objection et
cette objection me paraît prise *ab ignoto*. Voici ce que je pense
du fond du problème : je ne crois pas impossible d'expliquer
par la seule gravitation universelle telle force de projection
déterminée pour un mobile déterminé, circulant autour d'un
foyer déterminé ; mais cette explication n'aboutira et ne peut
aboutir à rien parce qu'elle-même suppose une situation déterminée de chacun des corps dont l'attraction du centre concourt
au mouvement de projection qu'il s'agit d'expliquer. Je veux
que telle comète puisse être placée dans l'espace de façon que
l'attraction du centre des forces d'un système se combinant
avec celle des autres corps placés dans ce même système, cette
comète au lieu de tomber au centre décrive une parabole ou une
hyperbole, qu'elle puisse voyager ainsi de système en système
jusqu'à ce qu'une autre combinaison des attractions qu'elle éprou-
vera en chemin avec son mouvement acquis, la fixe dans un système
en changeant sa parabole en ellipse ; que cette ellipse, par l'action combinée du soleil et des planètes du système et par
la résistance insensible soit de la lumière, soit de la matière
raréfiée de l'atmosphère solaire qu'elle rencontre dans son
périhélie, devienne de moins en moins allongée et se rapproche
peu à peu d'une orbite circulaire. Cette comète aura pu après
des millions de millions de siècles devenir une planète : Mars,
si vous voulez, ou la terre. Mais tout cela ne lève aucune
difficulté ; elle n'est que reculée et reste toute entière à résoudre.
Car pourquoi cette comète au point où vous l'avez prise pour
commencer à calculer son cours était-elle dans tel point
déterminé, avec telle ou telle vitesse, telle ou telle direction ;
pourquoi tous les autres corps vers lesquels elle gravite et qui
gravitent sur elle sont-ils dans tel moment, dans telle position
respective, avec tel degré de vitesse dirigée suivant telle ligne ?
Il est évident que c'est par la suite de tous les mouvements
antérieurs, mouvements qui sont eux-mêmes le résultat de la

combinaison de toutes les tendances de chaque corps vers tous et de tous vers chacun, avec un mouvement de projection propre à chacun. Or tous ces mouvements de projection ne peuvent être dans leur ensemble l'effet des tendances seules. La tendance n'agit que pour ramener au point d'équilibre le corps qui en est écarté. Une fois l'équilibre rompu, chaque corps arrivant par un mouvement accéléré s'en écarte de nouveau par un mouvement retardé jusqu'à un point d'où il recommence la même marche, ce qui explique très bien la conservation du mouvement; mais jamais sa production. L'univers tout entier n'est qu'un pendule compliqué, ou si vous voulez un pendule représente tous les systèmes de l'univers et l'univers entier, comme la formule $a^2 + 2ab + b^2$ représente tous les carrés possibles. Jamais la pesanteur ne tirera seule le pendule de son point de repos. Jamais une tendance quelconque sans cause extérieure ne tirera les corps de leur point d'équilibre et jamais aucune tendance ne produira de mouvement si les corps à mouvoir ne sont actuellement placés hors de leur point d'équilibre. Il n'y a point de mouvement si une cause quelconque n'a placé tous les corps dans une situation hors de leurs points d'équilibre. L'impulsion des autres corps suppose le mouvement déjà produit. L'attraction ou toute autre tendance ne peut produire par elle-même qu'un repos éternel. Il faut donc que tous les corps soient placés hors de leur point d'équilibre par un ordre de cause agissant indépendamment des principes mécaniques connus. L'expérience nous montre une cause vraiment productive du mouvement et ne nous en montre qu'une : c'est la volonté arbitraire des êtres sensibles et intelligents. Je dis arbitraire en ce sens qu'elle exerce un choix qui n'est point déterminé par des causes mécaniques extérieures et matérielles. Je ne veux point anticiper sur la grande question métaphysique de la liberté. Je ne veux point discuter les raisonnements par lesquels les philosophes irréligieux prétendent en démontrer l'impossibilité et qui ne me paraissent nullement démonstratifs. Je ne veux point rechercher comment le plaisir et la douleur, le désir et l'aversion influent

sur la détermination de la volonté. Je dis seulement que le seul
principe productif de mouvement indiqué par l'expérience est
la volonté des êtres intelligents qui n'est point déterminée
primitivement, mais qui se détermine, non par des moteurs,
mais par des motifs, non par des causes mécaniques, mais
d'après des *causes finales*. Je dis que ces êtres sentant, pensant
et voulant, se proposant des fins et choisissant des moyens,
constituent un ordre de choses au moins aussi réel et aussi
certain que celui des êtres supposés purement matériels agités
par des causes purement mécaniques. Je dis que cet ordre de
choses n'est pas plus incompréhensible que le système des
êtres matériels et qu'il n'est pas moins constaté par l'expérience
et par nos sensations, qu'il est même le seul dont l'existence
nous soit immédiatement connue, puisque l'existence des corps
n'est prouvé que par des inductions dont le résultat est certain,
mais n'est pas démontré.

Voilà bien assez de métaphysique, vous pourrez trouver
qu'après avoir passé de la physique à la métaphysique, je passe
de la métaphysique à la théologie, comme les corps qui passent
de l'état solide à celui de liquide et enfin à celui de fluide
expansible ou de vapeur.

Je reviens sur la terre pour vous apprendre que Madame Du
Barry a reçu une lettre de cachet pour se rendre à l'abbaye du
Pont-aux-Dames près de Meaux, avec défense d'y parler à
personne même à sa famille, et assurance d'ailleurs qu'on aura
soin de son sort et qu'on respectera la mémoire de son aïeul.
Les avis sont partagés sur ce traitement ; mais tous les avis
abandonneraient volontiers à la vindicte que demande l'honnêteté publique les Du Barry et toute leur séquelle. On dit La
Borde chassé. Le roi verra les ministres le neuvième jour ; mais
ils voient la reine. On dit que Monsieur de Maurepas a été
mandé à Choisy : cela n'est pas encore sûr ; on raisonne à perte
de vue, mais l'on ne peut rien prévoir même avec vraisemblance.
Le roi a écrit au Parlement de continuer ses fonctions, sur
quoi le Parlement a arrêté la grande députation et que le roi sera
invité à se montrer à ses peuples dans son lit de justice. Cette

cérémonie insolite pour un roi majeur est provoquée vraisemblablement par le Chancelier pour consolider sa besogne et forcer les Princes à se déclarer.

Je ne sais pas qui est le généalogiste de l'ordre de Saint-Lazare. Il n'y en a point sur l'almanach. Je m'en informerai.

Madame d'Anville vous fait mille compliments. Je vous embrasse.

CXXVII

CONDORCET A TURGOT (1)

Ce samedi, (fin de mai 1774.)

Monsieur, quoi ! vous aussi vous êtes la dupe de frère Félix (2) ! Vous consentez à boire de ce tonneau jusqu'à la lie ! Vous ne savez pas qu'il n'en sortira jamais que du sang et de la boue ? Nous ne sommes pas si désespérés que vous pouvez le croire. Est-ce que frère Grisel et frère Billard sont morts ? C'est dommage que frère Fréron se soit adonné à l'ivrognerie, au lieu de se donner entièrement à l'hypocrisie. Il y a encore l'abbé Nonotte, l'abbé Patouillet, l'abbé Bergier, l'abbé Boscowich, qu'on pourrait faire ministres de la guerre. Il y a l'abbé Caveyrac. Si tous ces honnêtes gens refusent le ministère, alors on pourra l'offrir au tonneau (3); mais ce serait un grand malheur, quoiqu'il soit un pauvre guerrier : il est encore plus accoutumé au sang que ces Messieurs, et il le verrait couler comme de l'eau, pourvu que ce ne soit pas le sien, qu'il a toujours bien conservé pour la gloire de Dieu.

Si le tonneau est ministre, nous serons brûlés avec des fagots verts. Il ressemble comme deux gouttes d'eau à Jehan

(1) Ed. Arago et O'Connor, I, page 240.

(2) Louis-Nicolas-Victor de Félix, comte du Muy, maréchal de France et ministre de la guerre en 1774. Le maréchal du Muy mourut le 10 octobre 1775.

(3) A M. du Muy

Chauvin, à l'esprit près; car Jehan Chauvin en avait, et beaucoup, et frère Félix est un sot. Je ne dis pas une bête, prenez garde : bêtise exclut friponnerie, et sottise ne l'exclut pas. Au reste, l'Évangile dit qu'on ne doit pas mettre de vin nouveau dans de vieux tonneaux, ainsi nous devons espérer qu'on ne laissera dans celui-ci que la fange qui y croupit depuis trente ans. Je suis tenté de me mettre dans une grosse colère quand je vois que vous vous rendez le protecteur d'un du Muy.

> Ces petits protégés, sans place, sans mérite,
> Ennemis des talents, des arts, des gens de bien,
> Qui se sont faits dévots de peur de n'être rien.

Que serait le frère Félix s'il n'eût dupé le Dauphin par sa dévotion (1)?

Mes recherches sur la force des projections n'ont pas même l'honneur d'être physiques; elles ne sont que mathématiques.

J'ai appris, par une des dernières gazettes, que X... était de l'avis de M. Necker sur l'exportation. Est-ce que M. Necker lui donne à dîner avec M. Le Brun, dont il est l'ami depuis longtemps? Je trouve que Marin a encore plus parlé de vertu que le comte du Muy; ne sera-t-il pas ministre? Adieu, Monsieur; aimez-moi toujours, et tachez de n'avoir pas assez de vertu pour être la dupe des hypocrites. Je serai à Paris le lundi d'après la *Fête-Dieu*.

CXXVIII

TURGOT A CONDORCET

A Paris, ce Samedi (mai 1774).

Oh! pour cette fois le bon Condorcet est devenu un mouton

---

(1) Il avait été menin du Dauphin, fils de Louis XV, qui écrivit un jour sur les *heures* du comte cette prière : « Mon Dieu, protégez votre fidèle serviteur du Muy, afin que si vous m'obligiez à porter le pesant fardeau de la couronne, il puisse me soutenir par sa vertu, ses leçons et ses exemples. »

enragé. Je ne saurais adopter vos craintes sur le Comte de M···
(1) et encore moins les préférences que vous donnez sur lui aux
D. B··· (2). Il est impossible que des gens comme M⁰ D'Anville,
l'abbé de V··· (3) et beaucoup d'autres qui le connaissent depuis longtemps et qui le regardent comme honnête, se soient
trompés au point où vous le supposez. Et quand aux préjugés
qu'il a, il me semble qu'on pourrait être tolérant avec lui. D'ailleurs, le ministère pour lequel on le nomme est précisément chez
celui où ses préjugés sont le moins dangereux.

On ne sait point encore ce que la conférence de M. de Maurepas avec le roi aura produit. On dit qu'il en aura une seconde
demain. En attendant, le roi a confirmé les anciens ministres et
leur a écrit à tous, dit-on, des lettres dont ils sont fort contents.

Je vous prie de me marquer ce que l'on paye dans votre pays
pour l'apprentissage du métier de vannier. Je suis jusqu'à présent très peu content du travail du sieur Picard, votre protégé,
qui jusqu'à présent a coûté beaucoup et n'a fait ni ouvrages, ni
élèves. Mon projet actuel est de le laisser travailler pour son
compte et de lui payer tant par élève qu'il formera. Il demande
120 francs pour les instruire pendant deux ans, terme au bout
duquel ils doivent savoir parfaitement le métier. Il dit que c'est
le prix d'usage en Picardie pour cet apprentissage; mais comme
je n'ai pas une grande confiance dans sa sincérité picarde, je
vous serai obligé de me mander ce qui en est.

Adieu, Monsieur, recevez les assurances de mon attachement.

CXXIX 130.

TURGOT A CONDORCET

A Paris, le 24 mai 1774.

Je ne saurais me rendre, Monsieur, à votre solution sur la jauge

(1) Muy.

(2) Du Barri.

3) Véry.

du tonneau parabolique dont vous me parlez. Et malgré les inconvénients que vous trouvez avec raison dans sa forme, je la trouve encore préférable à toutes les autres qu'on peut proposer. Il ne s'agit pas ici d'un maximum absolu, mais d'un maximum relatif et dans lequel il faut avoir égard aux gênes du local et au peu de choix entre les matériaux qu'on a sous la main.

Pour votre autre problème sur l'action de la gravitation universelle, il me semble que mes conclusions métaphysiques se lient assez bien avec les réflexions physiques et je ne puis convenir de la qualification de mythologiques que vous leur donnez.

Il n'y a rien de nouveau et beaucoup de gens croient que le ministère restera tel qu'il est. Je ne sais point de nouvelles aujourd'hui de la santé de nos trois dames (1) ; mais je sais bien que Madame d'Anville vous en donne régulièrement des nouvelles. Madame de Beauvilliers, dame d'honneur de Madame Adélaïde, a aussi gagné la petite vérole.

Ces coquins de médecins avaient fait donner aux Sutton un ordre de sortir du royaume comme exerçant la médecine sans qualité. Le roi, sur les représentations qu'on lui a faites, a fait révoquer l'ordre.

Adieu, Monsieur, vous connaissez mon inviolable attachement.

CXXX *129*

CONDORCET A TURGOT

Ce mardi (mai 1774.)

Je consens que le comte du Tonneau ait le département des massacres (2) pourvu qu'il se contente de ceux qui se font en bataille rangée et qu'il ne fasse point assassiner en place publique ceux qui ne sont pas de son avis, comme l'ont pratiqué tous les

---

(1) Mlle de l'Espinasse, et probablement Madame Blondel et Madame du Marchai, deux autres amies de Turgot et des économistes.

(2) La nomination est du 4 juin 1774.

honnêtes gens de sa séquelle, depuis l'empereur Charlemagne
jusqu'au roi Robert, et depuis le roi Robert jusqu'à M. Pasquier. Le comte du Tonneau obligera les colonels à dire leur
chapelet, à l'exemple de l'empereur Flavien qui, selon l'histoire
ecclésiastique, assura à ses troupes qu'il était impossible qu'une
armée païenne gagnât des batailles. Indépendamment du goût
de tonneau qu'il communiquerait à toute la besogne, ne trouvez-vous pas qu'il serait également ignominieux et funeste à la
Nation de voir à sa tête un homme connu par son fanatisme pour
des opinions qui ne sont plus le partage que de quelques imbéciles ?

J'ai lu avec beaucoup de plaisir vos réflexions ; mais je n'aime
pas que vous tombiez de la physique dans la mythologie. Je
suis plus sûr de l'existence de mon esprit que de celle de mon
corps, mais je n'ai point de *certitude* de l'existence des autres
esprits, mais seulement une probabilité très-forte, et quant à
l'existence d'une cause générale, la probabilité me semble une
quantité presque évanouissante.

Adieu, Monsieur, j'espère vous embrasser au mois de juin et
que vous n'aurez pas encore été retrouver vos Limousins. Je
m'informerai du prix de l'apprentissage des vanniers.

CXXXI

CONDORCET A TURGOT

(Juillet 1774.) (1)

Il y a deux ouvrages de M. Euler, qui tous deux seraient de
la plus grande utilité pour les progrès de la science navale, et
dont des circonstances particulières empêchent de profiter.

(1) Les Archives du Ministère de la Marine qui nous ont été libérale-
ment ouvertes ne renferment aucun document qui puisse servir d'illustra-
tion aux lettres qu'on va lire. Dans les recueils divers intitulés : *Feuilles
au Roi, Classes et décisions, Marine de ponant, Marine de Levant, Colonies,
Autres Lieux,* le souci des finances revient à chaque page : Turgot y est
presque déjà contrôleur général.

L'un est la *théorie complète de la manœuvre et de la construction des vaisseaux mise à la portée de ceux qui s'appliquent à
la navigation* (1). On voit ce que doit être un ouvrage élémentaire fait par M. Euler et que lui-même appelle une théorie complète. La lecture de l'ouvrage n'a point trompé mon attente. Je
n'ai jamais rien lu de plus simple, de plus clair, de plus lumineux,
de mieux fait. Tout ce qui dans l'état actuel de la marine et de
l'analyse peut être appliqué à la pratique se trouve réuni dans
un petit volume in-8°. Cet excellent ouvrage ne peut remplir
pour la France l'objet pour lequel il a été composé : 1° parce
qu'ayant été imprimé à Pétersbourg, les droits sur le papier et
les frais de transport augmentent trop le prix ; 2° parce qu'étant
écrit en français, langue étrangère à l'auteur, il y a plusieurs endroits qu'une mauvaise construction grammaticale rend obscurs.
Il serait donc utile qu'on en fît en France une édition où ces défauts seraient corrigés.

Le 2ᵉ est un commentaire sur le livre de Robins (2). Le commentaire est un ouvrage excellent, malheureusement imprimé en
allemand. M. de Kéralio l'a traduit et ne demande pas mieux que
de faire imprimer cette traduction qui formerait un assez petit
in-4°. On y trouverait des recherches très-profondes sur la théorie de l'artillerie. Voilà donc encore un ouvrage dont l'impression serait utile.

M. de Kéralio se chargerait d'en surveiller l'impression de sa
traduction et je me chargerais volontiers des corrections à faire
au livre de la Théorie des manœuvres, etc. Ainsi il n'en coûterait
rien au roi pour les éditeurs français. Mais il me semble que l'on
ne peut point faire imprimer les ouvrages de M. Euler sans son
consentement, ou plutôt qu'il n'y a que deux moyens de s'en
passer, l'un de faire imprimer les ouvrages et de faire présent

(1) *Scientia navalis seu tractatus de construendis ac dirigendis navibus*
Saint-Pétersbourg, 1749 qui parut en français sous le titre de : *Théorie
complète de la construction et de la manœuvre des vaisseaux.*

(2) *Neue Grundsätze der Artillerie aus dem England des Robins
ubersetzt mit Erlauterungen und Anmerkungen,* Berlin 1745.

de l'édition à l'auteur ; l'autre de lui envoyer une gratification au nom du roi et alors on proposerait à un libraire d'imprimer les deux ouvrages, et je crois qu'on en trouverait aisément qui voudrait s'en charger, parce que l'ouvrage élémentaire portant un titre imprimé par ordre du roi, aurait un débit qui le dédommagerait de la lenteur du débit de l'autre.

Par ce moyen M. Turgot aurait l'avantage de procurer deux très-bons ouvrages à la marine française, et d'offrir au roi une occasion de donner une marque de sa bienveillance à un des hommes de l'Europe le plus admiré et le plus digne de l'être, ce qui est important dans un commencement de règne, où le roi a besoin d'établir sa réputation chez les nations étrangères.

CXXXII

TURGOT AU ROI

23 août 1774.

Le célèbre Léonard Euler, un des plus grands mathématiciens de l'Europe, a composé deux ouvrages qui pourraient être très-utiles pour les Écoles de la Marine et de l'Artillerie. L'un est un Traité de la Construction et de la Manœuvre des vaisseaux; l'autre est un commentaire sur les principes d'artillerie de Robins, traduit en français. Je propose à Votre Majesté d'en ordonner l'impression qui sera peu coûteuse, parce qu'on trouvera un libraire qui se chargera des frais en lui assurant le débit d'un certain nombre d'exemplaires.

Il est à observer que cette impression, faite sans le consentement de l'auteur, blesse un peu l'espèce de propriété qu'il a sur son ouvrage. Mais il est aisé de l'en dédommager d'une manière très-flatteuse pour lui et glorieuse pour Votre Majesté. Le moyen serait qu'elle voulût bien m'autoriser à écrire de sa part au sieur Euler et à lui faire toucher une gratification équivalente à ce qu'il pourrait retirer de l'édition de son livre ; ce qui peut aller à peu près à cinq mille francs. Cette somme sera payée sur les dépenses secrètes de la Marine.

CXXXIII

CONDORCET A TURGOT (1)

Ce dimanche, juillet, 1774.

Celle-ci est, Monsieur, pour le ministre de la Marine (2).

Je crois qu'il résulterait un grand avantage du voyage de M. de Saint-Pierre.

1° Il vous rapporterait des plantes très-utiles.

2° Il pourrait deviner le secret de plusieurs préparations et l'origine de plusieurs substances qui sont des objets de commerce ou qui servent aux arts.

3° Il nous éclairerait sur l'histoire naturelle et politique de l'intérieur de l'Asie, et il pourrait en résulter de nouvelles vues pour le commerce.

4° Il examinerait si, actuellement que le commerce de la mer Noire est libre, il nous sera aussi utile qu'on le croit. M. de Bori prétend qu'il y aurait de l'avantage à faire venir par là nos bois de construction. Cela seul mériterait un voyage jusque-là. Le chevalier de Saint-Pierre se contenterait d'une récompense modique. Je lui disais l'autre jour que je voudrais que vous établissiez à Hyères un jardin botanique, dans lequel on cultiverait les plantes des pays chauds, afin de tâcher de naturaliser celles qui seraient le plus utiles. Il ne voudrait, m'a-t-il dit, d'autre récompense de son voyage que l'intendance de ce jardin.

[Je vous envoie le rapport fait du loock de M. Magellan : c'est l'original, ainsi je vous prie de me le renvoyer. M. Magellan me

(1) Ed. Arago et O'Connor, 1, page 244.

(2) Bernardin de Saint-Pierre, revenu depuis trois ans d'un voyage à l'Ile de France, sollicitait d'être envoyé par terre aux Indes, pour reconnaître le golfe Persique, la mer Rouge et les bords du Gange. Mademoiselle de l'Espinasse et Condorcet firent tout leur possible pour faire obtenir à Bernardin ce qu'il demandait, mais ils n'y purent réussir. M. Aimé Martin, dans sa vie de Bernardin de Saint-Pierre, n'a pas fait mention de cette affaire ; il représente toujours Condorcet et Mademoiselle de l'Espinasse comme les plus cruels ennemis du chevalier.

remettra un mémoire de ce que vous lui devez, y compris ces ports, dont il n'a pas fait mention dans le premier. Il se propose de faire imprimer la description de son instrument.

Voici la liste de nos prétendants à la place d'adjoint-Géographe qui sont aussi les prétendants à celle de Géographe du dépôt.

1° M. de Bonne a présenté un mémoire qui sera imprimé dans ceux des savants étrangers, année 1773. Ce mémoire a été approuvé avec de grands éloges, par M. de Cassini père et le père Pingré. J'ignore son mérite géographique, mais il roule principalement sur la manière de construire les cartes et il contient plus de connaissances mathématiques que n'en ont les Géographes, et la méthode qu'il propose pour prendre un milieu entre des observations différentes, me paraît assez ingénieuse et fort élémentaire. J'ai appris par l'extrait de ce mémoire que la machine pour tracer les cercles, qu'a introduite M. Trudaine, serait utile aux Géographes.

2° M. Buache de la Neuville a présenté des *Éléments de Géographie* dont MM. Bezout, Pingré, Lalande, Cassini fils ont rendu un compte très-favorable. Ils contiennent des éléments de Géographie physique, ce qui ne se trouve pas dans les géographies ordinaires.

3° M. Robert de Vaugondi. MM. Pingré et Jeaurat, Cassini fils et Lalande ont rendu un compte favorable de ses travaux sur les terres voisines du pôle boréal et sur les terres australes. Il y parle des moyens d'aller au pôle boréal, si cela est possible.

M. Le Gentil a donné un mémoire cette année sur l'inutilité du passage par le Nord pour le commerce.

M. Bonne me paraît le meilleur, autant que j'en puis juger, mais je verrai son mémoire parce que s'il est bon, je le ferai imprimer dans le 1er volume des savants étrangers.

Si vous ne voulez pas lire en entier le rapport sur le loock, en voici la substance :

1° Le loock est français, car...] (1)

---

(1) Fragment inédit. Le manuscrit s'arrête ici.

CXXXIV

CONDORCET A TURGOT (1)

Lundi, juillet 1774.

Vous vous souvenez du livre du chevalier de Saint-Pierre (2), et quoique vous n'ayez point partagé notre enthousiasme, vous devez convenir que c'est l'ouvrage d'un homme d'esprit et d'un homme honnête. Il a même des vertus, de la noblesse, du désintéressement, de la reconnaissance; il souffre le malheur et la pauvreté avec courage. Il dépend de votre département, et vous pouvez le servir et l'employer. Vous avez un si grand besoin de gens honnêtes pour opposer à toute la canaille des Colonies, des ports et des bureaux, que je me crois obligé de vous annoncer tout ce que je connais d'honnêtes gens.

Adieu, Monsieur; faites-moi dire quand vous pourrez me voir. Si M. Duperron se présente à votre audience, je vous prie de lui recommander l'Académie des Sciences.

CXXXV

CONDORCET A TURGOT (3)

Ce lundi, (après le 20 juillet 1774.)

Il a paru depuis votre départ, Monsieur, un petit ouvrage intitulé : *Lettre d'un théologien à l'auteur du Dictionnaire des Trois siècles* (4). Il réussit assez bien. Je l'ai trouvé fort agréable, et j'aime l'esprit dans lequel il a été composé. Si l'on ne peut donner la chasse aux bêtes féroces, il faut du moins faire du

(1) Ed. Arago et O'Connor, I, page 246.

(2) Le *Voyage à l'Ile de France.*

(3) Ed. Arago et O'Connor, I, page 242.

(4) Condorcet avait publié cet écrit (Voir *Œuvres de Condorcet*, Ed. Arago et O'Connor, t. IV, p. 273), laissant ignorer à tous ses amis, même à Turgot et à Voltaire, qu'il en fût l'auteur.

bruit pour les empêcher de se jeter sur les troupeaux. Mais toutes
ces brochures ne sont que des coups d'épingles, que le colosse de la superstition peut à peine sentir, et qui ne font qu'exciter sa fureur sans lui ôter de ses forces. Votre entrée dans le
ministère est un coup de foudre. Le théologien parle des
sciences en homme qui a bien lu la préface des bons livres. Je
voudrais que tous les littérateurs en fissent autant; ils perdent
par leur ignorance une source de grandes beautés, ou ils s'expo-
sent à dire des choses ridicules.

On dit à Paris que vous réussissez à merveille auprès du roi;
je le désire pour bien des raisons. Je ne voudrais pas que l'arrangement du Parlement se fît sans vous.

Qu'il y a de choses à faire pour le bien public ! Proscrire le
fanatisme et faire justice des assassins de La Barre; assigner
pour chaque crime une peine légale; supprimer la question et
des supplices barbares, trop éloignés de nos mœurs; établir enfin un tribunal où le particulier insulté par un magistrat, ou qui
aurait un procès avec lui, serait jugé par d'autres que par les
confrères de son adversaire. C'est le défaut d'un pareil tribunal
qui avait rendu les anciens parlements si insolents dans leurs ca-
pitales, et si haïs dans leurs ressorts.

On m'a dit qu'il était question de disperser les régiments de
cavalerie et de dragons dans les villages. C'est une source
abondante de corruption et de misère pour les campagnes, et une
source d'indiscipline pour les troupes. J'ai peur que l'esprit petit
et étroit de cet homme (1) ne nous fasse beaucoup de mal, et
qu'à force de faire des sottises, il ne vienne à bout de persuader
que M. de Choiseul est un homme nécessaire. Prenez garde aux
dévots ! Imbéciles ou fripons, il n'y a pas de milieu dans ce
siècle pour ceux qui n'ont pas toujours été confinés dans une
capucinière; ils trament des méchancetés ou servent d'instruments aux méchants.

Adieu; il me semble qu'il y a déjà bien longtemps que je vous
ai quitté; je ne puis plus me consoler en attendant de longues

(1) Maurepas.

lettres. Je commence à sentir que j'ai perdu à votre ministère, et j'ai besoin de réflexion pour me consoler. Il faut que je pense à nos Colonies, à leurs malheureux habitants, opprimés par des gens déshonorés en Europe, et qu'on envoie chercher la fortune aux Indes; à ces nègres que Louis XIII a abandonnés à la barbarie de leurs maîtres, dans la sainte espérance qu'on pourrait les rendre chrétiens à force de coups de fouet. Je vois d'avance le bien que vous ferez à ces infortunés. J'en jouis, et il me semble que rien ne ressemble plus à un ange envoyé du ciel pour réparer les maux de la terre, qu'un vaisseau arrivant aux Colonies, chargé de vos ordres consolateurs.

CXXXVI

CONDORCET A TURGOT (1)

Dimanche, (juillet ou août 1774.)

Voici, Monsieur, un mémoire dont j'ai déjà eu l'honneur de vous parler, et que vous m'avez promis de mettre dans la liste de ceux à qui vous vous proposez de faire attention dans la suite.

Je vous envoie aussi une lettre du chevalier de Saint-Pierre, à qui Mademoiselle de l'Espinasse avait écrit d'aller vous trouver. Il y a un peu de Jean-Jacques dans son affaire, mais vous ne haïssez pas Jean-Jacques.

[Mandez-moi si je pourrai vous voir aujourd'hui. Je serai jusqu'à midi chez M. de Maurepas, ensuite absolument à vos ordres jusqu'à deux heures, après quoi, je serai chez M. l'abbé De Véry, M. D'Anville et chez Mlle de l'Espinasse. Je n'ai rien à vous dire comme Ministre, mais je serais bien aise de vous voir; vous allez partir pour Compiègne et j'irai à Ribemont peu après votre retour. Ainsi je ne veux rien perdre des instants où je pourrai vous voir avant votre départ.

Donnez-moi une heure d'ici à ce départ, pour le chevalier de Bori, qui m'a chargé de cette commission.

(1) Ed. Arago et O'Connor, I, page 246.

J'ai aussi à vous remercier, mais je ne veux pas vous écrire de quoi, parce que cela serait trop long.] (1)

CXXXVII

CONDORCET A TURGOT (2)

(Août 1774.)

On commence à savoir dans le monde que le clergé ne paye point les corvées, et on en est un peu indigné. On vous accuse de faiblesse, ce qui n'est pas juste. Vous pourriez, pour réparer cela, faire imposer à la taille les fermiers d'église, proportionnellement au prix de leur bail et à la somme que la généralité où ils sont paye pour les chemins, et remettre au peuple une quantité de taille égale. Cela ne serait pas injuste envers ces fermiers que vous exemptez de la corvée: vous auriez par là les déclarations des biens d'église, et vous soulageriez le peuple.

Mademoiselle de l'Espinasse est toujours souffrante ; elle n'en est que plus ardente pour tirer les malheureux de peine ; elle m'a reparlé du chevalier de Saint-Pierre. Tâchez donc de faire quelque chose pour lui (3), quand ce ne serait que de lui assurer les cent pistoles qu'on lui donne. Il sait d'ailleurs assez de mathématiques pour conduire des travaux, pour lever des plans, et vous pourriez l'employer. Car vous ne devez avoir aucune confiance aux gens des Ponts et Chaussées : Peyronnet voulait, l'autre jour, faire l'aqueduc de l'Yvette en forme d'escalier.

Je vous embrasse en attendant mardi. Ecrivez-nous la lettre pour les eaux-de-vie, pour que Tenon, notre directeur, puisse nommer mercredi des commissaires.

Ètes-vous content de mes vins ?

(1) Passage inédit.

(2) Ed. Arago et O'Connor, I, page 248.

(3) Voyez plus loin la réponse de Turgot (lettre CXLII, page 192).

CXXXVIII

CONDORCET A TURGOT

Ce dimanche (août 1774).

Voici les observations de M. Lavoisier sur la machine à distiller l'eau de la mer. Je ne suis pas de son avis et je crois qu'en envoyant un modèle bien fait, l'abbé Rochon saura le faire exécuter parfaitement à Brest.

Je n'ai pas vu M. Marguerie. Nous causerons ensemble des livres d'Euler. Mais si ses objections se réduisent à dire qu'ils ne valent pas la peine qu'on en fasse tant de bruit, je vous répondrai d'avance que M. Marguerie n'a jamais estimé que ses propres ouvrages. Les grands hommes font encore plus de jaloux que d'enthousiastes.

Vous aurez incessamment le rapport du look ; il ne sera pas trop favorable. Ce look n'est pas nouveau. Un Français en a déjà proposé un pareil qui a même été à la mer, mais qu'on n'a pu y éprouver parce que les cordes étaient mauvaises et se sont cassées d'abord. Ainsi l'épreuve reste encore à faire.

Personne n'a pu me rien apprendre sur M. Buache ; mais j'ai demandé à M. de Fouchy les rapports des ouvrages qu'il a présentés à l'Académie et je questionnerai ensuite les commissaires.

Le chevalier de Saint-Pierre vous demande une réponse ; il est prêt à partir si vous adoptez son projet.

Mme de Saint-Chamans m'a écrit sur cette croix. Elle me mande que vous recevrez incessamment de M. de Nozières une réponse favorable à M. du Manoir ; que depuis la promesse de M. de Boynes à M. de St-Chamans, il a donné quatre croix à des colons, qui n'avaient pas de meilleurs titres que M. du Manoir, qu'un d'eux (M. Desillet) n'avait jamais été capitaine, avait quitté le service de milice depuis vingt ans, et, ce qui pourra rendre susceptible de grâces, on a accordé un titre de *Commandant honoraire*. Ces croix de Saint-Louis ont été obtenues par les bureaux qui, à ce qu'il paraît, ne sont contraires à M. du Manoir que parce qu'il s'est adressé directement aux ministres. Cette grâce me paraît si peu susceptible d'inconvénient que je ne sais comment expliquer à Mme de St-Chamans l'impossibilité où vous êtes de l'accorder. Cette affaire lui tient fort au cœur, parce que son fils a assuré, d'après la parole de M. de Boynes, que la grâce était accordée et que cela a empêché M. du Manoir de se la procurer par les mêmes moyens que les autres, moyens qui deviennent impraticables dans votre ministère, surtout pour lui qui a des rapports avec vos amis.

Nous attendons tous de vos nouvelles avec la plus grande impatience, d'autant que ni M. Crillon, ni M. de Clausonette qui vous voient et qui n'ont rien à faire à Compiègne ne se sont pas donné la peine de nous écrire une ligne. M. de Crillon sera grondé comme il le mérite. Nous avons fait exprès de ne lui point demander de nous écrire, afin de voir s'il s'en aviserait de lui-même. Il a donné dans le piège. Je parle pour Mlle de l'Espinasse, pour M. D'Alembert et pour nous tous. Ceux qui vous ont vu disent que vous vous portez à merveille et que vous avez l'air aussi calme que si vous n'aviez rien à faire. Je suis curieux de voir si ce visage-là tiendra contre le Contrôle général.

Adieu, Monsieur, je vous embrasse et vous aime bien tendrement.

Le Comte de Crillon m'a écrit; mais il a la gaucherie de ne me rien dire de vous; il me parle de la paix des Turcs. Je crois votre santé plus importante, même en politique.

CXXXIX

CONDORCET A TURGOT (1)

Ce jeudi, août 1774.

Le chevalier de Saint-Pierre attend une réponse. Si, comme on le dit, la paix des Turcs laisse libre la mer Noire, il s'y for-

(1) Éd. Arago et O'Connor, 1, page 247.

mera de nouvelles branches de commerce, et le voyage du chevalier de Saint-Pierre dans ces contrées sera fort utile. M. de
Bori m'a dit autrefois qu'il y aurait de l'avantage à tirer des bois
de construction par la mer Noire.

Je vous envoie une requête de M. de Voltaire (1); je n'ai pas
besoin de la recommander. Je voudrais qu'elle fût discutée dans
le Conseil, que le roi vît que le plus grand écrivain de la Nation
est aussi un des hommes les plus bienfaisants et un des meilleurs citoyens. C'est vraiment un homme bien extraordinaire,
et, quoi qu'on en puisse dire, si la vertu consiste à faire du bien
et à aimer l'humanité avec passion, quel homme a eu plus de
vertu ? L'amour du bien et de la gloire sont les seules passions
constantes qu'il ait connues. Ces passions deviennent celles de
tous les hommes éclairés, et c'est pourquoi il y a contre eux
une ligue si puissante ; ils ont pour ennemis tous ceux qu'a-
gitent leurs petites passions particulières. Au reste, à l'exception
de l'impossibilité d'être utiles, où peut-être ne pourra-t-on pas
même les réduire absolument, le reste doit leur être bien indif-
férent.

[Je vous envoie une lettre pour M. de Marguerie. Il a un vrai
talent et l'ardeur de la jeunesse. Je suis fâché seulement qu'il
n'ait pas pour Euler cette vénération qu'il me semble qu'un
grand homme, à la fin de sa carrière, doit inspirer à ceux qui
peuvent aspirer à le remplacer. Il me semblait qu'un ouvrage
élémentaire fait par Euler était une chose précieuse et, ce qui
était plus précieux encore, était une occasion de rendre hommage au génie de l'auteur, et il y a trente ans que l'Europe a
prononcé sur celui de M. Euler. Je puis m'être trompé.] (2)

Adieu, Monsieur, je vous embrasse de tout mon cœur, malgré
votre humeur.

(1) En faveur du pays de Gex. Voyez les Œuvres de Voltaire, t. XLVIII.

(2) Passage inédit.

CXL

CONDORCET A TURGOT

Ce dimanche.

J'ai bien regretté, Monsieur, d'être forcé de partir; mais j'ai mieux aimé revenir de meilleure heure et j'espère que cet hiver vos amis pourront vous être un peu plus utiles et que vous aurez au moins quelques instants de délassement.

J'ai reçu tout ce que vous m'avez envoyé. Je corrigerai ces vacances le style du livre d'Euler, et à mon retour je l'enverrai à l'imprimeur.

M. D'Alembert, à qui j'ai parlé de la lettre que vous deviez lui écrire ainsi qu'à M. l'abbé Bossut et à moi, s'est déterminé à accepter cette commission.

J'ai parlé à M. l'abbé Véry de l'augmentation de fonds que l'Académie voulait vous demander et de la part que je pourrais y avoir. Il ne m'a point paru d'avis que cette augmentation eut lieu dans ce moment, et sa raison est que, dans un moment de réforme, il ne faut pas faire d'augmentation, même très-petite, que dans les cas de nécessité. Je serais assez porté à croire qu'il a raison ; si vous pensez de même, ma demande qui n'était que conditionnelle doit être regardée comme nulle et je vous prie de croire que je n'y ai songé que pour le cas où vous accorderiez à l'Académie sa demande. Il y a eu l'année dernière une maladie épidémique sur les bestiaux, le long de la rivière d'Oise. La perte, quoique de plus que les deux tiers, est déjà presque réparée. Avant l'établissement des prairies artificielles, la même perte eut été sentie dix ans. Cette différence vient de ce que les villages situés loin de la rivière ont des bestiaux qui n'ont point eu la maladie. Cet avantage est dû aux cendres minérales des environs de Noyon. Je vous mande tout cela parce que sur je ne sais quels raisonnements de mon confrère M. Sage, il a été rendu contre ces cendres une ordonnance qui jamais heureusement n'a été exécutée.

Adieu, Monsieur, je vous embrasse de tout mon cœur. Soyez

quelquefois à moi ; c'est, je crois, avec les affaires que vous avez, la plus grande marque de votre amitié.

CXLI

TURGOT A CONDORCET

A Compiègne, le 10 août (1774),

J'étais plus près de vous à Limoges qu'à Compiègne, Monsieur, car j'avais du moins le temps de vous écrire. Voici le brevet de M. l'abbé Bezé ; mais on ignore s'il doit passer au sceau. Il faut, m'a-t-on dit, écrire sur les lieux pour s'en assurer ; peut-être trouverez-vous à Paris des moyens de le savoir. Si ce brevet doit être scellé vous me le renverrez.

Je n'ai pas eu le temps de lire une panse d'a à la réserve de mémoires manuscrits ; je n'ai pas pu jeter les yeux sur le discours de M. Suard ni même sur la lettre du théologien, quelque faible qui me reste pour la Théologie.

La croix de Saint-Louis demandée pour M. Pinel est une chose impossible à vue de pays. M. de Boynes avait écrit à la Martinique et j'attendrai la réponse ; il aurait plutôt fait de dire non tout de suite.

Je donnerai la note au premier commis des fonds pour faire payer les instruments à l'abbé Magellan.

Votre ami M. Marguerie m'a fait plusieurs réflexions sur les livres d'Euler à imprimer : il vous en fera part.

Ce monsieur a bien de l'esprit et bien des connaissances ; mais une manière un peu plus précipitée que la mienne ; ses lumières m'inviteraient à lui marquer beaucoup de confiance mais je voudrais que son caractère fût plus modeste et ne dût pas me faire craindre de paraître m'y livrer trop : il a souverainement déplu à bien des gens par mille petits traits désagréables pour ceux qui les éprouvent et qui retombent à la fin sur ceux qui les font éprouver. Je ne puis vous répondre sur les autres articles de votre lettre, ce n'est pas qu'ils ne soient fort intéressants, mais il faut qu'un ministre dorme. Dites mille et mille choses pour moi à Mlle de l'Espinasse et à tous nos amis. Il m'est absolument impossible d'écrire à personne aujourd'hui. Je vous embrasse.

CXLII

TURGOT A CONDORCET

A Compiègne, le 17 août 1774.

Je ne réponds point, Monsieur, à toutes vos folies. L'abbé Véry m'a dit ce qu'il en pense. Sur beaucoup de points vous prêchez un converti, sur d'autres vous n'êtes pas à portée de juger ce que les circonstances rendent possible, surtout, vous êtes trop impatient. Votre plus grand tort est d'écrire par la poste; il ne faut rien faire qui puisse nuire à vous, ni à vos amis, parce que vous iriez directement contre votre but. Ne m'écrivez donc rien, je vous en prie, que par des occasions, ou si vous voulez, envoyez vos lettres à Mme Blondel; elle les donnera à mes courriers qui passent tous les jours chez elle à dix heures du matin.

Je ne crois pas trop possible ce que me propose M. de Saint-Pierre, mais je chercherai sûrement à l'employer.

Quant aux essais que j'ai à faire faire, j'en charge M. Estelle, officier de mérite, neveu de Mme Blondel, que j'envoie à la Martinique. Il s'embarquera à Brest au mois d'octobre. Je vous prie de l'aboucher avec M. Lavoisier pour la machine à dessaler l'eau de la mer. Je suis assez de l'avis de M. Lavoisier pour l'envoi d'un ouvrier à Brest qui, aidé par M. Estelle et par l'abbé Rochon, assurera la bonne exécution de l'ouvrage; il faut tâcher d'être sûr de son fait et ne pas plaindre une légère dépense à l'égard de la préférence du fer blanc. J'en causerai à Paris avec M. Lavoisier. Adieu, je vous embrasse; mille choses à tous nos amis.

CXLIII

CONDORCET A TURGOT

Ce samedi (après le 17 août 1774).

J'ai fait toutes les commissions dont vous m'avez chargé, Monsieur, auprès de l'Académie.

On a nommé des commissaires pour les trois instruments de M. Magellan et ils m'ont promis qu'ils feraient leur rapport pendant le voyage.

La lunette avec le micromètre est de 13 guinées et demie
Le nouveau sextant 8 guinées
Le loock 6 guinées

M. Lavoisier m'enverra sur la machine à dessaler des éclaircissements que je vous enverrai. Il propose, ou d'envoyer un homme de Paris pour exécuter la machine sur le premier vaisseau, ou de la faire exécuter à Brest sur un dessin détaillé. Vous déciderez entre ces deux moyens. J'ai demandé à M. Lavoisier s'il avait rendu compte de cette machine à l'Académie. Il m'a dit que jusqu'ici elle avait été secrète. Mandez-moi, si vous voulez qu'on en rende compte, s'il faut vous attendre pour en faire l'épreuve avec l'eau de mer ; s'il faut aussi attendre que M. Trudaine puisse voir l'expérience. M. de Marguerie pourra vous donner des éclaircissements sur la manière de faire les expériences à la mer le plus tôt possible.

Je n'ai pu rien savoir de l'instrument de M. de Chaulnes, mais je continuerai mes informations.

Je joins ici un mémoire de M. l'abbé Godbled, avec une recommandation à la marge. Son nom sonne mal à des oreilles économistes, mais c'est un bon professeur.

M. Pankouke consent à se charger des deux livres d'Euler. Il demanderait que le roi prit deux cents exemplaires du livre de Robins, avec les commentaires d'Euler. Le libraire donnera ces deux cents exemplaires pour 1000 livres et le livre se vendra au public environ dix francs. Mandez-moi si cet arrangement vous convient, sinon je ferai des tentatives auprès de quelques autres libraires ; mais faites-moi savoir vos intentions afin que je puisse donner une parole positive.

Je vous envoie les deux ouvrages dans deux paquets séparés. Je vous prie de me les renvoyer quand vous y aurez jeté les yeux, parce que, pour traiter avec les libraires, il faut les leur montrer.

M. de Clausonette compte aller à Compiègne mardi ou mercredi ; il y aura l'honneur de vous voir et de vous présenter une lettre de ma part où je vous écrirai un peu moins sèchement.

M. Suard vous présentera son discours mercredi et vous verrez la réponse de Gresset. Ce sont deux terribles fléaux du goût que la dévotion et la province.

N'oubliez pas, je vous prie, la croix de M. Du Manoir.

CXLIV

CONDORCET A TURGOT

Vendredi (1774).

Je trouve de plus en plus raisonnable l'arrangement dont je vous ai écrit hier. Le seul obstacle que j'y voyais était l'arrangement proposé pour la retraite de M. de Fouchy ; mais cet obstacle me paraît aisé à lever. Vous pouvez, en donnant deux mille écus à l'Académie, prendre cent pistoles pour M. de Fouchy ; il se retirerait et je ferais sa place sans appointements pendant un, deux ou trois ans. Si cette manière paraissait trop désavantageuse pour moi, songez que d'ici à trois ans je serai plus connu, les affaires publiques en meilleur ordre, et que vous pourrez alors me donner les années où je n'aurai rien reçu et augmentation de pension selon la méthode de M. Laverdi.

On a créé une juridiction pour le canal de Picardie. Je vous demande la place de greffier pour M. Le Père, procureur à St-Quentin et greffier de la subdélégation. C'est un homme honnête, estimé dans la ville et qui m'a rendu des services.

L'abbé Morellet m'a proposé à l'Académie un mémoire pour l'engager à vous demander d'exempter de tous droits et de permettre l'entrée des instruments de mathématique, physique, chimie, etc. venant de l'étranger. Je ferai ce mémoire pour mercredi ; mais je voudrais y joindre une demande pour que l'art de faire des instruments fût regardé comme art libéral et exempté de toutes les entraves dont les arts mécaniques sont chargés. Dites-moi, je vous prie, si j'ai tort et si je me presse trop. Je voudrais que vous me fissiez écrire un mot sur cet objet.

Je vous envoie encore une sollicitation; c'est de la part de Mme d'Aubercourt, que nous aimons beaucoup, Mlle de l'Espinasse et moi. Mandez-moi à qui vous renverrez le mémoire, afin que je puisse le suivre.

Je suis fort impatient de trouver enfin une occasion de vous voir quelques moments de suite.

CXLV

CONDORCET A TURGOT

Je vous envoie les lettres de correspondant de l'abbé Sigorgne (1) pour lui en épargner le port et à moi l'embarras d'une enveloppe dont, vu l'élasticité du parchemin, je ne pourrais jamais me tirer.

Nous n'avions que cinq places disputées par vingt savants de tous les coins de l'Europe, depuis Messine jusqu'à Wilna. Je vous prie de le mander à l'abbé Sigorgne afin qu'il voie que mon parchemin n'est pas un chiffon. J'espère vous aller dire adieu ce matin.

(1) L'abbé Pierre Sigorgne, (1719-1809) docteur en Sorbonne, plus tard professeur de physique au Collége Duplessis, puis vicaire général du diocèse de Mâcon, redevint correspondant de l'Académie en 1803. Son principal ouvrage est intitulé : *Institutions Newtoniennes*, 2 vol. 8°. Il contribua vigoureusement à la chute du cartésianisme en physique.

CXLVI

CONDORCET A TURGOT

J'aurais voulu vous parler; mais comme je crains que cela ne vous soit impossible, je vous écris de manière pourtant à ne pas fatiguer votre vue.

On dit que vous voulez ôter à M. de Lessart une place qu'il a pour la donner à M. de Fargès. Si vous le faites, on dira que vous ne voulez employer que les gens qui sont dans les mêmes *systèmes* que vous. Cela ne sera pas vrai; mais il y aura quelque fondement. 1º M. de Lessart est un homme qui a des lumières, de l'esprit et qui surtout a le talent de plaire, ce qui équivaut ici à une excellente réputation. 2º Il n'y a rien de public contre son honnêteté que ses liaisons avec le Maréchal de Richelieu; mais, sa famille ayant été ruinée, en partie par la faute du Maréchal ou par lui, c'est en dédommagement que le Maréchal lui a fait donner une charge de Maître des Requêtes et depuis il a pu être par reconnaissance sa société ou son conseil, mais jamais son complice. On ne voit donc rien contre lui et son déplacement paraîtra une affaire de parti.

Vous perdrez d'ailleurs un homme dont vous pouvez tirer beaucoup d'utilité et vous mettrez contre vous un homme actif, qui s'est occupé de l'administration et qui pourra nuire à la chose publique, lorsqu'il ne lui sera plus permis d'y servir.

Soyez sûr que le public ne verra pas le changement du même œil que les autres.

Je sais bien que si vous faites ce changement, c'est que le bien de la chose l'exige; mais voyez si des considérations étrangères que je mets sous vos yeux ne peuvent pas contrebalancer le bien dans cette circonstance et si M. de Lessart étant, comme on le dit, et comme le disent des gens de mérite, M. de Garville, M. Necker, l'abbé Raynal etc., un homme qui a des talents et de la probité, il ne vaut pas mieux le laisser que de l'ôter, même pour en mettre un qui soit un peu meilleur.

CXLVII

CONDORCET A TURGOT

Ce vendredi.

Je prie M. Turgot de vouloir bien envoyer ce paquet à Madame Suard.

On m'a parlé d'un arrêt du Conseil sur la liberté du commerce intérieur des grains. Vous me feriez un grand plaisir de me l'envoyer ; je ne voudrais pas attendre pour le lire qu'il fût répandu dans les provinces. M. D'Anville me l'a promis, ainsi je vous demande pardon de cette démarche inutile.

M. de Laplace ne vous a-t-il pas présenté le projet d'un ouvrage sur les probabilités? J'ai aussi un petit ouvrage sur cet objet, mais plus métaphysique que mathématique. J'aurai l'honneur de vous le présenter cet hiver, si j'ai le temps de le finir (1), car il n'intéresse que notre petit globe et il m'a paru juste de préférer les comètes qui sont beaucoup plus grosses. Il y a pourtant lieu de craindre que l'usage si général de préférer les grands aux petits ne tombe un peu sous votre ministère.

Je me suis appliqué aux fluides depuis mon arrivée ici ; je ne suis pas sans espérance de faire quelque chose sur cette théorie. J'aurai du moins quelques notes à ajouter au livre d'Euler.

Adieu, Monsieur, je sais par M. de Crillon que vous vous portez bien. Mais en voilà assez pour des gens aussi occupés que vous et moi.

Si vous ôtez les corvées, les Picards feront des feux de joie.

CXLVIII

CONDORCET A TURGOT

Ce mardi.

Je vous envoie un petit projet que j'ai formé, afin que vous

---

(1) Ce travail devait paraître seulement en 1785 à la tête de l'ouvrage : *Essai sur l'application de l'analyse à la probabilité des décisions rendues à la pluralité des voies*, Paris, Imprimerie royale.

puissiez m'en dire votre avis quand je vous reverrai. Je partirai
ensuite pour la Picardie : mes yeux, mes nerfs, ma tête et ma
réputation de géomètre en ont besoin. D'ailleurs ma mère aurait voulu que je prolongeasse mon séjour après la Saint-
Martin et j'aime mieux être ici dans ce moment-là. Je vous
verrais fort peu ici et je verrai en Picardie les campagnes que
vous allez rendre heureuses.

L'abolition seule des corvées leur sera un bien inappréciable.
On peut calculer ce que cette suppression peut épargner d'argent au peuple ; mais ce qu'elle lui épargnera du sentiment pénible de l'oppression et de l'injustice est au-dessus de nos méthodes de calcul. On vous dira qu'il n'y a rien de si doux que
cette administration des corvées ; mais je suis bien sûr que vous
n'en croirez pas un mot.

La première fois que vous dinerez chez vous, je vous amène-
rai l'abbé Bossut qui est très-empressé de vous voir.

Pendant mon absence, M. de Crillon sera chargé de me donner de vos nouvelles et vous servira de secrétaire si vous avez
quelque chose à me dire.

CXLIX

CONDORCET A TURGOT

Ce jeudi.

Comme M. Dijon m'avait proposé cet hiver de vous montrer
quelques mémoires qu'il avait faits, je les lui ai demandés en
lui faisant dire que vous aurez dans ce moment le temps de les
lire vous-même ; il me les a promis dans quelques jours. Vous
serez content de lui et, soit pour traiter avec les fermiers généraux, soit pour discuter la manière de réformer cette abominable
machine, il vous serait fort utile. Je doute fort que vous
trouviez en un seul homme ce dont vous avez besoin ; mais un
jurisconsulte instruit des principes d'administration et un
homme comme M. Dijon rempliraient votre objet. Si vous
avez besoin de quelqu'un pour ce qui concerne les projets

de navigation, de desséchement, de machines, etc., vous pourrez disposer de moi jusqu'à ce que les gens que vous prendrez se soient mis au fait. Je vous plains dans cette circonstance comme on plaint un homme qui a perdu une maîtresse qui le trompait, car je regarde comme un bonheur pour la France que ceci soit arrivé avant que vous ayez entamé avec lui quelque grande opération. Adieu, je vous embrasse.

CL

CONDORCET A TURGOT (1)

Jeudi, 16.

On dit que l'argent ne vous coûte rien, quand il s'agit d'obliger vos amis. Je serais au désespoir de donner à ces propos ridicules quelque apparence de fondement. Je vous prie donc de ne rien faire pour moi dans ce moment ; quoique peu riche, je puis attendre quelque temps. Laissez-moi faire la place de M. de Forbonnais (2) ; chargez-moi de m'occuper du travail important de la réduction des mesures, et attendez que mon travail ait mérité quelque récompense.

Je ne me fais pas un scrupule de recevoir de l'Etat une aisance qui me mettrait à portée de travailler davantage, et j'ai assez de vanité pour croire que l'encouragement ne serait pas au-dessus de l'utilité de mon travail. Je ne demande donc que d'attendre un an, deux ans, si cela est nécessaire. Je n'y mettrai ni ostentation ni empressement. L'Académie attendrait avec moi, ou vous pourriez lui donner deux mille écus, et ne différer que ce qui me regarde.

Ne faites aucune difficulté sur les événements (3) qui pourraient faire manquer ce dont je vous propose le retard. S'ils

(1) Ed. Arago et O'Connor, 1, page 250.

(2) Inspecteur général des monnaies, membre de l'Institut, mort en 1800.

(3) La sortie de Turgot du ministère.

arrivaient, vous savez bien que ce ne serait ni pour vous ni pour moi que je m'en affligerais.

Gardez-moi le secret sur ce que je vous mande, et, s'il faut que vous en parliez à M. de Maurepas, dites-lui que ma reconnaissance sera toujours la même.

CLI

CONDORCET A TURGOT (1)

Ce 23 septembre 1774.

J'attends avec bien de l'impatience un édit ou arrêt sur les corvées. C'est peut-être le seul bien général, prompt, sensible, que vous puissiez faire dans ce moment. Toutes les provinces attendent de vous le même bien que vous avez fait au Limousin. Leurs transports éclateront de manière à vous faire plaisir ; et peut-être l'effet que ce bien produira ne sera-t-il pas inutile à la réussite du reste. Ce mot de bien revient sans cesse, mais c'est votre faute.

Vous souvenez-vous de frère Damilaville (2), qui, après avoir été fort ennuyeux toute sa vie, a fait depuis sa mort des ouvrages remplis d'esprit (3)? La femme de son frère m'a conjuré par M. de Voltaire, par M. d'Alembert et par les mânes de frère Damilaville, de vous demander pour son mari, ou la continuation de son état, ou une direction des vingtièmes. Frère Damilaville vous a peut-être ennuyé ; mais il est mort ; il ne reste de lui que ses ouvrages posthumes et son frère. Si vous pouvez rendre service à ce frère, vous obligerez beaucoup M. de Voltaire (4), et moi par contre-coup.

(1) Ed. Arago et O'Connor, 1, page 252.

(2) Mort en 1768.

(3) Voltaire mit sous le nom de Damilaville les *Eclaircissements historiques,* réponse à un libelle de l'abbé Nonotte.

(4) Voltaire, sollicité par cette belle-sœur de Damilaville, avait recommandé l'affaire à Condorcet et à D'Alembert. Voyez sa lettre à D'Alembert du 27 août 1774.

Vous avez dû recevoir ma généalogie par la poste. Je vous prie de me la renvoyer ici. J'ai renoncé à mon projet d'être frère de l'ordre de Saint-Lazare.

Ne croyez-vous pas que, de toutes les dépenses inutiles, la plus inutile comme la plus ridicule serait celle du sacre (1)? Trajan n'a point été sacré.

Je ne me permettrai point d'autres questions pour cette fois.

Adieu, Monsieur ; faites-nous toujours du bien, et songez que cela fait le bonheur de votre ami en même temps que celui de la France. Si vous songez à son plaisir, il sera trop heureux.

CLII

CONDORCET A TURGOT

(Octobre ou novembre 1774.)

On dit que l'ancien Parlement va revenir sans conditions, c'est-à-dire avec son insolence, ses prétentions et ses préjugés. Il résulte de cet arrangement :

1º Que toute réforme dans les lois devient impossible, car nos lois sont excellentes pour ceux qui siégent et détestables pour ceux qui sont jugés. Plus la jurisprudence criminelle est cruelle, secrète, oppressive, plus les parlements sont puissants.

2º Que de se refuser, comme on assure qu'ils le font, à l'établissement d'un tribunal qui juge entre eux et les citoyens dans les affaires particulières, c'est avouer le projet de se dédommager de l'exil en dépouillant leurs voisins et de s'abandonner les uns aux autres leurs ennemis particuliers comme les triumvirs.

3º Que toute bonne opération de finance devient impossible et toute mauvaise, plus ruineuse, puisqu'il faudra ajouter la somme nécessaire pour acheter le silence de ces Messieurs ; car, quel ministre osera s'obstiner contre des gens à qui le Roi aura sacrifié tous les défenseurs de son autorité.

(1) Louis XVI fut sacré à Reims le 11 juin 1775.

4° Que comme ces messieurs ignorent l'opinion ou la méprisent, ils ne seront jamais jaloux que d'avoir la faveur de la populace; qu'ils défendront toutes les tyrannies du système prohibitif, s'opposeront à toute liberté, et exciteront des séditions contre tout ministre qui voudrait l'établir.

5° Que c'est annoncer une faiblesse dont toutes les parties du Gouvernement se ressentiront que de ne pas avoir la force d'établir de nouveaux tribunaux et de paraître croire qu'il est impossible que la justice fût bien administrée en France, si on se passait de cent cinquante gradués, dont plus de la moitié est imbécile, l'autre moitié fanatique et où l'on ne peut pas citer six hommes de bon sens.

6° Que comme ces messieurs ont les mêmes opinions qu'avaient les sots dans le XIVᵉ siècle, comme ils ignorent à un point ridicule tout ce qui n'est pas dans le registre Olim, comme ils méprisent toute lumière, toute philosophie et qu'ils sont bouffis d'un orgueil digne de leur ignorance, ils seront ennemis de toutes lumières, les persécuteront et tâcheront de nous replonger dans la barbarie qu'ils appellent dans leurs remontrances la simplicité des mœurs antiques.

7° Que, quelque corrompu que soit le nouveau Parlement, cependant (à ce qui me semble) ce qu'il y a de plus contraire au bien public, c'est de confier le droit de juger de la vie des citoyens à une troupe d'assassins; or, les assassins ont assassiné le chevalier de La Barre pour avoir chanté devant une tourière une chanson contre la Madeleine. Ils ont assassiné l'huissier Moriceau, pour avoir dit du mal d'eux, et le prêtre Ringuet, pour avoir dit que Damiens était Janséniste. Ils ont assassiné Lalli, pour avoir le plaisir d'humilier la noblesse militaire; et tous ces assassinats juridiques ont été commis en moins de vingt ans et ils n'en ont pas eu un remords, ils n'ont pas perdu un degré d'insolence.

Voilà, Monsieur, quelles sont mes craintes sur un événement que j'espère n'être pas encore décidé sans ressources. Les amis de M. de Choiseul et les ennemis du Chancelier ne sont pas les amis de la Nation lorsqu'ils conseillent de pareils arran-

gements. Le Chancelier sera renvoyé, mais M. de Choiseul reviendra et il n'y aura rien de gagné pour le public.

J'espère que M. de Crillon me rapportera de vos nouvelles ;
j'espère aussi que vous n'aurez fait aucun usage d'une lettre que
je lui avais adressée ; cette bagatelle a été abîmée dans l'Océan
des intrigues politiques ; on n'y songe plus ; elle n'existe plus.

Adieu, Monsieur, je ne puis souffrir l'idée que vous soyez
ministre et que le bien devienne impossible ; plus j'espère de
vous, plus cette idée m'afflige. Aimez-moi toujours et si la
France est désespérée, donnez-moi un coin dans les Colonies
dont Messieurs ne pourront du moins vous empêcher de faire
le bonheur.

CLIII

CONDORCET A TURGOT

Je vous envoie sur le champ, Monsieur, une lettre que Mme
de Meulan m'a écrite ; vous verrez à la fin qu'elle n'était pas ac-
coutumée à me voir heureux et il y avait plusieurs années qu'elle
ne me l'avait vu autant qu'hier.

La recommandation pour le courrier n'a pas besoin d'explication ; je vous ai parlé de l'autre ; je vous répète qu'il est laborieux, actif, honnête, qu'il aime beaucoup les manufactures et
qu'il voudra qu'on dise du bien de lui.

Voilà la pure vérité et je crois qu'il vaut véritablement beaucoup mieux que ses concurrents.

CLIV

CONDORCET A TURGOT

Ce vendredi.

J'ai consulté un ancien secrétaire du roi, qui m'a dit que le
brevet devait être scellé. Je vous le renvoie en conséquence et je
vous prie de venir au secours de mon peu de connaissance en ce
genre et de mon peu de crédit. Il faut que ce brevet soit prêt
et signifié pour l'automne à cause de la chute des feuilles.

Le chevalier de Chastellux vous portera une petite lettre de moi : vous la trouverez peut-être ridicule. Je voudrais bien qu'elle le fût et je n'ai peur que d'avoir trop raison.

M. de Crillon vous *parlera de la lettre théologique* ; on s'est avisé de me l'attribuer ce qui pourrait me nuire si cette imputation n'était pas hors de vraisemblance.

Adieu, Monsieur, je vous embrasse de tout mon cœur et je ne vous remercie point pour toutes les peines que je vous donne pour mon précepteur. Je sens si bien que vous êtes mon ami, que j'oublie que c'est du temps d'un ministre que je dispose.

Je suis fâché de cette croix de M. Dumanoir. La nature ne nous a-t-elle pas destiné assez de croix sans aller encore en inventer de factices ?

CLV

CONDORCET A TURGOT (1)

(FRAGMENT)

Octobre ou commencement de novembre 1774 (2).

. . . .

Il y a six mois que la *Lettre d'un théologien* est sortie des mains de son auteur, qui ne pouvait recourir après. Ainsi ce n'est pas sa faute si elle a paru mal à propos, Ce dont pourtant je ne conviens pas ; il y a trop longtemps qu'on laisse reposer cette canaille ; ils se croient protégés ; ils deviennent plus insolents ; ils intriguent pour faire revenir les jésuites ; ils prêchent des sermons où M. de Voltaire est nommé et outragé, etc. etc. Il est utile de leur donner parfois des leçons d'humilité, quand ce ne serait que pour montrer qu'ils n'ont pas tout le crédit dont ils se vantent. L'auteur avait envie de ne pas borner là sa carrière. Il avait entre autres le projet d'une tragé-

____

(1) Ed. Arago et O'Connor, I, page 254.

(2) L'édition Arago et O'Connor porte à tort : janvier 1775, le rétablissement des anciens parlements ayant eu lieu dans le lit de justice du 12 Nov. 1774.

die en prose au sujet d'un moine nommé Dunstan qui a assassiné une reine d'Angleterre parce qu'elle était jolie. Cela aurait pu faire un ouvrage curieux. Le fait est authentique. Hume le raconte avec beaucoup de détails, et Henri qui en convient trouve la conduite du saint assez ecclésiastique. La devise de l'auteur est *qui malis parcit bonis nocet.*

Je persiste à croire qu'il n'y a aucune raison ni prétexte pour rétablir les parlements sans les avoir assujettis à des conditions qui mettent les citoyens à l'abri de leur oppression, et avoir réformé ce qu'il y a de plus défectueux dans nos lois. Ces réformes deviendront plus difficiles après le rétablissement. A la vérité ils ont demandé autrefois des conférences pour examiner et corriger l'ordonnance criminelle, mais quel horrible présent serait-ce à faire à la Nation qu'un code dressé par les assassins de Lalli, de de La Barre etc., et quelle honte dans un siècle éclairé de charger d'un emploi si important des gens inférieurs, de trois siècles à leur temps, et ridicules par leurs préjugés.

Je ne vois pas que rien soit bien pressé, excepté le rappel des exilés qu'on peut regarder comme fort indépendant du reste. Il vaut mieux garder des tribunaux avilis, encore quelque temps, que d'établir des tribunaux tyranniques. D'ailleurs le but secret de toutes ces intrigues est le retour de M. de Choiseul dans le ministère. C'est pour nous donner un ministre déprédateur que l'on veut nous rendre un parlement oppresseur. J'espère que vous n'êtes point la dupe de ce projet, à la tête duquel sont des gens de vos amis, d'esprit accommodant et souple qui, selon le vent qui souffle, veulent nous donner tantôt les jésuites et tantôt le parlement qui les a détruits.

Après le mal d'avoir une religion intolérante dont la morale dirigée par les prêtres est nécessairement abjecte et cruelle, le plus grand mal est de voir les principes de la morale publique être la risée de tous les gens éclairés. Or c'est le point où nous en sommes. Le colosse est à demi détruit, mais il faut achever de l'écraser parce qu'il est important de mettre quelque chose à sa place. D'ailleurs quoiqu'il ait perdu de sa funeste influence, il fait encore beaucoup de maux ; la plupart de ceux qui nous affligent sont l'ouvrage du monstre et ne peuvent finir qu'avec lui. Hier, en revenant de Choisy, je me suis trouvé entre l'hôpital et Bicêtre, et voyant d'un coup d'œil la prison de vingt mille malheureux, je me suis dit : les prêtres ne pouvant étouffer dans les âmes tous sentiments de compassion, ont inventé les hôpitaux afin de faire servir au malheur de l'espèce humaine jusqu'au sentiment de l'humanité. Heureusement que l'excès de leur ignorance les livre à leurs ennemis, mais cela peut ne pas durer si on les laisse respirer. Le nombre des imbéciles diminue parmi eux et celui des dévots politiques, des intrigants augmente tous les jours. Un de ceux-là que nous rencontrons quelquefois et qui, pour devenir évêque, joue selon les maisons, tantôt le rôle de dévot, tantôt celui d'homme raisonnable, disait l'autre jour qu'il fallait brûler l'auteur de la lettre à l'abbé Sabatier. M. l'abbé, lui répondit-on, votre propos prouve que l'auteur a parfaitement raison. Ne demandez jamais d'évêché pour l'abbé de Puiségur.)

Pourquoi, au lieu de s'en remettre au temps pour détruire les préventions du roi, ne ferait-on pas faire pour lui un ouvrage clair, modéré, bien muni d'autorités qui contiendrait le récit de tous les assassinats, massacres, séditions, guerres, supplices, empoisonnements, noirceurs et scandales, qui forment depuis 1774 ans, l'histoire du clergé catholique.

Je n'approuve pas du tout que le roi, qui jusqu'ici n'a montré d'autre désir que celui de faire le bien, soit réduit à l'approbation des marchands de tisanes, qu'on n'ait pas voulu, par exemple, que Voltaire, que les autres, célébrassent le choix qu'il a fait d'un homme vertueux, qu'il vît la différence que mettait le public éclairé entre ce choix et les autres. Tout ce qu'on lui a dit à l'oreille du premier homme de la Nation, les courtisans le lui diront d'un imbécile dont ils attendent de l'argent. Au lieu que ce que l'on aurait dit de vous en prose et en vers, personne n'aurait osé l'imprimer d'un autre. Vous n'avez à opposer à l'intrigue que vos talents, vos vertus et votre renommée ; il ne fallait donc pas en étouffer l'éclat, etc.

CLVI

CONDORCET A TURGOT

(1774).

Je vous envoie, Monsieur, la lettre que vous m'avez demandée, pour M. Trudaine, relativement à la construction des ponts sur les rivières susceptibles de devenir navigables.

Je compte vous proposer bientôt un projet de loi pour débarrasser les mêmes rivières des moulins qui les barrent afin qu'il puisse s'y établir de soi-même une navigation imparfaite et pour un temps de l'année, en attendant qu'on puisse y faire les travaux nécessaires pour la rendre meilleure.

Je vous envoie une autre lettre pour M. Trudaine. Elle a pour objet la jonction de la Loire à la Saône par la Bourbence et la D'heune. On a rejeté cette communication sous prétexte qu'il n'y aurait pas assez d'eau. D'après de nouvelles informations faites dans le pays, il paraît que ce prétexte est mal fondé. En fait de canaux, défiez-vous de ceux qui mettent de la vanité à faire des plans de canaux, parce qu'il faut coûte que coûte que le plan, une fois fait, l'eau vienne dans le canal. Défiez-vous des gens à gloriole, qui veulent faire des monuments dignes des anciens Romains pour qu'on y lise un' tel *Ecuyer*. Défiez-vous aussi de ces gens qui en regardant la carte de France y voient deux rivières séparées par un peu de papier blanc, proposent de joindre ces rivières et appellent cela leur projet. Ne vous fiez qu'aux gens qui, eussent-ils joint la Loire au fleuve Jaune n'en auraient pas plus de vanité pour cela, et ne croiraient avoir eu besoin que de zèle et de quelques connaissances.

CLVII

CONDORCET A TURGOT

Comme vous n'avez plus le temps de lire, il est juste que ceux pour qui vous travaillez vous donnent par extrait ce qu'ils rencontrent de bon. Je lisais donc hier un livre sur l'art dramatique, imprimé chez *Marc Michel* (1), comme tous les livres raisonnables, on y lit ce qui suit :

« Je suppose un indigent qui dans un coin de la terre vit seul
« et n'existe pas pour une société qui le dédaigne et le rejette,
« cependant l'espoir le conduit en paix, sous les yeux de l'Etre
« suprême ; abandonné, il perd la vue de ce réduit ténébreux
« où triomphent les horreurs de la misère. Il bénit chaque
« souffrance parce qu'elle l'approche du terme qu'il attend et
« vers lequel son âme s'élance. S'il venait un athée, qui voulût
« lui ôter cet espoir et qui lui dit que ses maux sont sans
« remèdes, qu'il n'y a rien à attendre d'un Dieu qui n'est pas.
« Sent-on quelle horreur inspirerait cet homme dénaturé ? Eh
« bien ! cet indigent est l'image du genre humain ; qui osera
« lui dire : vous n'avez pas d'espérance ?... »

Cela est beau, autant que le faux peut l'être, comme disait le Père Bouhours des Provinciales.

Adieu, je vous embrasse de tout mon cœur.

CLVIII

TURGOT A CONDORCET (2)

18 novembre 1774.

Je vous prie, Monsieur, de vouloir bien prévenir qu'il y a déjà longtemps qu'il règne une maladie épidémique sur les bestiaux dans le pays de Labourd et une partie de la Navarre, qui a même pénétré dans quelques paroisses de la Guyenne ; cette maladie a jusqu'à présent résisté à toutes les mesures qui ont

---

(1) Marc Michel Rey : il s'agit de l'ouvrage de Mercier : *du théâtre ou nouvel essai dramatique*, La Haye, 1773, page 115. Le véritable texte est : « On pourrait le (l'athée) mettre vis à vis d'un indigent..... »

(2) Foncin, *Essai sur le Ministère de Turgot*, p. 579. — Archives Nationales F, 12-151.

été employées pour en arrêter le cours. Je crois qu'un objet aussi intéressant mérite l'attention particulière de l'Académie ; en conséquence, je la prie de vouloir bien désigner le plus promptement qu'il sera possible un nombre de commissaires proportionné à l'importance de l'objet, pour s'occuper des moyens les plus propres à faire cesser ce fléau. Je désire que M. de Malesherbes, Trudaine de Montigny, Duhamel, Lenoir et vous, soyez du nombre des commissaires. L'Académie voudra bien y joindre ceux de ses membres qu'elle jugera les plus propres à remplir sur cet objet les intentions du roi. Il est à désirer qu'au moins deux de Messieurs les commissaires puissent se transporter sur les lieux pour observer par eux-mêmes l'état des choses, et en rendre compte à ceux de leurs confrères qui resteront à Paris. M. Trudaine, remettra à Messieurs les commissaires toutes les pièces qui seront nécessaires et tous les comptes qui me seront rendus.

Je voudrais fort que l'Académie procédât sans délai à cette nomination.

Je suis...

CLIX

CONDORCET A TURGOT

Vous pourriez peut-être, Monsieur, être utile à un de mes parents paternels que j'aime fort et le seul qui jusqu'ici m'ait pardonné de n'être point capitaine de Cavalerie. Voici les circonstances où il se trouve.

Conseiller au Parlement de Grenoble depuis 1741, M. de Sausin y a toujours eu la réputation d'un homme honnête et éclairé. Son caractère l'a toujours porté à être pour les partis modérés et lorsque sa compagnie a adopté ses principes, il a été chargé plus d'une fois de la rédaction des remontrances.

Lors de la Révolution en 1771, il a été d'avis d'accepter le plan de Constitution proposé par la Cour, et, comme on a exigé alors une Chambre des Enquêtes dans le Parlement de Dauphiné, on a donné à M. de Sausin une des places de Président. Je souhaiterais, si l'on conserve cette Chambre des Enquêtes, que M. de Sausin conservât sa place et qu'en tout il fut traité aussi bien que les circonstances le permettront. Il tient fort peu à sa place et si une retraite dans ce moment-ci n'avait pas l'air d'une fuite ou de l'aveu d'une faute : ce serait le parti qu'il préférerait.

Si, lorsqu'il sera question du Parlement de Dauphiné vous pouvez servir M. de Sausin, vous me ferez un grand plaisir.

J'ai été hier à la Monnaie ; j'ai vu un petit appartement qui remplira toutes mes vues pour ce moment-ci, en attendant un beau logement que M. de Fargès m'a fait espérer. Il m'a remis le brevet et m'a montré le plus grand intérêt et la plus grande envie de m'obliger. C'est à votre amitié que j'en suis redevable. J'espère toujours que vous revenez lundi. Mlle de l'Espinasse est mieux ; mais elle ne pourra encore vous aller chercher.

CLX

CONDORCET A TURGOT

(1er janvier 1775).

Quoique ce soit le jour de l'an, je ne vous parlerai point de mes souhaits pour vous, vous les devinez, et vous savez que j'ai réuni sur vous deux sentiments bien chers, une amitié tendre et tout ce que je puis sentir d'amour pour le bien public.

Je vous envoie un mémoire que je n'ai pu me dispenser de recevoir. J'en ai lu la première phrase et j'ai vu qu'il avait été écrit pour votre prédécesseur.

On m'a parlé d'employer l'argent du sacre à soulager les provinces dévastées par la peste épizootique, cela me paraît si juste, si chrétien que les gens qui s'y opposeraient me paraîtraient plus incompréhensibles encore qu'un ministère.

CLXI

CONDORCET A TURGOT

Des gens du Parlement, raisonnables et ennemis du tumulte, m'ont assuré que le troupeau se tiendrait tranquille si le rapport des examinateurs du blé était clair et concluant. Il faut donc le faire écrire par M. Tillet, car je connais la manière de rapporter de M. Duhamel, et il n'y a rien de plus propre à donner des prétextes pour épiloguer. Si par hasard, ce que je ne crois pas, les commissaires faisaient un rapport contraire au blé, je crois qu'il faudrait s'arranger de manière que le Parlement n'eût rien à dire et qu'il ne pût avoir l'air d'avoir fait quelque chose. Je voudrais même qu'on lui fît entendre que le Gouvernement n'a aucun besoin de lui pour savoir ce que le bien du peuple demande, et que ses assemblées sur le pain ne sont qu'un moyen de répandre la terreur et de renchérir le blé. Il ne faut pas leur passer la moindre démarche ; leur but est de plaire à la populace et, s'il leur est possible, de détruire votre ouvrage. Ce sont d'odieux pédants. Je crois que j'aime encore mieux le clergé, qui après tout n'est qu'insolent et *ridicule*.

CLXII

CONDORCET A TURGOT

(1775).

J'ai oublié de vous rappeler ce que je vous ai dit sur la crainte que j'avais que le peuple ne pillât les moissons, lorsqu'elles seront encore sur terre ; si les fermiers n'ont contre le peuple d'autre protection que la justice ordinaire, il y aura certainement du désordre. Ainsi je crois qu'il faudrait le prévenir par un règlement. En regardant ce pillage, petit ou grand (je crois qu'il ne se fera qu'en petit), comme une suite des émeutes, vous êtes le maître d'agir de la manière la plus convenable.

Je porte mes lettres à Lisieux. Je n'en suis pas charmé, je

crois cependant qu'elles peuvent passer avec les corrections que j'y ferai. Elles suffiront pour le moment et nous pourrions faire des vôtres un excellent ouvrage pour cet hiver.

Je vous remercie de ce que les propriétaires ont dans les capitaineries le droit de couper leur foin quand ils veulent, de ce que ceux qui ont des bois en Lorraine ne sont plus obligés de les rendre aux fermiers généraux, de ce que les salpêtriers ne feront plus enrager personne. Pourquoi, quand vous ôtez une vexation ne m'en dites-vous rien? Je suis tenté d'en être fâché contre vous, vous ne vous occupez pas assez du plaisir de vos amis. Trouverai-je l'affaire des corvées finie à mon retour?

CLXIII

CONDORCET A TURGOT

Il me semble qu'il aurait fallu une instruction circulaire aux officiers de police des villes. Ceux de Saint-Quentin, avec les meilleures intentions du monde, font sottises sur sottises et c'est uniquement faute de savoir ce que c'est que liberté. Ils croient que parce qu'ils n'ont pas taxé le blé, ils ont rempli toute la loi. Les troupes qui sont à Soissons restent immobiles, et voient tranquillement piller les campagnes voisines. On a, dit-on, laissé piller les fermiers au marché de Chauny, et parce qu'on payait le blé la moitié de son prix, les officiers du détachement d'artillerie ont cru que tout était dans l'ordre. Les militaires auraient eu aussi besoin d'une instruction. Adieu, je vous embrasse de tout mon cœur, et je crois que depuis huit jours je vous aime encore davantage. Le peuple ne sera tranquille que quand il saura qu'on a puni quelques-uns des brigands. En attendant, le mal gagne.

CLXIV

CONCORCET A TURGOT

Vous ne doutez pas que je n'aie vivement partagé tout ce que vous avez éprouvé et que je n'aie bien regretté de vous avoir quitté. J'en suis encore aux nouvelles de mercredi et l'espace de temps qui m'en sépare me paraît immense. J'écrivaille toujours, je me suis occupé sans distraction de cette affaire. On (1) dit que j'en perdrai le surnom de bon ; je me croirais bien plat si je ne me sentais capable d'autres ménagements que de ceux qui me paraissent utiles au bien de la chose. Mais vous n'avez pas le temps de lire de longues lettres.

Si l'on porte à la grande direction l'affaire de Saint-Quentin contre les fermiers du domaine, souvenez-vous, je vous prie, que dans une ville de commerce l'effet rétroactif donné à des droits de lots et ventes ruinerait une foule de petits marchands qui ont successivement changé de maison plus d'une fois parce que les changements ne leur coûtaient pas de droits. J'ai peur que M. de Vaines ne fasse pas valoir cette raison.

Adieu, je vous embrasse bien tendrement. Je ne vous exhorte pas à avoir du courage, mais à ne pas avoir d'indulgence. J'apprends dans l'instant que vous n'avez pas suivi le conseil.

CLXV

CONDORCET A TURGOT

Je vous envoie deux lettres, l'une pour M. de Maurepas, l'autre pour M. d'Angevilliers. Je vous prie de lire celle de M. de Maurepas. Au reste ma résolution est bien prise et si je n'obtiens pas ce que je demande je quitterai ma place ; et j'irai dans quelque coin faire de la géométrie et écrire des bro-

(1) Mademoiselle de l'Espinasse.

chures pour avoir de quoi faire imprimer ma géométrie. Je ne puis souffrir ni l'oppression ni l'humiliation et il n'y a point de privations que je n'aimasse mieux essuyer.

Je mande à M. d'Angevilliers de dire à M. de Chousy que M. de Maurepas a promis de demander à M. de la Vrillière qu'on me rendît ma liberté, parce que je me suis souvenu que M. de Chousy avait dit à M. d'Angevilliers qu'il ne se permettait point de prendre dans cette affaire d'autre parti que celui de M. de Maurepas. Malgré son amitié pour le comte Le Clerc, M. d'Angevilliers ne peut me refuser de rappeler son engagement à M. de Chousy et, pour peu que M. de Maurepas veuille bien ne pas céder à la première difficulté, M. Ménard fera ce que nous voulons.

Je suis honteux de vous tant occuper de cette affaire et je serais presque tenté d'envoyer promener mes confrères et les vôtres sans plus parler de rien.

Adieu, je vous embrasse de tout mon cœur. Ecrivez-moi un mot sur tout cela et surtout obtenez-moi une décision quelconque.

CLXVI

CONDORCET A TURGOT

Ce dimanche.

Je n'ai point été hier à l'Académie par l'avis de M. de Malesherbes et on a remis le tout après les vacances. Il faudrait que l'on pût retarder jusqu'à l'année prochaine, parce qu'alors je serais débarrassé de D'Arci qui ne sera plus directeur ; mais il ne faut pas que M. de Malesherbes nomme le chevalier de Borda, qui est beaucoup plus acharné que D'Arci, et la raison en est qu'il ne peut me pardonner que je n'aie pas voulu consentir que le chevalier D'Arci et Le Roi ses amis condamnassent injustement l'abbé Bossut, et qu'il m'accuse de plus d'être cause qu'étant ministre de la Marine, vous ayez accueilli M. de Marguerie dont il est jaloux et que dans l'affaire des canaux vous lui ayez préféré l'abbé Bossut. M. de Malesherbes peut nommer vice-directeur l'année prochaine ou Vaucanson, plus ancien que Borda dans la même classe et qui sera toujours pour le parti qu'il croira le plus agréable à M. le contrôleur général, ou, ce qui vaudrait beaucoup mieux, M. D'Alembert. M. de Thury et M. de Montigny qui ont moins de réputation en Europe et qui n'ont pas plus d'honnêteté et de vertu que M. D'Alembert l'ont été déjà, l'un deux fois et l'autre trois fois. On n'est pas assujetti à suivre l'ordre du tableau : on s'en est écarté pour Le Monnier à cause de son caractère; celui de Borda est beaucoup plus dangereux; c'est lui qui a rendu méchant D'Arci, qui, sans lui, n'aurait été qu'insupportable.

Parlez de cela à M. de Malesherbes le plus tôt possible. Il fait grand cas de Borda, non à cause de ses mémoires, dont quelques-uns annoncent du talent, quoiqu'il n'en résulte rien et que jamais personne n'en a parlé et n'en reparlera, mais parce qu'il est ce qu'on appelle bon académicien, c'est-à-dire parce qu'il parle dans les assemblées de l'Académie, et qu'il ne demande pas mieux que de perdre son temps à faire des prospectus, à examiner des machines, etc., et surtout parce que, se sentant éclipsé par d'autres géomètres, il a quitté comme D'Arci la géométrie pour la physicaille.

Je voudrais bien que, pour me consoler des tracasseries académiques, vous terminassiez avant mon départ l'affaire des jauges et celle de la chaire d'hydraulique. Mais je dois vous prévenir que le chevalier de Borda qui a mal au foie depuis l'hydrodynamique de l'abbé Bossut pourra bien mourir de l'érection de cette chaire.

CLXVII

TURGOT A CONDORCET

Je n'ai pu parler qu'un moment hier après le Conseil à M. de Maurepas et à M. de la Vrillière de votre affaire. Je les ai trouvés tous deux un peu frappés de ce que l'entrave qu'on veut

vous imposer est dans le règlement, et M. de Maurepas incli-
nait au parti mitoyen de vous affranchir pour les éloges en laissant subsister la délibération pour les extraits. Je combattrai
cette idée à une conférence que nous devons avoir ce soir et
dont je vous manderai le résultat. Vous ne devez pas douter
que je ne partage votre chaleur sur une chicane aussi absurde
et aussi déplacée.

Je vous embrasse.

CLXVIII

TURGOT A CONDORCET

A Versailles, mardi matin.

M. de la Vrillière n'était point hier à notre conférence, Monsieur, il était à Paris, mais M. de Maurepas m'a assuré qu'il ne
donnerait point de réponse définitive. J'ai prêché M. de Maurepas de mon mieux et je crois l'avoir convaincu ; mais avec lui
il faut insister et réinsister, je ne m'y oublierai pas, il faut que
l'abbé Véry s'y joigne.

Adieu, je vous embrasse, je n'ai pas le temps de vous écrire
plus au long. La maladie des bestiaux ne m'a pas laissé respirer
depuis dimanche. Il est possible que j'aille demain coucher
à Paris pour en revenir jeudi ; mais je n'en suis pas sûr. Pré-
venez-en Madame D'Anville, afin qu'elle ne prenne pas ce jour
là pour venir.

CLXIX

CONDORCET A TURGOT

Pardonnez-moi de vous interrompre un moment pour vous
parler de moi. Vous savez que M. de Malesherbes avait promis
de prendre des moyens pour me débarrasser de mes tracasseries académiques, que d'après cela l'affaire des douze mille
francs a été arrangée, et que, de concert avec M. d'Alembert,

M. Villet, M. de Maillebois il a envoyé à l'Académie un règlement de censure qui mettait les ouvrages du secrétaire absolument de pair avec ceux des autres académiciens, ce qui était
juste pour le moins. L'Académie a reçu fort bien ce règlement ;
elle était disposée à l'adopter, mais à force de cabaler on est
parvenu à persuader à quelques-uns de demander à M. de
Malesherbes un règlement général, en laissant à l'Académie la
liberté d'en faire à son gré, et sans aucune sanction du Gouvernement, les articles particuliers ; cette idée proposée à l'Académie a été rejetée, et l'Académie avait délibéré (mercredi 24)
d'examiner hier le règlement proposé, pour répondre à M. de
Malesherbes. Dans l'intervalle, quelques académiciens, sans
mission de l'Académie, ont été chez lui, l'ont déterminé à retirer
le règlement, sur lequel l'Académie devait délibérer, lui en ont
fait approuver un nouveau qui ne prononce rien, sinon (en
termes équivalents) que le secrétaire n'aura aucune exemption
de censure et que l'Académie fera tout ce qu'elle voudra. On a
proposé ce nouveau règlement hier à l'Académie, et elle l'a
accepté. Ainsi me voilà livré par M. de Malesherbes à la cabale
qui veut me dégoûter de l'Académie, malgré les promesses contraires qu'il avait bien voulu me faire. Je dois à votre amitié le
sacrifice des plaintes que j'aurais droit de faire et je ne dirai
point que M. Le Roi, M. Duhamel ont abusé de la faiblesse de
M. de Malesherbes au point de le faire manquer à des arrangements adoptés et pris par lui d'après ses propres vues. Mais
je crois que vous m'estimez assez pour ne pas trouver mauvais
que je prie M. de Malesherbes de reprendre les mille écus de
traitement qu'il m'a accordés, je ne suis pas de ces gens qu'on
paie et qu'on opprime. Je ne mérite sous aucun rapport la légé-
reté avec laquelle il me traite. Je ne puis honnêtement me
résoudre à le regarder comme mon bienfaiteur, tant qu'il m'es-
timera assez peu pour rompre des engagements pris avec moi.
Son goût l'a porté à ne voir parmi les savants que des gens
plats, et il croit qu'ils le sont tous. J'espère lui faire voir qu'il
y a quelques exceptions. Si vous approuvez ma conduite, ne
me répondez point et samedi à mon retour de Nogent, j'écrirai

à M. de Malesherbes très respectueusement et très fermement (1).
Ces deux adverbes joints font admirablement. Concevez-vous
qu'un homme de sens manque d'égards à M. d'Alembert pour
plaire à M. Le Roi, M. Duhamel? Apparemment que ces gens-là
boivent avec Borot.

Adieu, je vous embrasse, je ne puis être fâché de l'affaire de
mardi. On prétend à Paris que cette chaleur en impose au Gouvernement et que les édits seront retardés. Si cela est vrai, la
France est perdue.

Je n'ai pas parlé à qui que ce soit de la conduite de M. de
Malesherbes à mon égard; j'ai même dit à M. Macquer (qui
a imaginé cette bêtise et qui est venu bêtement me demander si je n'étais pas mécontent) que je trouvais cela excellent.

CLXX

TURGOT A CONDORCET

Vendredi matin.

J'ai reçu votre lettre; je crois que M. de Malesherbes a été
trompé. Je n'ai pas encore pu lui en parler, peut-être avez-vous
raison de vouloir remettre les mille écus. Mais je voudrais que
vous y réfléchissiez encore quelques jours et que nous en cau-
sassions. J'espère être lundi au soir à Paris.

Messieurs ont fait merveille et peut-être mieux qu'ils ne pensent, car ils mettent dans la nécessité absolue de ne pas reculer.
Je vous embrasse.

Ce qu'il y a d'heureux, c'est qu'au milieu de tout cela, ma
santé revient sensiblement.

(1) Voyez la lettre CLXXI.

CLXXI

CONDORCET A MALESHERBES

Ce vendredi.

M. Turgot a eu la bonté de vous dire, Monsieur, le sacrifice que je consentais à faire pour le bien de la paix. Je me flattais qu'en renonçant à une liberté dont mes prédécesseurs avaient joui, qu'en me soumettant à la même règle que Louis XV avait prescrite à l'Académie française lorsqu'il voulut la punir, je vous aurais montré combien je désire de répondre à vos vues de conciliation. Je vous demandais de vouloir bien suspendre l'effet de ce qu'on ose appeler une délibération de l'Académie. Vous me refusez cette grâce, et je ne dois plus recourir qu'à votre justice.

1º L'usage général de l'Académie des Sciences est d'indiquer à huitaine les assemblées où l'on doit délibérer de quelque affaire importante. C'est à une assemblée ordinaire que j'ai été jugé, sans que l'on ait averti l'Académie qu'il dût y être question de cette affaire : première irrégularité.

2º M. de Fouchy a demandé des commissaires, et on lui en a donné; on veut étendre cette loi sur mon travail, et on le décide sans m'entendre. J'entre dans l'assemblée au moment où quelques personnes réclamaient pour moi. Le chevalier de Borda me voit entrer, il crie au chevalier d'Arci : « La délibération est » finie, il faut reprendre la séance ordinaire »; on la reprend, et le chevalier me montre une heure après, la délibération qu'il a écrite sur un chiffon. Je demande si une délibération qui porte ce caractère d'injustice, mérite que M. de Malesherbes la respecte, et si du moins, je n'ai point le droit rigoureux de demander une délibération contradictoire avec moi.

3º Il est écrit sur les registres, c'est-à-dire sur le plumitif de M. de Fouchy : *ayant lu à l'Académie la proposition contenue dans l'écrit suivant et elle a été unanimement adoptée*; et l'écrit suivant ne se trouve pas dans le plumitif. Je vous certifie ce fait sur mon honneur. M. de Fouchy a pu, depuis que je n'ai vu ce plumitif, y attacher avec une épingle ou un cachet toutes les propositions qu'il aura voulu, mais certainement il est impossible de regarder une telle délibération comme pouvant obliger un autre que M. de Fouchy. Le chevalier d'Arci m'a montré cette délibération écrite de sa main sur un chiffon, il n'y était pas alors question de moi, je ne sais s'il l'a depuis écrite d'une autre manière, mais certainement voilà une façon de faire des lois qui ne mérite guère les égards d'un ministre aussi juste et aussi éclairé que vous.

Après cet exposé de ce qui s'est passé, je vous demande, Monsieur, de vouloir bien suspendre l'effet de la délibération jusqu'à ce que vous vous soyez fait rendre compte des faits ; de déclarer, après l'examen que vous voudrez bien en faire, que la délibération de l'Académie est irrégulière, et qu'elle n'oblige que M. de Fouchy tout au plus ; enfin de me renvoyer au jugement de l'Académie, convoquée exprès dans une assemblée, où je puisse me défendre, et où le chevalier d'Arci ne puisse se trouver comme officier. J'ose croire, Monsieur, que ce que je vous demande aujourd'hui est de la justice la plus rigoureuse.

Daignez songer d'ailleurs que les délibérations de l'Académie ne peuvent avoir force de règlement qu'étant approuvées par le roi, et que M. de la Vrillière a constamment refusé de donner ce consentement.

On vous a dit, Monsieur, que la délibération avait été unanime, c'est un mensonge ; quelques polissons ont battu des mains, plusieurs gens honnêtes ont réclamé, et M. d'Arci a prononcé qu'elle était unanime.

On vous a dit que l'Académie était très aigrie ; c'est un second mensonge ; plusieurs de mes confrères m'ont témoigné des dispositions toutes contraires ; mais il faut pour qu'ils disent leur avis, qu'on le leur demande sans leur imposer silence par des criailleries ; il faut donc qu'ils puissent parler dans une assemblée régulièrement convoquée, et où la présence, ou du Ministre, ou du moins du président, les mette à l'abri de l'insolence et des mauvais propos.

On vous a dit que si vous détruisiez cette délibération vous

révolteriez l'Académie ; c'est un troisième mensonge. Vous y ré-
tabliriez la paix, parce que tout le bruit est l'ouvrage de deux ou
trois personnes, et que la première désapprobation de votre part
fera tomber toute leur influence.

On vous a dit que M. l'abbé Rochon se plaignait, avec plusieurs autres, de ce que je demandais pour moi une partie des
fonds, qui devaient être employés à payer leurs expériences. M.
l'abbé Rochon est venu chez moi exprès pour me dire qu'il n'é-
tait pas capable *d'une pareille infamie.*

Vous m'avez parlé de conciliation mercredi matin et mercredi
au soir, le comité de librairie voulait me forcer à m'expliquer
sur le champ sur le parti que je voulais prendre pour les extraits,
et ils veulent que demain j'aille à l'assemblée prendre leurs ordres pour cette affaire. Vous me parlez de céder à des gens qui
s'acharnent à me persécuter : c'est à quoi, Monsieur, il m'est impossible de consentir. J'ai eu l'honneur de vous proposer hier
par M. Turgot, le seul sacrifice que je puisse faire. Je n'en ferai point d'autre. Je saurai souffrir l'oppression, et non pas m'y
soumettre. Si demain on me demande ma résolution, je dirai
que je veux bien consentir à faire examiner mes extraits par deux
académiciens de mon choix, que je proteste contre la délibération illégale prise à mon insu, que je demande une nouvelle
assemblée convoquée régulièrement, et où M. le chevalier d'Arci ne soit pas officier ; si on me refuse, je ne me soumettrai
point, et cependant je ne donnerai pas ma démission. Je ne
veux pas d'une oppression secrète, je veux qu'elle soit publique,
que l'Académie prononce mon exclusion et que le Conseil confirme.

Depuis que le chevalier d'Arci est à la tête de l'Académie, on
ne s'y occupe plus de science mais de projets de règlements, de
Mémoires aux Ministres, de vexations contre les académiciens ;
enfin on y est uniquement occupé de l'esprit de cabale qu'on
honore du nom d'esprit de corps. Le parti que vous avez
pris de respecter toute cette conduite va rendre cet esprit plus
actif ; j'en serai la première et non la seule victime, et je doute
fort que tout cela contribue au bien des sciences.

Je m'y suis consacré tout entier ; j'y ai sacrifié les avantages que j'aurais pu trouver ailleurs ; ma récompense unique sera la persécution, la calomnie. Je ne m'en plains pas ; je m'y étais attendu ; mais ce qui m'étonne, ce qui m'afflige profondément, c'est de voir M. de Malesherbes mettre à cette persécution le sceau de son autorité, et ce qui est bien plus cruel, celui de son opinion.

Daignez, je vous supplie, Monsieur, me faire connaître vos intentions demain matin, ou je prendrai la liberté d'aller à Versailles solliciter votre justice. Il faut que je sache, avant d'aller à l'Académie, ce qu'il faudra que je réponde à mes ennemis. Recevez, je vous prie, Monsieur, les assurances de mon respectueux dévouement.

Le marquis de Condorcet.

CLXXII

CONDORCET A TURGOT

Il faut donc que je vous ennuie encore de mes tracasseries académiques. Vous savez qu'on veut m'obliger à soumettre l'histoire de l'Académie et les éloges à la censure d'un comité. M. de la Vrillière dit que cela est porté par les anciens professeurs ; je crois qu'il se trompe, mais enfin cette censure n'a pas eu lieu depuis soixante-quinze ans que dure l'Académie. Dans celle des Inscriptions, établie sur les mêmes principes. le secrétaire jouit de toute sa liberté. Il est clair que la délibération prétendue de l'Académie n'est que l'ouvrage d'une cabale, qu'elle n'a d'autre objet que de me dégoûter des fonctions de secrétaire, qu'ils espèrent me forcer à la quitter, qu'ils l'ont déjà annoncé à M. Bailli. M. de la Vrillière convient que la délibération est illégale et il me semble qu'on pouvait répondre que le Gouvernement désirait que l'Académie s'en tînt à un usage dont pendant soixante-seize ans on n'avait éprouvé aucun inconvénient. M. de Maurepas trouvait cela fort naturel. Il m'a fait dire de ne faire aucune démarche auprès de l'Académie pour changer la dé-

libération. Maintenant on a eu l'honnêteté de lui dire que je ne
voulais être libre que pour introduire dans l'Académie le venin
de l'Encyclopédie, et toute sa bonne volonté pour moi a disparu comme par une conjuration magique. L'abbé de Véry, qui
trouve très-plaisants les dégoûts qu'on veut me donner, lui a
parlé de cette affaire avec tant de zèle pour moi, qu'il n'en a rien
obtenu, et que maintenant je suis à attendre ce que M. de la
Vrillière voudra décider après avoir vu M. de Courtanvaux, qui
a pris mon parti sans me connaître, avec beaucoup d'honnêteté
et de force et M. le comte de Buffon, chef de la tracasserie.
Vous voyez donc que si M. de la Vrillière confirme la délibération en tout ou en partie, je demeure exposé pendant dix ans
peut-être à toute l'humeur, à toutes les tracasseries, à tous les
dégoûts qu'une cabale voudra me donner, que ma place n'est
plus qu'une source d'amertume, si je ne veux pas faire la guerre,
et une source de querelles si je veux défendre mes écrits. Je
n'écrirai donc plus, l'Académie se plaindra et on me chassera.
Parlez donc si vous le pouvez à M. de Maurepas, dites-lui que
c'est l'intérêt qu'il m'a témoigné dans l'affaire de la retraite de
Fouchy qui a ameuté toute cette cabale, qu'il n'est pas vrai que
la manière dont j'ai été fait secrétaire y entre pour rien, que la
petite haine de chacun a des motifs très-connus, très-petits et
très-bas, que je ne suis pas plus encyclopédiste que ceux qui
m'en accusent, que ces accusateurs d'Encyclopédie ne prouvent
qu'une chose, c'est qu'ils sont des fripons, que j'aurais fait
changer la délibération par l'Académie même, si mes amis et
moi nous nous étions donné quelque mouvement, que c'est par
le conseil de M. de Maurepas même que je me suis tenu tranquille, que je n'ai mérité ni la manière dont la cabale académique
m'a traité, ni même l'indifférence avec laquelle M. de Maurepas
me livre à leurs tracasseries. Je suis sûr que vous ne rirez point
de me voir forcé à soumettre tout ce que j'écrirai à des gens ai-
gris, jaloux, dont le seul but sera de détruire dans ce que je leur
lirai tout ce qu'il y aura de supportable pour dire ensuite que je
ne fais que des choses médiocres. Si vous pouvez faire quelque
chose pour moi, ne perdez pas de temps, parce que le

comte de Buffon n'en perdra pas et que M. de la Vrillière écrira
peut-être sa lettre pour l'assemblée de l'Académie. On peut
bien lui rendre demain à son audience une réponse verbale.
Adieu, je vous demande pardon et vous embrasse. Faites-moi
écrire un mot sur cette affaire avant mercredi.

CLXXIII

CONDORCET A TURGOT

Ce samedi.

Il n'y a pas eu d'Académie aujourd'hui, ainsi la lettre n'a pas
été lue et il y aura pendant les vacances le temps de la retirer.

J'ai vu sur les registres de l'Académie les délibérations rela-
tives à cet objet. Il n'y est question que de M. de Fouchy.

La 1re porte à peu près : ayant fait à l'Académie la proposition contenue dans l'écrit suivant, elle a été unanimement acceptée, et le bonhomme a oublié de transcrire l'écrit suivant sur le
registre.

La 2e porte que M. de Fouchy ayant demandé des commissaires, on lui en a nommé et que la même nomination se fera
d'année en année. Il résulte de là qu'il vaut mieux laisser
calmer les esprits et que lorsqu'ils seront apaisés et que j'aurai
un volume d'histoire à faire, on pourra avec plus d'avantage
faire décider la question.

Ne pourriez-vous pas me rapporter mardi le mémoire sur les
machines et vos réflexions afin de pouvoir statuer quelque
chose sur cet objet avant mon départ. Cette opération est importante et plaira au public raisonnable.

Adieu, Monsieur, n'aurai-je point mardi le plaisir de vous embrasser?

CLXXIV

CONDORCET A TURGOT

Ce vendredi.

Je vous renvoie, Monsieur, ce mémoire que vous m'aviez confié avec une réponse faite en votre nom par M. Bertrand, dont M. de Malesherbes et moi nous vous avons parlé. Peut-être le trouverez-vous trop détaillé ; mais il vous sera aisé, en expliquant vos intentions à M. Bertrand, d'avoir de lui des lettres telles qu'un ministre les doit écrire.

Je ne sais si vous connaissez cette pièce de M. de La Harpe ; je vous l'envoie, quoique je doute fort que vous ayez le temps de lire.

Linguet est plus fou que jamais ; il prétend qu'il y a dix ans que la liberté du commerce des blés fait mourir de faim le royaume et cependant il a écrit en 1766, en faveur de cette liberté.

L'Académie doit aller lundi présenter son mémoire à M. le duc de la Vrillière. Il faudrait que M. de Maurepas le prévint sur ce qu'il faut qu'il réponde. Je crois que pour ce moment où l'on n'a point le consentement de M. de Fouchy, il faut que M. de la Vrillière se borne à dire qu'il rendra compte au roi de la demande de l'Académie et qu'il ne nous dise rien qui fasse soupçonner ses intentions ou plutôt les vôtres.

Adieu, j'espère avoir mardi le plaisir de dîner avec vous.

CLXXV

CONDORCET A TURGOT

L'ingénieur dont on se plaint dans ce mémoire est un homme dur et injuste. Je sais qu'il a employé constamment un piqueur, connu publiquement pour un ivrogne et un fripon, qu'il menaçait les paysans pour les empêcher de se plaindre et qu'il leur tenait parole lorsqu'ils s'avisaient de le faire. Il n'était pas même délicat sur les moyens ; il ne me serait pas difficile de me procurer deux de ses procès-verbaux, ou de son

piqueur, reconnus faux dans des occasions de cette espèce.
Quant au fait de Vervins, il passe pour constant que le désir
de plaire à un homme qui lui donnait à dîner a décidé de la
direction du chemin, quoi qu'il pût en coûter aux propriétaires
voisins et aux fonds des Ponts et Chaussées. Vous verrez dans le
mémoire que les voisins craignent déjà la chute d'un mur destiné à
soutenir le terrain et qui ne soutient rien encore, ce qui ne prouve
pas l'adresse du constructeur. Mais cependant si vous envoyez ce
mémoire aux Ponts et Chaussées, on vous répondra, d'après
l'avis de l'ingénieur en chef qui a des raisons pour être content,
que cet ingénieur est un excellent sujet.

Ainsi, à moins que vous ne preniez la peine d'ordonner que
l'on mette sous vos yeux le plan du chemin dont on se plaint, et
que vous n'ajoutiez surtout *pour le comparer avec celui que
les gens qui se plaignent pourront fournir*, vous ne parvien-
drez pas à connaître la vérité.

CLXXVI

CONDORCET A TURGOT

Ce mercredi.

J'étais bien sûr, Monsieur, qu'on vous rendrait le compte le
plus favorable de M. de Beauvisage ; mais il ne faut calomnier
personne, pas même les pauvres habitants de Ribemont. *Il y
a longtemps que les tyrans traitent de rebelles les peuples qui
ne souffrent pas assez patiemment la tyrannie, et que les administrateurs de petites places traitent de mutins ceux qui
demandent justice.* Si l'homme en qui vous avez confiance ose citer
un fait qui prouve la mutinerie des habitants de Ribemont, j'ai
tort ; mais s'il vous en a imposé sur cet objet, il mérite de perdre
votre confiance. Je sais que M. de Beauvisage traite les paysans avec dureté et avec insolence ; je sais que *l'insolence envers des malheureux manquant de pain et condamnés au travail est une inhumanité infâme.* Si c'est là ce que l'ingénieur
en chef du Soissonnais appelle fermeté, nous ne parlons pas

la même langue. Je sais que M. de Beauvisage. après avoir employé une année à faire une tranchée auprès du mont d'Origny, a employé l'année suivante à la faire remplir des mêmes terres : ce qui n'est pas preuve d'une grande intelligence. Je sais qu'il a fait condamner ces habitants de Ribemont une ou deux fois à des amendes. que l'intendant a jugé mal prononcées, une fois entre autres pour n'avoir pas travaillé à des réparations dans un temps où les terrains étaient inondés. Je sais qu'il a été pour la chaussée de Ribemont de trois ou quatre avis différents, et je n'ai vu à cette variation d'autres causes; 1° que les égards de M. l'intendant du Soissonnais pour cette communauté, 2° la pauvreté de la plupart des laboureurs. Elle va avoir un troisième tort : celui que j'ai osé adresser à vous pour elle; mais j'ose vous prier de vous en rapporter au compte que vous rendra M. de Brie et d'y avoir plutôt égard qu'au commentaire que l'ingénieur de Guise dictera à l'ingénieur en chef.

Je n'ai encore rencontré personne qui se soit plaint de M. de Brie; on dit seulement qu'il est *trop humain,* qu'il *compte trop les hommes pour quelque chose,* et, à l'exception de l'ingénieur en chef et du piqueur de Guise qui ont d'excellentes raisons pour [le ménager,] je n'ai encore vu personne qui ne rendît à M. de Beauvisage la même justice que moi.

Le subdélégué de Ribemont dont on vous parle est mon oncle : il n'a bien voulu se charger de cette place qu'à condition que jamais il ne serait chargé d'aucune partie de l'administration où il pourrait y avoir des actes de rigueur ; voilà pourquoi *il ne commandera jamais aucune corvée...*

CLXXVII

CONDORCET A TURGOT

Voici le plan que M. Marteau a apporté un peu trop tard. Je compte emporter avec moi la grande carte, parce que, comme je ne serai pas loin de l'endroit où l'ingénieur fera ses opérations, je pourrai conférer quelquefois avec lui.

CLXXVIII

CONDORCET A TURGOT

Je vous ai déjà parlé, Monsieur, au mois de septembre dernier, d'un négociant de Dunkerque qui se proposait d'armer pour l'Inde mais qui ne s'y déterminait qu'au cas qu'il lui fût permis de désarmer à Dunkerque. Ce négociant est à présent à Paris et il doit y rester peu de temps ; il est venu me voir pour me parler de cette affaire. Mandez-moi, je vous prie, s'il peut espérer d'obtenir cette liberté, à qui il doit s'adresser pour être en règle et si son projet a besoin d'être discuté, avec lequel des intendants des finances il doit traiter ; comme il ne peut rester encore ici que peu de jours, je désirerais qu'il vous fût possible de me faire répondre promptement. M. de Vaines a eu la bonté de me donner de vos nouvelles. Si vous ne revenez pas à Paris, j'espère que Mme la duchesse voudra bien me mener à Versailles comme la semaine dernière, et que nous y verrons la lettre sur ces corvées, etc. M. D'Alembert et Mlle de L'Espinasse vous demandent l'instruction sur les bestiaux. Le roi de Prusse a envoyé à M. d'Alembert un déjeuner de porcelaine de Berlin et son portrait en porcelaine. Ce portrait est d'une beauté supérieur.

CLXXIX

CONDORCET A TURGOT

Ce jeudi.

J'ai l'honneur, Monsieur, de vous adresser un mémoire qu'un bon gentilhomme Dauphinois m'a remis en qualité de compatriote. Vous êtes cause que plusieurs provinces me revendiquent comme Homère. Ce mémoire roule sur la manière de remplacer les corvées ; il renferme quelques bonnes vues et que vous connaissez il y a longtemps. Mais ce qu'il renferme de singulier, ce sont les faits qu'ils allèguent pour prouver les inconvénients de faire faire les chemins par une taxe générale dont l'Intendant aurait la disposition. J'ai marqué cet endroit d'une étoile et vous trouverez, joints au mémoire, des détails appuyés sur des pièces authentiques de quatre faits très scandaleux.

Le même gentilhomme Dauphinois m'a assuré qu'il en coûtait 100.000 fr. par an à la province de Dauphiné pour fourniture de chariots et de chevaux aux troupes, et que cette fourniture n'était affermée que 15,000 fr.

Il m'a dit encore que les secrétaires de l'Intendance de Grenoble avaient une part considérable dans les adjudications des Ponts et Chaussées, que M. de Chambine était à portée de procurer des éclaircissements sur ce dernier objet et que d'ailleurs on en aurait facilement la preuve en Dauphiné.

Il résulte de cela que le Dauphiné est un peu au pillage, que vous en êtes averti et que vous empêcherez que cela ne dure plus longtemps.

Si on ne m'avait porté que des plaintes en l'air, je ne vous en aurais point parlé ; mais les pièces que je vous envoie, sont de nature à mériter votre attention et je n'ai pas cru qu'en ma qualité de Dauphinois il me fût permis de garder ce silence.

CLXXX

CONDORCET A TURGOT

Je vous renvoie le mémoire du médecin Gauthier, dont je vous ai déjà parlé.

Il doit vous être arrivé un brochet de l'Oise ; il sera très bon à ce que j'espère ; mais j'ai peur qu'il ne soit demeuré à Paris. J'en serais fâché : il ne vient pas trop souvent de bonnes choses de mon pays.

L'abbé de Véry vous verra jeudi, à ce que j'espère. Nous avons causé à fond de mon affaire ; il est de mon avis. Je vais tâcher d'avoir Quesnai à louer. Je suis presque sûr de m'en tirer à la satisfaction des économistes, sans être obligé de mentir.

A propos d'économistes, il faut que le traité du paradoxe paraisse tout à l'heure. Ce maraud s'enhardit par l'impunité et il ne se relèvera point du coup que lui portera l'auteur du paradoxe.

CLXXXI

OBSERVATIONS

SUR LA MÉTHODE DE M. GAUTHIER POUR LES DESCENTES.

M. Tenon n'est pas encore en état de travailler ; mais il m'a exposé ses idées sur la méthode de guérir les descentes, proposée par M. Gauthier et je me suis chargé de les mettre en ordre.

1º Cette méthode n'est pas nouvelle ; elle a été proposée par Franco ; on la trouve décrite dans les mémoires d'Edimbourg et on la pratique dans plusieurs pays ; elle n'est ni sûre, ni sans danger, ni aussi peu douloureuse que ses partisans le prétendent.

2º Elle n'est praticable qu'aux descentes de l'intestin par l'anneau.

3º Dans ce cas même l'opération est inutile pour les enfants dont les descentes se guérissent même radicalement par l'habitude de porter un bandage. Elle est inutile pour les adultes dont la descente peut être contenue par un bandage. En effet, il est presque toujours nécessaire, même après l'opération, de continuer de porter ce bandage.

4º Il suit de là, que l'opération n'est utile que dans le cas d'une descente qui ne peut être contenue par un bandage. Alors si l'opération réussit, la descente devient susceptible d'être contenue.

5º Il peut arriver que la cure faite par l'opérateur soit cependant radicale. Cela arrive lorsque le malade, après sa guérison n'est pas exposé à des exercices violents, qu'il n'engraisse pas, qu'il n'est pas attaqué d'obstructions, etc., alors il est très-pos-

sible que l'anneau cicatrisé par l'opération soit en état de soutenir par lui-même l'effort des intestins.

6° La méthode ordinaire de tailler les descentes consiste à
faire cicatriser l'anneau après y avoir fait quelques scarifica-
tions ; dans celle-ci on le fait cicatriser après l'avoir cautérisé :
il est possible qu'il y ait quelque avantage à prendre ce dernier parti. Les gens du peuple ont dans plusieurs provinces la
manie de faire tailler leurs enfants. Ils aiment mieux les
exposer à une opération dangereuse que de s'assujettir aux
soins qu'exigerait l'application d'un bandage. Les charlatans qui font cette opération emportent ordinairement le testi-
cule du côté où est la descente et si l'enfant en a deux ils le
rendent eunuque.

Il paraît donc que ce n'est pas ici le cas de former des
établissements en grand, où M. Gauthier, etc., traitassent
les soldats ou les ouvriers attaqués de descentes ; il vaudrait
mieux en général leur distribuerdes bandages.

Mais il faut pas non plus trop décourager les partisans de
cette méthode, tout charlatans qu'ils sont. On pourrait leur
permettre de traiter sous les yeux de commissaires nommés
par l'Académie un certain nombre de malades parmi ceux
dont les hernies ne peuvent se contenir par des bandages.
Le Gouvernement paierait les frais du traitement et, si, l'opération réussissait, on pourrait donner une gratification à M. Gauthier.

Nota B. — Les partisans de cette méthode sont sujets à voir
mal ou à dire ce qui n'est pas. Ils y ont déjà été pris. Ainsi il
faudrait, dans les cas où on leur accorderait de faire une nouvelle expérience, prendre des précautions qui ne leur laissassent
aucun subterfuge.

CLXXXII

TURGOT A CONDORCET

Versailles, dimanche 21 (juin 1775.)

Je voudrais vraiment bien avoir donné lieu aux compliments que vous me faites et ce n'est pas faute de bonne volonté; mais vous n'êtes point magistrat, vous confier un département pour travailler sous moi sans ce titre, c'eût été vous rabaisser à l'état de premier commis. Il aurait fallu, pour éviter cette apparence, imaginer et créer quelque charge nouvelle, ce qui dans ce moment eût excité un clabaudage, que j'ai eu peut-être la sottise de craindre. Dans cette circonstance, je me suis borné à prendre sur ce que je gagne par la réunion du département de M. D'Albert à celui de M. Fargès de quoi vous faire jouir des appointements de votre place, dont vous ne deviez jouir qu'à la mort de M. de Forbonnais ou de M. Tillet. Je sens qu'il eût été nécessaire de faire parvenir partout une instruction pour les municipaux, commandants, intendants, etc. ; mais il m'a été impossible de la faire au milieu du premier brouhaha, et actuellement tout se calme.

Dupont a dû vous mander que nous n'étions pas contents de la sixième lettre (1). Je vous embrasse. Quand reviendrez-vous?

CLXXXIII

CONDORCET A TURGOT

Ce Dimanche   [août 1775.]

Point de réponse sur l'abbé de Bruges (2). Savez-vous qu'il

---

(1) Il s'agit de la sixième lettre sur le commerce des blés. Mademoiselle de l'Espinasse avait retardé l'impression de la quatrième et de la cinquième pour les faire paraître avec cette sixième lettre. (*Lettres inédites de Mademoiselle de l'Espinasse à Condorcet et à d'Alembert* publiées par nous.)

(2) Cet abbé prétendait avoir le secret de fabriquer du salpêtre avec du sel marin et demandait pour quarante ans le privilège de vendre ce nou-

ne mange plus et qu'il serait mort si on ne l'avait envoyé recueillir une succession à Brives-la-Gaillarde.

Je vous montrerai jeudi la nouvelle jauge, et si vous voulez
on fera l'expérience chez vous. En ma qualité de géomètre,
j'aurais une petite requête à vous présenter. Ce serait de
défendre aux fermiers généraux de se servir de mesures coniques
pour mesurer le sel ; les cylindres sont un corps plus parfait, et
dont la capacité se calcule mieux. D'ailleurs il est prouvé par
l'observation et par la théorie que par l'usage des mesures coniques ils escamotent un cinquantième du sel qu'ils doivent fournir.
Les regrattiers ne peuvent se tirer de cette fausse mesure qu'en
imbibant leur sel d'eau ; ils le pèsent ensuite dans des balances
de cuivre, et il en résulte que le pauvre peuple est volé et empoisonné. Un petit bout d'arrêt du Conseil, bien géométrique,
bien clair, débarrasserait de cette vexation ; les fermiers généraux
ne pourraient se plaindre sans avouer qu'ils sont des fripons.

M. de La Harpe a le prix (1). M. de Guibert sera loué, com-
plimenté, etc. J'ai peur que le public ne juge autrement que
l'Académie (2).

Je vous dois des remercîments pour une petite place que vous
avez donnée à M. Audiger, le cadet. Il faut espérer que quelque
jour vous ferez quelque chose pour l'aîné. Quand vous verrez
M. de Guibert, parlez-lui de ce que M. Bernard a établi en
Prusse, afin d'aviser aux moyens de l'empêcher d'établir la

veau salpêtre à la ferme des poudres. Il assurait que l'épreuve de ce
secret avait été faite en présence de MM. Lusignan et de Bory. Il est
question des propositions de l'abbé dans une lettre de Turgot à Macquer
datée d'octobre 1774, dans une lettre de Condorcet au même personnage
(Bibliothèque Nationale) et dans la correspondance administrative de
Turgot conservée aux Archives Nationales.

(1) Pour l'éloge de Catinat : M. de Guibert eut le premier accessit et
l'abbé d'Espagnac, le second.

(2) Voltaire désira qu'il y eut deux prix (lettre à Condorcet. t. I., p. 87).
Fréron (*Année littéraire* 1775 t. VII., p. 76) et Linguet (*Journal politique*
t. IV., p. 416) prirent parti pour Guibert.

même chose en France. On dit que rien n'est plus propre à dégoûter des voyages que les messageries du roi de Prusse.

On m'a assuré que je vous devrais bientôt des remercîments pour un bel appartement à la Monnaie. Il y aura de quoi loger M. Suard et moi ; mais il y a quatorze ans que l'abbé Arnaud loge avec M. Suard, et ils seraient très-affligés tous les deux d'être obligés de se séparer. Ne pourriez-vous pas donner à M. Suard *sans appointements* un titre d'historiographe des monnaies et vous lui donneriez le petit appartement que j'ai à présent. Nous y logerions l'abbé Arnaud. Vous voyez qu'il n'y a rien de plus simple ; il vaut autant mettre dans cet appartement un homme de mérite qu'un autre. D'ailleurs M. Suard vous donnerait une petite histoire physique et politique des monnaies, qui serait bien tournée. Adieu, mais répondez-moi sur l'abbé de Bruges. J'ai aussi un secret pour faire du salpêtre ; je vous le donnerai gratis si vous voulez proscrire les mesures coniques.

CLXXXIV

CONDORCET A TURGOT

Comme M. Messier sera bientôt en état de faire les expériences du pendule, nécessaires pour se procurer une unité de mesure, je crois qu'il serait à propos de s'occuper en même temps de la partie politique de ce travail, afin que les opérations préliminaires se trouvassent faites lorsque, l'unité de mesure étant déterminée, il ne s'agira plus que des vérifications.

I. M. Tillet a fait un travail sur les poids et mesures ; il faudrait savoir où ce travail en est resté. Comme M. Tillet est mon confrère, en qualité d'inspecteur des monnaies, qu'il est exact et entendant bien raison, si vous le trouvez bon, nous nous arrangerons pour agir de concert, alors son travail ne sera point perdu et, comme il a des appointements ainsi que moi, vous n'aurez rien de plus à payer.

II. Il faudrait écrire aux Intendants pour savoir d'eux :

1º Les noms des différentes mesures de longueur, de superficie ou de solidité usitées dans leur province et les noms des divisions de ces mesures.

2º S'il existe des étalons de ces mesures et où ils sont déposés.

3º Quelle est l'évaluation de ces mesures en mesures de Paris, si cette évaluation a été faite d'après une comparaison des étalons de ces mesures avec des mesures étalonnées sur celles de Paris ; si elle a été fixée par quelque acte public, ou si elle est seulement connue par une sorte de notoriété.

Je crois qué la meilleure manière de leur faire ces questions serait de leur envoyer un état à colonnes à remplir. Si vous approuvez cette proposition, je dresserai un modèle de lettre et d'état que vous corrigerez.

CLXXXV

CONDORCET A TURGOT

Ce vendredi.

I. Je vous envoie l'instruction pour M. Messier, hôtel de Cluny, rue des Mathurins. Il faut y ajouter une lettre pour l'autoriser à voyager et lui assurer le remboursement de ses frais d'instruments et de voyages. D'ailleurs il faut en prévenir M. de Sartines, dont il dépend comme astronome de la marine. La mauvaise saison arrive et il lui faut du temps pour se préparer, ainsi il n'en faut pas perdre sans lui écrire.

II. N'oubliez pas non plus la lettre à M. Tillet pour avoir la lame d'argent. Je vais chez Leinel lui donner les dernières instructions.

III. Je vous rappellerai aussi la lettre de l'abbé Bossut. Vous voyez qu'il faut qu'il puisse commencer à la Saint-Martin. Il accepte votre arrangement.

IV. Je vous recommande encore les jaugeurs ; le vin arrive à la Saint-Martin. Plus les fermiers généraux font les entendus, plus il est sûr que l'opération est nécessaire. Vous m'avez promis de ne pas oublier la demande que je fais d'une de ces places pour M. de Mantes de Vervins. Si vous pouviez me faire écrire par M. Desnos que *lorsque vous terminerez l'affaire de jaugeage vous aurez égard au mémoire que je vous ai remis pour le sieur de Mantes et que vous êtes mon serviteur*; cette lettre me ferait beaucoup de plaisir et ne vous coûterait pas grand peine.

Adieu, j'espère vous revoir dans cinq semaines, car si ma mère vient à Nogent j'irai voir votre belle maison de Fontainebleau.

J'oubliais de vous dire que l'on m'enverra à Ribemont la lettre de change pour Euler. J'y en joindrai une autre qui ne la vaudra pas et je vous les enverrai pour en joindre une troisième qui vaudra mieux que les deux autres. Je lui manderai pourtant de ne la pas imprimer.

Vous m'avez parlé dans votre imposition des corvées d'abonnements du clergé par diocèses. Ce serait un grand mal si vous cédiez à ces propositions : 1° le peuple en paierait davantage ; 2° le clergé continuerait de cacher ses biens, de se croire un corps à part, quant à la propriété, et vous savez combien cela est contraire à toute bonne administration.

Vous avez écrit une lettre circulaire aux trésoriers pour leur demander des éclaircissements. Ceux qui dépendent d'autres ministres, comme de la Guerre, de la Marine etc., se proposent de ne vous point répondre et de dénoncer votre lettre à vos confrères, espérant se sauver par le conflit de ministres.

M. de Voltaire vous prie de ne pas perdre de temps pour tirer ces pauvres habitants de Gex de ce qu'il appelle les pattes des fermiers généraux.

CLXXXVI

TURGOT A L'ABBÉ BOSSUT

1er Octobre 1775.

RÉDACTION ORIGINALE INÉDITE (1)

RÉDACTION PUBLIÉE DANS LES MÉMOIRES SECRETS. (VIII, P. 307-310.)

Un des plus puissants moyens, Monsieur, pour répandre l'abondance dans tout le royaume et assurer la subsistance du peuple serait d'établir entre toutes les provinces des communications par eau, en rendant navigables toutes les rivières qui en sont susceptibles et en les joignant par des canaux.

Il y a d'ailleurs en France une très grande quantité de terrains inondés par des rivières dont le cours est arrêté, soit par des obstacles naturels, soit par la construction vitreuse des moulins. Ces terres marécageuses sont perdues pour la culture, et l'air des habitations voisines en est infecté, au point de diminuer d'une manière sensible la vie moyenne des hommes.

Des travaux bien entendus,

Il serait difficile, Monsieur, de compter les différents genres de travaux dont l'avantage de l'Etat prescrit à l'Administration de s'occuper essentiellement et dont le succès ne peut être fondé que sur la perfection de l'art de modifier ou de diriger l'action et le cours des eaux ; opposer des digues à l'impétuosité de la mer, conquérir sur elle des terrains nouveaux, garantir de ses ravages ceux qu'elle menace d'engloutir, creuser des ports, empêcher les anciens de se combler par les dégâts de la mer ou par ceux des rivières qui s'y jettent, donner, autant qu'il est possible, aux torrents et aux fleuves un lit certain et défendre les campagnes des inondations, assurer et perfectionner la navigation des rivières déjà navigables,

(1) Nous rapprochons de l'autographe la rédaction publiée : il y a là, croyons-nous, matière à une très intéressante collation.

une construction de moulins moins défectueuse rendrait à l'air la salubrité et dessècherait les terrains inondés.

Le roi sent trop l'importance de ces différents travaux pour ne pas désirer que la science hydraulique fasse promptement de nouveaux progrès et qu'il se forme dans ses Etats un grand nombre d'hommes instruits dans cette science, en état de diriger les travaux avec intelligence et de vaincre les difficultés qui s'y rencontrent.

Sa Majesté s'est fait rendre compte des moyens d'accélérer les progrès de l'hydraulique. Elle a trouvé qu'un des plus grands obstacles à l'avancement de cette science venait de ce que les principes sur lesquels la pratique ordinaire est fondée, sont trop précaires pour être employés avec sûreté, tandis que les véritables principes de la théorie ne peuvent que très difficilement être rendus applicables à la pratique et surtout mis à la portée du grand nombre de ceux à qui la pratique est confiée. Elle a jugé en conséquence que le meilleur moyen de les éclairer était de choisir,

rendre navigables celles qui ne le sont pas, réunir les rivières et les mers par des canaux de communication, féconder les terres arides en y conduisant l'eau dont elles manquent, ouvrir ailleurs des écoulements aux eaux qui infectent l'air par leur séjour, substituer aux moulins qui noyent les prairies des usines mieux entendues : Quelle foule d'entreprises utiles s'offrent à l'industrie des particuliers et au soin de l'administration ! Quels biens n'en doivent pas résulter un jour pour les sujets et l'Etat !

Le Roi, qui désire vivement de procurer à ses peuples toutes sortes d'avantages, se propose de faire suivre avec la plus grande activité les ouvrages déjà commencés en ce genre et de les multiplier autant qu'il sera possible. Chargé de l'exécution de ses vues, je ne me dissimule pas l'obstacle qu'y met l'imperfection où est jusqu'ici la science du mouvement des fluides nécessaire pour les diriger, et surtout l'espèce de séparation qui se trouve encore dans cette science entre la spéculation et la pratique. Des génies du

parmi les géomètres qui se sont appliqués à la science des fluides, un savant qui l'eût approfondie par le calcul et par l'expérience, et de le charger d'enseigner la théorie et la pratique de l'hydraulique en développant ce que, dans les théories données jusqu'ici ou dans les règles déduites de l'expérience, il y a de plus certain et de plus applicable à la pratique, soit pour la construction des canaux et des travaux de navigation, soit pour remédier aux maux que peuvent causer les rivières par leurs débordements ou leur stagnation, soit pour la construction des moulins.

Le succès de vos ouvrages sur l'hydraulique et le suffrage que les plus célèbres géomètres de l'Europe leur ont accordé, ont déterminé Sa Majesté à faire choix de vous pour vous charger de cet enseignement.

L'intention de Sa Majesté est donc, Monsieur, que vous fassiez chaque année, à commencer au mois de novembre prochain, un cours public d'hydraulique dans une salle qui vous sera donnée à cet effet. Vous en publierez un

premier ordre ont établi des théories profondes ; mais ces théories sont trop peu applicables à la pratique ; trop peu connues de la plus grande partie des hommes d'art qui ont à opérer. Ceux-ci sont dans le plus grand nombre de cas réduits à travailler d'après des principes précaires, qui ont besoin le plus souvent d'être modifiés par une sorte de tâtonnement fondé sur la seule routine.

Il est donc nécessaire pour être en état de projeter et d'exécuter avec sûreté, et pour n'être pas exposé à tomber dans des erreurs ruineuses, de travailler à perfectionner l'art même, à en répandre la connaissance, à former un grand nombre d'artistes, qui réunissent à l'étude des vrais principes de la théorie le secours de l'expérience, qui sachent les concilier ou les suppléer l'une par l'autre, et en tirer des règles sûres pour opérer avec succès et vaincre les difficultés.

J'ai cru ne pouvoir mieux atteindre ce but, qu'en établissant un enseignement public, où les jeunes gens puissent s'instruire également dans la théorie et dans la pratique.

programme où vous marquerez l'ordre, le nombre, l'heure et la durée de vos leçons. Le roi vous laisse le maître de régler ces différents objets.

Vos appointements que Sa Majesté fixe à six mille livres courront du 1ᵉʳ novembre 1775. Le Gouvernement sera souvent dans le cas de vous consulter sur la capacité des sujets qui auront suivi vos leçons et j'espère que vous voudrez bien en rendre compte avec l'intégrité et le zèle qu'on vous connaît depuis longtemps.

Le succès de vos ouvrages sur l'hydraulique et le suffrage que les plus célèbres géomètres de l'Europe leur ont accordé, ont déterminé le Roi à vous choisir pour vous charger de cet enseignement.

L'intention de S. M. est donc, Monsieur, que vous donniez chaque année, à commencer au mois de novembre prochain, un cours public d'hydraulique dans une salle qui vous sera indiquée à cet effet. Vous publierez un programme où vous marquerez l'ordre, le nombre, l'heure et la durée de vos leçons.

Je serai souvent dans le cas de vous consulter sur la capacité des sujets qui auront suivi votre cours, et j'espère que vous voudrez bien en rendre compte avec l'intégrité et le zèle qu'on vous connaît depuis longtemps.

Je suis avec toute l'estime possible, Monsieur, votre très obéissant serviteur.

TURGOT.

CLXXXVII

CONDORCET A TURGOT

Ce jeudi. [Septembre 1775]

L'abbé Bossut demande si vous avez parlé de son affaire avec M. Trudaine. Si M. d'Angevilliers est disposé à lui accorder un logement, comme il est obligé d'examiner ses élèves du génie sur le dessin, il lui faut une pièce où il y ait du jour, et l'appartement de M. D'Alembert lui convient très peu. Madame d'Anville me mande que vous trouvez M. de Fargès assez raisonnable; je vous ai écrit hier sur l'étrange lettre que j'ai reçue de lui. Il peut être raisonnable que je cède à la nécessité ; mais il est un peu étrange qu'après avoir gardé le logement d'un autre pendant huit mois, on en demande quatre pour se déterminer à lui déclarer combien on veut le garder encore. Vous savez qu'il est très désagréable pour les gens qui travaillent de n'avoir pas un logement à demeure et je prévois que d'ici à plus d'un an, je serai en l'air. J'aimerais mieux que tout simplement il prît l'appartement pour un an, que de l'emprunter de mois en mois. Je sens bien qu'il est forcé d'être malhonnête par sa belle-sœur, à qui il n'a pas le courage de résister et qui n'est délicate ni en procédés, ni en société. Mais ce n'est pas une raison pour y joindre de l'impertinence. Adieu, je vous embrasse de tout mon cœur.

CLXXXVIII

TURGOT A CONDORCET

Ce mardi, 10 septembre. [1775]

Je n'ai point traité l'affaire de l'abbé Bossut. Je verrai M. Trudaine à Paris.

J'y serai vendredi, mais je compte aller ce jour [là] dîner à St-Maur, chez M. Albert. Je vous y donne rendez-vous si cela vous convient et, s'il vous convenait de venir ce jour-là à Paris, nous pourrions y retourner ensemble.

Je ne vous parle pas de l'affaire de votre logement dont je sens tout le ridicule ainsi que vous.

Je n'ai que le temps de vous embrasser.

CLXXXIX

CONDORCET A TURGOT

Je vous prie de me faire dire l'heure de votre travail avec M. Trudaine. L'abbé Bossut (qui depuis mardi a une véritable passion pour vous) et moi qui suis de plus ancienne date, nous vous rendrons compte du projet que vous m'avez renvoyé hier. Je voudrais savoir votre heure ce soir et quelle n'empêchât point l'abbé Bossut de dîner chez Mme d'Anville. M. D'Alembert vous a écrit hier sous les yeux de Mme de Fouchy. Ainsi il n'a pu vous expliquer cette histoire que je vous raconterai demain. Si vous voulez me voir au lieu de me répondre ce soir, faites-le moi dire. Je ne sortirai qu'à six heures et demie et vendredi à neuf et demie.

CXC

PETITES QUESTIONS

QU'ON PREND LA LIBERTÉ DE PRÉSENTER EN TOUTE HUMILITÉ
A MONSIEUR LE CONTRÔLEUR GÉNÉRAL. (1)

Non.

I. Y a-t-il contre le projet d'amener l'eau de l'Yvète à Paris d'autres objections que celle de la dépense ?

Oui, du moins en grande partie.

II. Ne trouverait-on pas l'argent nécessaire à cette opération en vendant à des particuliers une partie de cette eau ?

Je n'en sais rien.

III. La confiance que l'on a au Gouvernement actuel ne rendrait-elle pas ce moyen très-facile ?

____

(1) Questions de Condorcet. Réponses de Turgot.

Je le crois; mais ce moyen par forme d'invitation du Gouvernement me paraît un peu petit.

Je n'en sais rien.

Elle n'est guère en état de dépenser, car elle est ruinée.

Oui.

Comme personne n'en a déjà été chargé, il y a un petit complot de vanité à craindre; mais on peut prendre des tournures.

Fort bien.

IV. Ne pourrait-on pas espérer que des particuliers très-riches qui aient la générosité ou la vanité de payer de leur argent l'eau d'une fontaine publique à laquelle ils donneraient leur nom?

V. Ne pourrait-on pas mettre aux prises la vanité des moines ou des corps ecclésiastiques très-riches avec leur avarice et faire pencher la balance du côté de la vanité?

VI. La ville de Paris ne dépense-t-elle pas annuellement à des embellissements superflus une somme que l'on pourrait employer à un ouvrage utile au peuple de plus d'une manière?

VII. Ne faudrait-il pas commencer par revoir tout le travail de M. Deparcieux?

VIII. Y aurait-il quelque inconvénient à charger de cet examen le comité que vous avez nommé?

IX. Ne pourrait-on, d'après cet examen, publier un nouveau mémoire plus court, plus frappant, plus aisé à lire, arrêter la quantité d'eau qu'on pourra vendre au public, en fixer le prix, les conditions de la vente et celle du paiement, fixer aussi le prix de l'eau pour les fontaines publiques que la générosité des particuliers voudrait élever?

Cet article est bien délicat et le plus difficile de tous.

Tout ceci sera fort aisé quand le plan sera bien fait et bien rédigé et qu'il embrassera la partie de l'art et la partie économique.

Ceci est difficile car il faut beaucoup d'argent pour payer les ouvriers.

X. Si la famille royale donnait l'exemple sur les fonds destinés à ses plaisirs, ne serait-il pas suivi avec empressement ?

XI. Comme en général on n'aime point à donner d'argent pour un objet éloigné et dès lors incertain, ne pourrait-on pas lever cette difficulté, soit en donnant une plus grande solennité aux engagements de la ville de Paris, soit en n'exigeant l'argent de ceux qui auraient fait leurs soumissions qu'après que l'eau de l'Yvette serait arrivée à Paris ?

CXCI

TURGOT A CONDORCET

Au Tremblay, le 8 octobre 1775. (1)

J'ai, Monsieur, donné à M. Du Pont le oui et le non que vous demandez sur vos questions. (2) Je ne finirai qu'à Fontainebleau l'affaire des jauges ; mais vous pouvez être sûr que lorsque je la terminerai, je n'oublierai pas l'intérêt que vous prenez au sieur de Mantes, dont j'ai donné le nom à M. Trudaine. Je suis venu passer ici quelques jours dans la solitude pour me reposer et pour avoir un peu de loisir. Je n'en ai pas autant profité que je l'aurais voulu ; j'ai cependant employé mon temps.

Je ne sais si M. De Vaines vous a envoyé la lettre de change pour Euler. Je vous envoie la lettre que je lui écrirai en même temps afin que vous la corrigiez si elle n'est pas bien. (3) J'ai mis

(1) Turgot était auprès de sa sœur.

(2) Voyez la pièce précédente.

(3) Voyez la pièce CXCIII.

le post-scriptum sur une feuille séparée parce que je ne sais
s'il ne vaut pas mieux que vous vous chargiez de mander ce
détail. Je me méfie toujours de la rage qu'ont les Allemands
pour tout imprimer. Or, cette explication serait très ridicule si
elle était imprimée.

A propos de cela, ne trouvez-vous pas que les gazetiers de
Hollande me font écrire d'un charmant style.

Adieu, Monsieur, je me fais un bien grand plaisir de vous recevoir à Fontainebleau. Il y a un canal devant mes fenêtres où
l'on ferait de belles expériences sur la résistance des fluides.

Mon courrier m'apprend que le Maréchal du Muy va se faire
tailler de la pierre. Il sera regrettable par son honnêteté; mais
l'exemple du duc de Rohan doit lui donner bonne espérance.

CXCII

BROUILLON

D'UNE LETTRE DE TURGOT A EULER RÉDIGÉ PAR CONDORCET.

Vous avez fait des découvertes si brillantes et si profondes
dans la science du mouvement des fluides et des corps solides,
science qui est le fondement de la théorie de la construction et
de la manœuvre des vaisseaux, que le traité élémentaire que
vous avez publié sur cet objet doit être regardé comme un ouvrage vraiment précieux et fait pour être étudié par les naviga-
teurs de toutes les nations. En conséquence, le roi a résolu de
le faire réimprimer en France. Il m'a chargé de vous en instruire
et de vous offrir une gratification de mille roubles comme une
marque de son estime et de l'intérêt qu'il prend à un savant
illustre, depuis longtemps associé à son académie et qui lui a
fait tant d'honneur par ses travaux.

Sa Majesté a résolu également de faire imprimer une traduction de votre commentaire sur Robins, ouvrage où, selon le témoignage unanime de tous les géomètres qui ont vu le manuscrit, on voit briller cette sagacité et cette élégance qui semblent
faire le caractère particulier de vos productions. Le roi n'a point

voulu que les officiers de ses troupes qui ignorent la langue allemande fussent privés plus longtemps des lumières qu'ils peuvent puiser dans cet excellent ouvrage. J'ai été très flatté de cette occasion de vous témoigner l'admiration que j'ai depuis longtemps pour votre génie si fécond et si sublime en même temps.

CXCIII

TURGOT A EULER

Pendant le temps, Monsieur, que j'ai été chargé du département de la Marine, j'ai pensé que je ne pouvais rien faire de plus avantageux pour l'instruction des jeunes gens élevés dans les Écoles de la Marine et de l'Artillerie que de les mettre à portée d'étudier les ouvrages que vous avez donnés sur ces deux parties des mathématiques. J'ai en conséquence proposé au roi de faire imprimer par ses ordres votre traité de la construction et de la manœuvre des vaisseaux et une traduction française de votre commentaire sur les principes d'artillerie de Robins.

Si j'avais été plus à portée de vous, j'aurais demandé votre consentement avant de disposer d'ouvrages qui vous appartiennent ; mais j'ai cru que vous seriez bien dédommagé de cette espèce de propriété par une marque de la bienveillance du roi. S. M. m'a autorisé à vous faire toucher une gratification de mille roubles, qu'elle vous prie de recevoir comme un témoignage de l'estime qu'Elle fait de vos travaux et que vous méritez à tant de titres. Je m'applaudis d'en être dans ce moment l'interprète et de saisir avec un véritable plaisir cette occasion de vous exprimer ce que je pense depuis longtemps pour un grand homme, qui honore l'humanité par son génie et les sciences par ses mœurs.

Je suis, Monsieur, très-parfaitement, votre très-humble etc.

P. S. Il y a déjà quelque temps que M. le Marquis de Condorcet, qui s'est chargé de veiller à l'édition de vos deux ou-

vrages, vous a prévenu de cette grâce du roi et vous avez dû
être surpris de n'en avoir point de nouvelle directe. Mais ayant
passé du Ministère de la Marine à celui des Finances, la feuille
approuvée par le roi s'était égarée ; je répare aujourd'hui ce retard.

CXCIV

CONDORCET A TURGOT (1)

Octobre 1775.

On veut que je vous écrive encore sur l'affaire de ces rats qui
incommodent mon oncle (2) ; le clergé de Paris a pris son parti.
Autrefois on savait se débarrasser des sauterelles et des rats par
une simple excommunication. A présent l'Eglise de Dieu a besoin d'arrêts du Conseil. On vous enverra un mémoire qui mettra
la justice de cette affaire dans tout son jour.

Mon oncle voudrait aussi que vous lui accordassiez vos bons
offices auprès de M. le garde des sceaux. Le clergé doit demander au roi un arrêt fulminant contre une consultation que les
curés du diocèse de Lisieux ont opposée à une ordonnance de
leur évêque. On doit surtout leur interdire de s'assembler pour
défendre leurs droits quand ils seront lésés. Le clergé veut aussi que le roi lui accorde le droit de punir, à la première assemblée, les curés qui auront osé résister à leurs évêques. Tout cela
m'a paru si juste, si noble et si chrétien, je me suis trouvé si petit personnage entre le roi et son clergé, que j'ai répondu qu'il
ne me convenait pas de me mêler d'une affaire qui intéressait en
général la juridiction ecclésiastique, vu surtout que, si elle dé-
pendait de moi, je n'aurais garde d'accorder au clergé ou à mon
oncle ce qu'ils demandent. Si cette affaire se discute au Conseil,
je vous prierai seulement d'empêcher, autant qu'il sera en vous,
que mon oncle n'ait des désagréments personnels ; mais je crois

(1) Ed. Arago et O'Connor, I, page 257.

(2) M. de Condorcet, évêque de Lisieux, qui avait quelques difficultés
avec les prêtres de son diocèse.

qu'un des meilleurs moyens d'empêcher ce qui reste de fanatisme dans certaines têtes, de troubler la paix, serait de diminuer autant qu'il est possible l'autorité des évêques sur les curés, d'empêcher ces synodes que mon oncle veut établir, et qui ne servent qu'à nourrir le fanatisme, à engager les curés à mettre dans la morale des raffinements qui troublent la conscience des paysans et les rendent fous. Ce serait d'ailleurs une bien mauvaise chose que de laisser ces assemblées du clergé, qui ne sont faites que pour imposer les décimes, s'ériger en tribunaux et en conciles. Je crois que les protestants du Hainaut ont beaucoup gagné à perdre M. du Muy (1). L'archevêque de Cambrai a un zèle qui n'est pas absolument selon la science, et, sans M. de Taboureau, on en aurait arrêté dès cet été.

J'espère avoir le plaisir de vous voir à Fontainebleau vers le 8 ; il faut que je parle à M. de Malesherbes de mes tracasseries académiques.

CXCV

CONDORCET A TURGOT

(1775).

On m'a assuré que vous alliez réunir les coches d'eau aux messageries de terre. Cela vous obligera sans doute à augmenter le nombre des administrateurs. Permettez-moi de vous rappeler encore M. Audiger l'aîné. Vous voyez par mon importunité combien je suis sûr de vous faire faire une bonne acquisition et combien je m'y intéresse. Vous aviez eu même la bonté de me donner des espérances dans le temps de l'établissement ; je n'ai point été assez heureux pour qu'elles aient pu se réaliser. M. Audiger est un bon travailleur ; il a du crédit pour avoir des fonds ; il est fort intelligent, honnête et rempli d'humanité et de bienfaisance. Voici une autre affaire.

(1) Ministre de la Guerre, mort le 10 octobre 1775. Il fut remplacé par M. de Saint-Germain.

On m'a dit qu'il vacquait ce qu'on appelle un acquit patent, que M. Le Clerc en avait un et que vous ne songeriez peut-être pas à donner celui qui vacque à M. de Vaines. J'ai cru que je vous ferais plaisir en vous avertissant de cette distraction. M. de Vaines ne sait pas que je me doute seulement qu'il y ait des acquits patents dans le monde et il ne saura pas que je vous ai parlé de lui. Ainsi vous restez absolument le maître.

CXCVI

CONDORCET A TURGOT

(octobre 1775).

Voilà donc l'affaire des postes décidée ; je suis fort aise que M. de Vaines n'ait rien. Son honneur y gagne plus que sa fortune n'y perd et ce qui dans sa conduite n'était que faiblesse aurait paru bassesse s'il avait réussi.

J'ai peur que M. D'Alembert ne tienne à ces éloges. Je lui écris par Mme Saurin comme à vous, et j'insiste sur le danger de faire un éloge honnête, danger plus grand que le silence ; comme il s'inquiète facilement pour ses amis, c'est la seule bonne raison pour lui dans ce moment. Je ne sais si je dois désirer que vous veniez ici ou le craindre. Le temps est absolument tourné à l'humidité. Mme d'Anville fait allumer du feu dans votre chambre à tout événement.

Ne trouvez-vous pas que ce que j'ai dit de l'intrigue, qui n'épargne pas les ministres corrompus plus que les ministres vertueux, est venu à merveille pour M. de Saint Germain ? Je crois que M. de Maurepas a eu l'intention de m'ériger en prophète.

Adieu, je vous embrasse bien tendrement. Si vous ne venez pas ici, j'irai vous retrouver dans le courant de la semaine prochaine.

Madame la duchesse d'Anville voudrait savoir si il y aurait moyen d'empêcher l'établissement dont on parle dans cette lettre et comment s'y prendre. Elle ne voit pas trop les inconvénients, mais elle craint le génie des Broglies, et cette manière de faire de petits maux par de petits moyens.

CXCVII

CONDORCET A TURGOT

(1775).

Je crois vous avoir déjà parlé de l'objet pour lequel je vous envoie aujourd'hui un mémoire.

Cette affaire sera très-aisée à terminer promptement. Vous supprimerez sans nuire aux revenus du roi, une foule de droits onéreux, dont la suppression animerait le commerce intérieur, et ferait surtout un grand effet sur le public par le nombre et les noms bizarres des droits retranchés.

Ce n'est point là perfectionner le mal. Si vous restez en place, rien ne vous empêchera d'ôter dans la suite les douanes extérieures, quelque bien réglées qu'elles soient. Si vous n'y restez pas, l'expérience a prouvé que l'excès du mal n'est pas une raison pour qu'il soit détruit.

M. de Trudaine a un travail tout prêt sur cet objet, il n'y a que de légers changements à y faire pour l'appliquer au moment présent.

L'auteur du Mémoire que je joins ici est persuadé que l'on pourrait aisément engager les fermiers généraux à consentir à cet arrangement et à avoir l'air de le demander.

Tout ce que je vous demande est que vous vouliez bien l'écouter un quart d'heure à votre premier voyage. Vous serez content de lui : c'est un homme d'esprit et qui connaît bien les détails de la ferme.

Si vous persistez ensuite à ne pas vouloir de cette opération, je renoncerai au désir que j'ai qu'elle se fasse cet été, non pour votre gloire, mais pour votre effet actuel sur l'opinion du *public* qui, n'étant ni à portée ni en état de vous juger, a besoin d'être réveillé de temps en temps.

Vous n'êtes point du tout charlatan et c'est un défaut, vu ce qu'on est à Paris et à Versailles.

M. d'Anlezy m'a paru croire que vous lui aviez promis d'écrire pour son homme si vous n'aviez pas déjà demandé pour un autre.

J'irai vous voir vendredi.

CXCVIII

CONDORCET A TURGOT

Ce vendredi.

Je vous prie de vouloir bien me rendre le service de défendre un de mes amis contre un mauvais tour que Fouchy lui a joué par malice ou par bêtise. C'est M. l'abbé Giraut de Kéroudon, professeur au Collége royal et à celui de Navarre. C'est un homme de mérite, qui a été il y a quinze ans mon professeur et qui depuis ce temps est resté mon ami. Il a des connaissances mathématiques très-étendues, et il désirait être de l'Académie. En conséquence il a présenté un mémoire à l'Académie pour lui prouver qu'il était du bien des Sciences d'avoir une place toujours remplie par un professeur de l'Université et par ce moyen de répandre les découvertes des académiciens et d'introduire dans les colléges une bonne doctrine. On a rejeté ce projet ; je ne sais si on a eu raison. M. de Fouchy qui devait alors garder le mémoire dans ses registres ou le rendre à l'auteur, l'a communiqué à des membres de l'Université qui en ont dénoncé au tribunal un extrait infidèle. Cela fait un très-ridicule procès à l'abbé Giraut. La conduite de Fouchy est au moins d'une étourderie très-répréhensible, les gens de l'Université sont des marauds. J'avais espéré que M. de Malesherbes évoquerait l'affaire au Conseil parce qu'il s'agit de faits passés dans l'Académie des Sciences ; il ne l'a point voulu. Il aime les corps malgré le mépris qu'ils méritent, depuis la diète de l'Empire, celle de Pologne, le clergé de France et les communes d'Angleterre, jusqu'à celui des pénitents blancs et bleus. Le seul qui vaille quelque chose est celui qui est assemblé à Philadelphie, parce qu'il est nouveau et que l'esprit de corps ne l'a point gagné. Quoiqu'il en soit donc des corps, M. de Malesherbes ne fera rien, mais vous pouvez beaucoup, non comme ministre, mais comme M. Turgot. Le recteur, qui est M. Guérin, a de la confiance en vous, il a du crédit dans son corps et si vous lui disiez un mot sur le ridicule dont cette affaire couvrira l'Université, si elle éclate, cela suffirait pour l'arrêter. Le prétexte du procès est qu'il est dit dans le mémoire de l'abbé Giraut que l'enseignement de la philosophie a besoin de réforme dans l'Université, et il n'est pas difficile de faire entendre combien cela est aisé à prouver et dans quel mépris les preuves qu'on en peut donner feraient tomber l'Université de Paris.

Faites donc venir, je vous prie, l'abbé Guérin et pour être mieux instruit voyez un moment l'abbé Giraut. Je lui mande de se présenter chez vous de ma part.

CXCIX

CONDORCET A TURGOT

Ribemont, ce mardi, 10 octobre 1775.

Me voici de retour de mon voyage de Flandres. Je compte vous envoyer dans peu un mémoire détaillé sur les canaux de communication à faire entre les rivières de cette partie de la France. Je vous demande seulement d'avance d'engager M. Trudaine à faire suspendre absolument, non-seulement tous les travaux du canal souterrain (1), mais ceux de la Somme, et de faire écrire aussi aux États de Cambrésis pour qu'ils interrompent les leurs. Il y a des communications très avantageuses, à ce que je crois, que l'on rendrait beaucoup plus difficiles qu'elles ne le sont, si l'on continuait ces travaux de la Somme et de l'Escaut suivant le plan de M. Laurent.

Dussiez-vous me trouver insupportable, je vous parlerai encore de vos corvées. Il est déjà publié dans ce pays que les ingénieurs comptent faire adjuger les chemins à leurs piqueurs, espèce de gens à qui ils laissaient piller le peuple, vous vous doutez bien à quelles conditions. Songez qu'ici vous avez affaire, non seulement à leur avidité, mais à leur orgueil, que

---

(1) Le canal de Saint-Quentin destiné à unir l'Escaut à la Somme et qui s'était éboulé faute de voûte.

flattait l'espèce de commandement que l'administration par corvées leur laissait exercer sur le peuple. Ils trouveraient moyen de satisfaire à la fois leur vengeance et leur cupidité, en rendant la nouvelle administration impossible par la trop grande chèreté des travaux. Vous croyez peut-être qu'il y a dans ma crainte de l'exagération, que le spectacle de quelque friponnerie faite par l'un d'eux m'a révolté et me fait aller trop loin. Parlez-en à l'abbé Bossut, c'est un des hommes les plus vrais que je connaisse ; il vous en dira autant que moi et il les connaît mieux. M. T[rudaine] ne peut vous être d'aucune ressource dans cette affaire ; il ne se permettrait pas la moindre défiance de ses premiers commis. Perronet, qui est à la tête de toute cette partie, est un homme fort ignorant et fort vain, qui a institué *le corps* des Ponts et Chaussées et qui laisserait plutôt périr le royaume que de donner atteinte à un si bel établissement. On m'a proposé comme un remède de faire faire le devis d'un chemin par un ingénieur et de faire recevoir l'ouvrage par un autre. Cela rendrait un peu plus difficiles les partages de profits entre l'ingénieur et l'entrepreneur. Mais vous n'aurez encore qu'un palliatif si vous ne trouvez pas un moyen de faire sentir à Perronet et aux autres que, s'ils font une friponnerie, toute la confiance que M. de Trudaine a en eux ne vous empêchera pas de la voir, ni sa protection de la punir. J'ai vu la ligne qui sépare les sujets du roi de France de ceux de Laurent David (1) et c'est là qu'on apprend à détester la ferme. J'ai soupé chez de bons moines, qui sont à un quart de lieue seulement des pays de franchise. Ils ignorent si je vous ai jamais vu ; ils m'ont dit qu'il n'y avait que les maltôtiers qui disent du mal de vous (ils ne peuvent entendre les autres) que ces maltôtiers se vantaient que vous ne pourriez les réprimer parce qu'ils tiennent à toute la Cour par leurs alliances ou par leurs croupes.

Voilà ce qu'ils répandent dans les provinces et dans le vrai leur insolence y augmente.

Ils viennent de trouver un nouveau moyen d'arrêter les con-

(1) Le nom sous lequel était passé le bail de la Ferme générale.

trebandiers non armés qui s'enfuient: c'est de tirer sur le cheval, tant pis pour l'homme si le coup l'attrape. Ils ont tué dernièrement un cheval sous un contrebandier et d'assez loin pour que l'homme eut eu le temps de se sauver. Le directeur de St-Quentin a fait venir l'employé, l'a engagé à être plus doux, et voilà tout.

Sous les derniers temps de votre prédécesseur, ils ont obtenu un arrêt qui les autorise à punir comme contrebandiers ceux à qui on trouve de la contrebande dans leur jardin, quoiqu'il ne ferme pas, ce qui donne à tout homme et surtout aux commis de la ferme le droit de perdre qui ils veulent. Cette infamie est toute nouvelle, il serait digne de vous de la détruire.

On faisait dans ce pays des cidres avec des fruits achetés dans les pays de franchises. Le fruit payait cent sous par voiture à l'entrée du royaume. Ils ont porté le droit à huit francs cette année sans aucune loi (publique au moins).

CC

CONDORCET A TURGOT

Ce mercredi.

Je vous envoie une lettre que vous m'avez demandée relativement au canal de Bourgogne et pour M. de Fourqueux. Quand vous aurez tous ces détails, je crois que le meilleur parti sera de les renvoyer à M. D'Alembert, l'abbé Bossut et moi pour que nous vous donnions un avis motivé sur cette question. Si c'est pour un nouvel examen que nous décidons et que vous approuviez cet avis, il faudra ou que nous nous transportions sur les lieux, ou que vous y envoyiez des personnes sûres.

Je vous propose de faire suspendre les travaux, parce qu'il est question d'une différence de huit à dix millions de dépense pour le moins, que les cent mille écus ou quatre cent mille francs employés au canal de Pouilly cette année ne changeraient pas l'état de la question et seraient une perte réelle en cas qu'il fût abandonné.

Il y a une raison pour le canal de Longpendu qu'on ne peut pas dire aux Ponts et Chaussées, c'est qu'il n'est pas impossible de le faire faire par une Compagnie. M. d'Anlezy, qui a de la considération et du crédit en Bourgogne, vous en faciliterait les moyens. Le canal de Briare n'est pas un obstacle si grand qu'on le croit si on peut y augmenter la quantité d'eau. 1º On peut l'acheter, et alors à la vérité le canal de Longpendu coûterait presque autant que celui de Pouilly ; mais le roi aurait de plus la propriété d'un canal qui, tel qu'il est, a une très grande valeur. 2º Avant de commencer le canal de Longpendu, on pourrait traiter avec M. le duc d'Orléans pour qu'il fît les travaux nécessaires à la perfection du canal de Briare et même qu'il consentît à en baisser le tarif aussitôt que le canal de Longpendu serait terminé. Son canal de Briare, qui alors servirait à un commerce très considérable, augmenterait de valeur assez pour le dédommager et même fort au-delà.

CCI

CONDORCET A TURGOT

Je me suis fait rendre compte, Monsieur, de plusieurs mémoires qui m'ont été adressés sur le canal de Bourgogne.

Il résulte de ces mémoires que de tous les projets qui ont été donnés, celui du canal de Longpendu et celui du canal de Pouilly sont les seuls auxquels on ait cru pouvoir s'arrêter, et chacun de ces projets a eu le suffrage de personnes éclairées.

Il paraît constant que le canal de Longpendu ne coûterait pas la moitié de ce que coûtera le canal de Pouilly et que l'exécution en serait beaucoup plus facile.

On objecte contre ce canal : 1º qu'il manquera d'eau ; mais il ne paraît point que l'on eût assez examiné s'il n'y avait pas des moyens faciles de lui en procurer. Il ne paraît pas constaté d'ailleurs que le canal de Pouilly ait à cet égard un grand avantage.

2° Que la communication par le canal de Longpendu serait très incommode parce que ce canal aboutit à la Loire et que la navigation de la Loire a plusieurs inconvénients, que même elle n'est point praticable en tout temps. Mais cette navigation est si importante qu'il faudrait s'en occuper, même quand on ne ferait pas le canal de Longpendu.

3° Que la communication entre Lyon et Paris serait plus longue de treize lieues par le canal de Longpendu; mais il paraît que d'un autre côté elle aurait soixante-quatre écluses de moins.

4° Que cette communication se ferait par le canal de Briare, dont l'eau suffit à peine à présent pour les besoins actuels du commerce, qui n'est point au roi, et où le transport est assujetti à des droits. Mais le canal de Briare a été construit dans un temps où la science de l'hydraulique et même l'art des nivellements étaient dans l'enfance et peut-être ne serait-il pas impossible de lui procurer l'eau dont il aurait besoin.

D'ailleurs, si dans le projet du canal de Longpendu la communication de Lyon à Paris et au Hâvre se fait par le canal de Briare, dans le projet du canal de Pouilly la communication entre Lyon et Nantes se ferait par le même canal de Briare. Enfin le canal de Longpendu traverserait des provinces qui ont besoin de débouchés, et la Bourgogne, à qui seule le canal de Pouilly serait utile, jouirait aussi de celui de Longpendu, sans perdre les navigations de la Saône et de l'Yonne. On a prétendu même dans quelques mémoires que le canal de Longpendu serait aussi avantageux à la Bourgogne même que le canal de Pouilly.

Ce dernier canal a certainement l'avantage d'ouvrir entre Lyon et Paris, et en général entre le nord et le midi de la France une communication plus directe et par des rivières dont la navigation est plus facile. Mais outre la cherté excessive de cette entreprise et le très grand nombre d'écluses qu'il faudra remonter ou descendre, on craint que le terrain où ce canal doit couler, celui ou le bassin sera creusé, ne soient point propres à retenir l'eau. Alors, pour empêcher le canal de devenir à sec, il faudrait en glaiser le fond et les bords. On est sûr au contraire que l'on n'aura rien à craindre de semblable pour le canal de Longpendu.

J'ai jugé d'après ces considérations que la préférence accordée au canal de Pouilly n'était pas appuyée sur des raisons assez fortes pour que je pusse me refuser au nouvel examen qui m'a été demandé. Je voudrais, en conséquence, avoir dans le plus grand détail tout ce qui a été fait par MM. Perronet et Chezy, pour le canal de Bourgogne, les résultats de leurs nivellements et de leurs mesures d'eau, les opérations qu'ils ont faites pour s'assurer de ce que, dans chacun de ces projets, le canal recevrait d'eau et de ce qu'il en dépenserait pour la navigation, de ce que les écluses laisseraient échapper, de ce qui pourrait se perdre par l'évaporation ou par la filtration. Je désirerais aussi qu'ils me communiquassent les méthodes qu'ils ont employées pour s'assurer de la quantité d'eau qu'un courant peut fournir. Cette question est très difficile et l'on ne peut compter sur les résultats de ces mesures d'eaux sans connaître par quels moyens elles ont été faites.

Je ne doute point que je ne trouve dans ce travail la solution de la plupart des difficultés qui peuvent rester à résoudre, peut-être même pourra-t-il me dispenser d'avoir recours à un nouvel examen. Je crois cependant qu'il serait à propos de suspendre la construction du canal de Pouilly jusqu'à une nouvelle décision. Elle ne peut tarder longtemps, et il ne serait pas juste d'exposer la Nation à payer des travaux qui seraient en pure perte si le canal de Longpendu venait à être trouvé le meilleur, quelque peu probable que cela puisse être. J'ai cru devoir prendre le parti de la suspension ; il ne faut rien laisser au hasard, lorsqu'il s'agit d'employer des fonds levés sur le peuple.

CCII

CONDORCET A TURGOT

Ce 15 octobre (1775).

Je vous envoie mes observations sur le canal. Je désire que vous en soyez content. Je n'ai employé que deux jours à ce voyage. Peut-être eut-il mieux valu toiser dès à présent tout ce qui peut se soutenir de lui-même et tout ce qui aura besoin d'ouvrage de maçonnerie. Mais ce toisé eût été très pénible dans l'état actuel, et il serait resté encore des incertitudes sur les deux mille toises qui restent à percer.

Je me chargerai volontiers des différents examens qu'il y aura encore à faire, et j'aimerai mieux prendre cette peine que de la laisser aux ingénieurs des Ponts et Chaussées, dont je crains la prodigalité et la dureté, défauts que l'administration par corvée leur a fait contracter. Je reviens toujours à cette corvée, comme Caton à la destruction de Carthage, et je me crois, mais en ce point seul, beaucoup plus sage que lui. Il me semble qu'en faisant chaque partie de chemin par entreprise et la faisant payer par les propriétaires en tant d'années, distribuant les parties de manière qu'il n'y ait ni uniformité, ni simultanéité dans la perception, on pourrait donner le change à la rapacité, surtout s'il n'y avait pour cet impôt ni caisse, ni trésorier général, mais que chaque paroisse payât à l'entrepreneur un terme indiqué.

Croyez-vous qu'on ne fera aucune justice des assassins d'un certain gentilhomme de cette province? Leur impunité serait une chose bien scandaleuse. Le premier soin du chef de la justice devrait être que les assassinats ne restassent pas sans punition et celui-ci est des plus atroces et des plus lâches, parce qu'il a été commis de sang-froid, sans danger, et qu'ils ne l'ont pas même exécuté de leurs propres mains. En ma qualité de Picard, je prends grand intérêt à cette affaire.

Ne pourriez-vous pas faire quelque chose pour M. de la Harpe? Il n'y a encore eu depuis la mort du roi que l'abbé Aubert, l'avocat Moreau et Crébillon qui aient été récompensés

Les talents de M. de la Harpe et sa constante honnêteté, malgré
tout ce qu'il aurait gagné d'argent et de repos à ne pas faire la
guerre à la canaille, me paraissent mériter des distinctions et il
n'a jamais eu que des dégoûts.

Adieu, Monsieur, M. le duc de la Rochefoucauld me donne
de vos nouvelles, mais cela ne me console pas de ce j'ai perdu.
J'espère vous embrasser à la St-Martin.

CCIII

CONDORCET A TURGOT

Ce lundi.

Je viens de voir le canal comme vous l'avez désiré. Je vous
en rendrai un compte détaillé pour lundi prochain. On ne me
laisse pas manquer de vos nouvelles, et toutes les semaines
j'apprends que vous avez fait un bien ou empêché un mal.
Puisque vous ne voulez pas nous donner de l'eau, en courtisan
qui sait se retourner, je vous proposerai de nous en ôter. Il y a
dans les environs de Ribemont et de Laon des marais qui tuent
beaucoup de monde, à ce qu'on dit. Je vais me procurer des tables
de mortalité pour les paroisses situées sur ces marais, pour les
paroisses situées le long de l'Oise et pour les paroisses des
hauteurs : environ huit de chaque classe. J'en ferai ensuite la
comparaison et j'espère vous montrer cela cet hiver. Adieu, je
vous embrasse et vous aime de tout mon cœur comme vous le
savez. — J'ai demandé des nouvelles de votre pied et on ne
m'en donne pas ; c'est bon signe.

CCIV

CONDORCET A TURGOT

J'ai lu aussi le petit arrêt pour les huit sous, que vous ne m'a-
vez pas envoyé, mais M. de la Rochefoucauld, qui me connaît
mieux que vous, n'y a pas manqué et il m'a fait grand plaisir.

Depuis l'institution des vingtièmes, on y a soumis les chaumières paysannes qui ne rapportent rien et dont les propriétaires ont à peine du pain. C'est une absurdité et une horrible oppression. Serait-il impossible de nous en délivrer ?

Adieu, je vous embrasse bien tendrement ; il n'y a plus que vous dont je suis content ; j'en suis plus fâché que surpris.

J'ai reçu une lettre de M. Laurent. J'irai le 7 voir le canal afin de me rencontrer avec Milord Mansfield.

CCV

CONDORCET A TURGOT

Ce lundi.

Vous avez eu la bonté de me consulter sur des éclaircissements que vous désiriez pour le canal de Picardie et je vous ai proposé M. l'abbé Bossut, comme le géomètre le plus capable de décider toutes ces questions. J'ai réfléchi depuis qu'il s'en présenterait à vous un grand nombre sur la navigation intérieure, et il m'a paru qu'il serait vraiment inutile d'établir pour l'examen de ces questions une commission perpétuelle composée de géomètres de l'Académie. Pour que cet établissement eût le double effet d'attirer la confiance du public et d'en imposer aux charlatans, il faudrait : 1° qu'il y eût un homme de la réputation la plus brillante, en Europe ; 2° que les commissaires fussent assez bons géomètres pour qu'il n'y eût aucune méthode de géométrie qu'ils ne pussent entendre ; 3° que quelqu'un d'eux au moins fût exercé à l'expérience et eût bien étudié la pratique ; 4° qu'il n'y eût pas de division à craindre entre eux ; 5° qu'on fût bien sûr que jamais ils n'auraient ni directement ni indirectement d'intérêt dans aucune des entreprises de navigation qui pourraient se faire ; 6° que cet établissement ne coutât rien. Or, vous rempliriez toutes ces conditions si vous choisissiez M. D'Alembert, l'abbé Bossut et moi. Nous ne voudrions d'aucuns appointements, circonstance qui ferait honneur à la Géométrie.

· L'abbé Bossut qui est le plus exercé ou même le seul exercé

aux expériences, se transporterait sur les lieux quand il en serait besoin, seulement en payant ses voyages. Le nom de M.
D'Alembert ferait respecter cette commission, qui serait en même
temps une espèce d'hommage que le Gouvernement rendrait à
son génie et à ses travaux sur les fluides dont il a créé la véritable théorie. On ne soupçonnerait pas l'abbé Bossut de ne pas
assez connaître la pratique. Nous sommes tous trois accoutumés depuis longtemps à avoir l'un en l'autre une confiance entière. Vous nous connaissez assez pour être sûr que jamais
nous ne ferons d'affaires d'argent. Nous suffirons au travail que
nous ferons avec plaisir ainsi réunis. Avant de borner à trois
le nombre proposé, j'ai examiné les autres qu'on aurait pu y
joindre et je n'ai trouvé aucun qui ne rompît l'harmonie et la confiance. L'abbé Bossut, à qui j'ai parlé de cette idée, l'a adoptée
avec transport. Il trouve fort bon que nous nous jetions ainsi
à votre tête, parce qu'il sent que nous ne nous serions pas jeté
ainsi à la tête d'un autre ministre. Je n'ai point parlé à M. D'A-
lembert, j'ai cru qu'il vaudrait mieux que la proposition vînt de
vous. Comme il pourrait s'effaroucher d'un peu de travail, il
faut, pour lever ses scrupules, lui dire qu'on ne lui donne pas
d'argent et qu'on ne lui demande que son nom, que nous ferons
l'ouvrage mais que nous avons besoin d'être soutenus par sa
réputation.

Il faudra que cette commission ait les mêmes vacances que
l'Académie. Vous choisirez celui des trois avec qui vous voudrez avoir directement la correspondance et il faut surtout qu'il
n'y ait ni premier ni dernier.

L'abbé Bossut m'a fait un modèle de lettre de bureau en cas
que ce projet vous convienne. Il me semble que *point d'argent*
est ici comme *sans dot* une raison où il n'y a rien à dire.

Nous croyons qu'il faudrait, si vous approuvez cette affaire,
la terminer sur le champ.

CCVI

CONDORCET A TURGOT

Voici, Monsieur, un nouveau projet de lettre que j'ai demandé à l'abbé Bossut, en lui disant que le premier projet vous avait paru trop long, que d'ailleurs il faisait parler le roi qui, ne devant pas signer cette commission, ne peut être censé nous avoir nommés. Je crois que vous serez content de ce projet-ci. Si vous l'êtes, je vous prie d'expédier cette affaire sur le champ. L'essentiel pour mes confrères et moi, c'est que nul autre ne nous soit adjoint ; si nous ne suffisons pas seuls, nous suffirons encore moins avec ceux qu'on nous joindrait et qui, quels qu'ils fussent, troubleraient notre accord.

CCVII

CONDORCET A TURGOT

L'abbé Bossut m'a parlé de M. de Brancion, il le connaît. C'est un jeune homme assez instruit, mais très ardent et ayant envie de se faire de fête. Il est d'avis de lui répondre en le remerciant de ses bonnes intentions, et lui mandant que lorsque vous vous occuperez de cet objet, vous verrez son travail avec plaisir. Il ne paraît pas dans l'intention de rien demander. Vraisemblablement la raison qui lui a fait envoyer d'abord un extrait est la crainte que son mémoire ne fût renvoyé aux bureaux des Ponts et Chaussées.

A propos, MM. les élèves qui suivaient la chaire d'hydraulique, ont imaginé d'y être un peu plus bruyants que la décence ne le permettait. M. l'abbé Bossut en a informé M. Perronet qui a imaginé de ne les plus envoyer. Ainsi ces messieurs se trouvent assez savants. J'ai bien peur que d'après cela la chaire d'hydraulique ne devienne inutile et que ceux qui suivent les instructions de l'abbé Bossut ne soient la dupe du temps qu'ils y emploieront; de manière qu'il faudra faire preuve d'ignorance en hydraulique pour être employé aux canaux.

Je ne sais si le corps des Ponts et Chaussées est aussi ancien que la monarchie, mais il vous traite absolument de même que les parlements et j'ai bien peur qu'il ne nuise à votre opération des corvées, si vous ne hâtez de le réformer. Cette réforme serait une suite très naturelle de votre opération, et en cassant quelques particuliers très coupables et trop ignorants, en détruisant l'esprit de corps, qui fait que ces gens là ont un crédit supérieur à celui des Intendants qui n'ont pas votre· caractère, vous feriez grand plaisir au peuple. D'ailleurs, l'impunité absolue pour tous ces messieurs serait trop scandaleuse.

Quant aux canaux, il faut, s'ils en restent chargés, y renoncer absolument. Ceux que vous avez chargés de celui de Picardie, ne peuvent avoir d'argent ni d'instruments, tandis qu'on en fait de très chers pour le canal de Bourgogne.

Ils chercheront toujours à écarter les compagnies qui se présenteront pour faire des canaux, ou ils se feront acheter par ces compagnies. Les canaux construits à grands frais et pour servir la vanité de quelques constructeurs ignorants épuiseront le royaume et ne se finiront point.

CCVIII

CONDORCET A TURGOT

L'abbé Bossut n'a encore aucun titre pour les appointements de sa chaire d'hydraulique, ni pour les cent pistoles que vous devez y ajouter comme récompense de ses soins, pour vous rendre compte des sujets de son cours ou d'autres travaux dont vous le chargiez. Je vous prie de vous souvenir de cette affaire.

Les élèves des Ponts et Chaussées ont cessé d'aller à son cours après s'y être fort mal conduits. Mais comme il y a déjà un ou deux élèves qui sont déjà fort instruits, je crois que, sans faire aucune réprimande aux Ponts et Chaussées, il faudrait à la première occasion charger de quelque commission un des élèves du cours, *sur le témoignage qui vous a été rendu de ses lumières par M. l'abbé Bossut dont il a suivi le cours.* Cela corrigerait M. Perronet pour l'année prochaine, si pourtant il n'est pas incorrigible, du moins pour tout le temps où il espérera voir revenir le règne fortuné de quelque nouveau Laverdy. Il y a longtemps que je ne vous ai parlé de M. Audiger. Je vous le recommande encore comme un homme de la plus grande honnêteté, actif, intelligent, laborieux et très attaché à ceux à qui il croit avoir des obligations.

Fouchy est déterminé à partir, aussitôt que la réversion sera assurée. Mais comme Borot s'est déclaré contre cet arrangement, j'ai grand peur que M. de Malesherbes ne le finisse pas.

Je voudrais que vous finissiez cette jauge. Il vaut mieux qu'elle finisse plus tôt et que l'instruction soit moins bien faite. Je voudrais, quand vous l'enverrez à l'impression, en recevoir les épreuves. Je vous embrasse et je lève les mains au ciel comme Moïse pour que Josué triomphe des Madianites, mais j'espère que vous ne tuerez point les ânes que vous trouverez dans leur camp.

CCIX

CONDORCET A TURGOT

Vous avez encore oublié nos lettres. Cela me fait de la peine à cause de l'abbé Bossut. Vous savez que pour moi je n'en aurais pas besoin, que je ne regrette de vos lettres que celles qui venaient de votre amitié, et vous n'avez plus le temps d'en écrire. Mais je regarderai celles que je vous demande aujourd'hui comme une marque d'amitié et comme un vrai service que vous me rendrez. Je ne saurais souffrir qu'une chose que vous dites puisse paraître ne pas être une chose faite, et que surtout ce soit quelqu'un que j'aime autant que l'abbé Bossut qui ait quelque inquiétude.

CCX

CONDORCET A TURGOT

Je voudrais bien que vous missiez en règle le supplément de cent pistoles que vous avez accordé à l'abbé Bossut ; si vous avez le temps de l'entendre mercredi dans l'après-dîner, il a beaucoup de choses à vous dire sur l'état de l'instruction dans les Ponts et Chaussées.

M. du Pont a dû vous présenter un mémoire pour M. de La Tournelle, qui demande une charge de président du bureau des Finances de Soissons. C'est un des hommes les plus honnêtes, les plus fermes, les plus actifs pour le bien, les plus ennemis du mal et les plus zélés pour vous, c'est-à-dire pour le bien du peuple, que je connaisse.

CCXI

CONDORCET A TURGOT (1)

(Fin de janvier 1776.)

Vous ne revenez point à Paris, et, malgré l'intérêt personnel, je trouve que c'est un parti bien sage. Mais comme je m'étais chargé auprès de vous d'une grande affaire, il faut que je vous en écrive.

M. de Saint-Lambert, qui a pour vous une vraie passion, trouve que, dans ce moment où la voix du public qui n'est pas la voix publique est contre vous, où vos édits vont exciter cent clabauderies, il serait fort agréable aux gens de lettres de vous donner une marque de leur vénération, en vous nommant à la place de M. le duc de Saint-Aignan (2) ; que c'est peut-être la seule occasion que l'Académie puisse avoir d'élire un ministre

(1) Ed. Arago et O'Connor, 1, page 259.

(2) Mort le 22 janvier 1776.

en place, sans faire une espèce de platitude : il m'a chargé de vous en parler.

Voici maintenant l'état des choses : M. de Malesherbes doit, après avoir vu M. de Maurepas, parler au roi de M. de La Harpe. Si le roi approuve ce vœu des gens de lettres, il me paraît tout simple de les laisser faire ; mais s'il ne l'approuvait pas, alors vous rendriez vraiment service à l'Académie en entrant dans les vues de M. de Saint-Lambert. 1° L'Académie a envie d'élire M. de La Harpe, et, ne le pouvant pas, il est plus honnête pour elle d'être toujours à portée de donner à M. de La Harpe la première place d'homme de lettres ; elle n'a plus l'air d'être contredite dans son vœu, et elle n'est plus forcée à choisir celui qu'elle ne croit point le plus digne. 2° L'Académie ferait un choix qui lui ferait honneur, qui augmenterait sa considération, au lieu que le choix de M. Colardeau, qui fait bien des vers, mais qui n'a d'autre existence morale que celle d'ami de mademoiselle Verrière (1), et d'être un bon enfant, ne fortifierait pas beaucoup l'Académie. On n'élira pas M. de Chabanon, qui, dit-on, n'a pas de talent, mais qui est du moins un homme. Il ne peut être question, par différentes raisons, de M. de Guibert ni de l'abbé Raynal. Les autres choix seraient ridicules. Mettez-moi, je vous prie, en état de répondre à M. de Saint-Lambert le plus tôt possible.

On dit dans le monde que l'édit des banalités n'est pas de cette fois-ci. J'avoue que, si cela est vrai, je n'en serais peut-être point fâché, quoique j'abhorre ce genre de vexation. Vous n'auriez fait que les pallier ; dans deux ans, vous les ôterez tout à fait, si vous voulez. Il m'est venu sur cette matière une idée qui pourrait être utile. Je vous la donnerai une autre fois.

(1) Maîtresse du maréchal de Saxe, célèbre par son luxe et son goût pour les gens de lettres. Marmontel eut avec elle une intrigue qu'il raconte dans le 1ᵉʳ vol. de ses *Mémoires d'un père, pour servir à l'instruction de ses enfants.*

CCXII

TURGOT A CONDORCET (1)

Versailles, 3o janvier 1776.

Remerciez pour moi M. de Saint-Lambert ; ce n'est pas encore dans ce moment-ci qu'il me convient de fixer sur moi les
yeux du public, pour un autre objet que les affaires de ma place.
Je crois qu'il faut tâcher de faire nommer La Harpe. Si on ne
peut pas y réussir, pourquoi l'Académie ne prendrait-elle pas
l'abbé Barthélemy ?

Je trouve qu'on traite trop sévèrement M. Chabanon. Il n'est
point, quoi qu'on en dise, sans talent. Il est vrai qu'il n'a donné aucun ouvrage complet. On n'a pas toujours été aussi sévère.

Vous avez donc été dénoncé et supprimé (2)? Je suis fâché de
cette aventure, surtout dans ce moment. Adieu, je vous embrasse.

CCXIII

TURGOT A CONDORCET

A Versailles, le 8 février (1776).

J'ai beaucoup souffert hier et je suis fort loin de pouvoir penser à retourner à Paris, ainsi ceux de mes amis qui voudront me
venir voir me feront grand plaisir.

Je n'ai plus d'instructions sur les bestiaux. M. Trudaine doit
m'en envoyer. Je vous en ferai passer pour M. D'Alembert.

La défense de désarmer ailleurs qu'à Lorient est l'absurdité
des absurdités. Vous ne doutez pas que je n'aie impatience de
la révoquer. Mais les États de Bretagne mettent une grande

(1) Ed. Arago et O'Connor, I, page 261.

(2) Il s'agit de l'écrit *Sur l'abolition des corvées* (t. XI, p. 87), poursuivi
par M. Séguier et supprimé au mois de décembre 1775, sur la délation de
d'Eprémesnil.

chaleur à la conserver. Il faut donc que je traite cela comme un procès et avec quelque lenteur. Je voudrais que les Chambres du Commerce se réunissent à me demander la liberté et l'on a mille peines à les réveiller là-dessus, nommément celle de Dunkerque qu'on a sondée et dont les principaux membres ont répondu que cela ne faisait rien.

Il m'est impossible de donner une décision définitive avant la saison actuelle, puisque les vaisseaux partent en février et en mars. Mais je crois pouvoir répondre qu'avant le retour des vaisseaux, ils pourront désarmer dans tous les ports indistinctement.

Adieu. Vous connaissez toute mon amitié.

CCXIV

TURGOT A CONDORCET

Versailles, jeudi 21 mars 1776.

La nouvelle jauge remplit tout ce qu'on peut désirer pour que l'on ne soit pas obligé de payer des droits plus forts que ceux qui sont dus à raison de la quantité de liqueur. Mais elle n'obvie pas aux fraudes qui peuvent être commises par le vendeur contre l'acheteur, pour donner moins de liqueur.

Par exemple, s'il y a un double fond au tonneau, s'il y a plus d'épaisseur de bois etc. l'acheteur sera lésé. Cette fraude est surtout commune dans le commerce des eaux-de-vie. Ne pourrait-on pas rendre la nouvelle jauge propre à découvrir ce genre de fraude ? Il est visible que s'il y a un double fond en mesurant la distance, du bondon au bord du fond, la ligne oblique B F devient plus courte (1). La mesure de cette ligne doit donc indiquer l'existence du double fond. Il est plus difficile de reconnaitre la plus grande épaisseur du bois parce qu'on peut la placer de façon que la jauge ne puisse pas atteindre à l'endroit qu'on a rendu plus épais que le tour du bondon. Mais je n'imagine pas qu'un pareil genre de fraude soit commun, ni qu'il présente un

______

(1) La figure est inutile.

assez grand intérêt pour s'exposer à la honte d'être reconnu fripon. Le dépotement est toujours la ressource dernière.

Vous pourriez demander à M. Déz s'il pourrait donner une règle simple pour connaître par la mesure oblique si l'épaisseur du fond est trop grande. Je vous embrasse.

Vous voyez qu'on s'occupe de l'affaire de la jauge.

CCXV

CONDORCET A TURGOT

Ce samedi (avril 1776).

Voilà les tables pour les impositions sur les bois avec leur usage (1). Cela suffit pour des gens médiocrement intelligents. Mais comme cette méthode ne peut s'employer que pour des cas très généraux, je vois qu'il faudrait s'informer quels sont dans chaque province les différents produits comme bois, étangs, garances, vignes, etc., où l'on aurait besoin d'avoir égard à la différence des revenus et à celle des avances et d'envoyer, pour chaque cas, le denier sur lequel il faut l'impôt pour qu'il soit proportionné à un dixième. Il suffirait alors qu'un de vos commis ou de M. d'Ormesson eût appris à se servir des tables, ce que je me chargerai de lui montrer en une demi-heure pour peu qu'il eût d'intelligence. S'il n'y en a pas, on vous en trouverait aisément un. En général, il serait bon que vous eussiez dans vos bureaux, un ou deux commis purement aux écritures à douze cents francs comme les autres, mais sachant bien le calcul des décimales et l'usage des tables de logarithmes.

J'ai envoyé l'instruction pour la jauge à M. de Fourqueux.

On disait hier une nouvelle bien fâcheuse sur des changements de ministres. J'espère qu'elle ne sera pas vraie, du moins d'ici à quelque temps. Les braves officiers ne se retirent jamais en temps de guerre.

(1) Suivent les tables, qu'il serait trop long et peu intéressant de reproduire.

Le préambule des vins (1) m'a fait un très grand plaisir. Vous ferez autant de bien par les lumières que vous répandrez que par vos lois, et vous rendrez les abus si odieux qu'ils n'oseront plus reparaître.

Adieu je vous embrasse.

CCXVI

CONDORCET A TURGOT

J'ai été tout surpris lorsque M. Roslin m'a appris qu'il y avait deux regrats à La Fère, car je savais le contraire, du curé de La Fère, homme très exact. Je lui ai donc écrit sur le champ, et je vous envoie sa réponse à condition que vous la ferez copier avant de la lire. Vous verrez par là que si M. Roslin n'a point menti, il a légèrement déguisé la vérité, en sorte que s'il ne ment pas comme un laquais, du moins ment-il comme un Jésuite.

Quant à la commission pour un bureau de tabac, Mme Renard n'en veut point. Cela a l'air trop ignoble dans le pays, et d'ailleurs, c'est un trop petit objet et une chose trop assujettissante pour quelqu'un qui n'a pas d'autres denrées à vendre. Ainsi elle m'a renvoyé la permission et je la rendrai à M. de Vaines, qui me l'avait fait avoir.

Voyez ce que vous voulez faire sur tout cela dont je suis honteux d'occuper quelqu'un qui a beaucoup mieux à faire que d'éplucher les escobarderies de M. Roslin. Mais je tiens beaucoup à ce que la veuve d'un homme, à qui j'ai de si grandes obligations, ait à peu *près de quoi vivre*.

L'abbé de Véry me mènera vendredi à Versailles, et si Mme la duchesse d'Anville est obligée de revenir à Paris, je resterai quelques jours pour que vous ne soyez pas seul, malgré l'aversion que vous avez pour ceux qui viennent tenir compagnie.

(1) L'édit sur le commerce des vins.

CCXVII

CONDORCET A TURGOT

On m'a mandé de La Fère que le sieur Colas, seul regratier pendant longtemps et à qui on avait donné ces deux regrats, quoique le second n'eut été créé que d'après les plaintes portées contre lui, l'avait fait exercer d'abord par un domestique à lui, qu'ensuite, sur de nouvelles plaintes, il le faisait actuellement exercer par son gendre sous le nom de qui il était. Ces subterfuges pour éviter qu'on ne porte remède à un abus ne font que pouvoir davantage la nécessité du remède, et je crois que ce serait le cas d'établir en faveur de Mme Renard un nouveau regrat, soit qu'il fût le deuxième, soit qu'il fût le troisième.

CCXVIII

CONDORCET A TURGOT

Il y a un siècle que je ne vous ai vu. Dînez-vous aujourd'hui chez vous avec l'Académie des Belles-Lettres? Voulez-vous m'admettre au dîner à cause de la confraternité académique? J'irais ensuite à l'Assemblée. Si je ne peux pas vous voir de cette manière, j'irai vous voir ce matin. J'ai profité de vos avis ; j'ai rehaussé de deux doigts le poëte Haller ; j'ai adouci la critique sur le ton Isaïaque. J'ai supprimé le petit éloge du traducteur suisse, parce que ce traducteur, que j'ai reconnu à son nom *écrit*, s'amuse dans ses moments de loisir à faire des testaments pour des gens qui sont morts. Je n'ai point parlé de la seconde pièce sur Marianne deux ans après sa mort, parce que c'est l'année du second mariage. Je vous embrasse.

CCXIX

CONDORCET A TURGOT

Est-ce qu'en considération des sottises que font le Parlement et le Châtelet, il ne serait pas possible de leur ôter la connaissance de tout ce qui concerne la librairie et l'attribuer à un tribunal dont le chancelier serait le chef et tiré du Conseil ou au Conseil même, sans que le Parlement pût recevoir aucune plainte? ni dénonciation de livre sous quelque prétexte que ce fut, excepté le cas de libelle contre un particulier qui porterait plainte. Alors plus de gens constamment juges de leur propre cause, plus de tyrans subalternes sévissant contre tout ce qui choque leurs prétentions, la raison mise hors de page, etc. Pourquoi ne changerait-on pas la place de lieutenant de police en la rendant absolument indépendante de Messieurs. Vous ne ferez rien en grand que vous ne leur ayez ôté la grande police et soustrait absolument à leur juridiction tout ce qui est ou officier de police ou magistrat municipal. Croyez-vous que ce ne serait pas le temps de commencer ?

Je suis persuadé que s'ils avaient seulement perdu la librairie, la crainte qu'on allât plus loin et celle de voir hautement discuter leurs prétentions les retiendrait et les empêcherait de s'opposer au bien public. Ces gens-là sont trop méprisables pour avoir d'autres moteurs que la crainte de leur intérêt. Quand on ne veut pas les acheter, il faut leur faire peur.

N'allez pas croire que j'aie de l'humeur pour les injures d'hier ; la haine de ces gens-là me flatte : elle me prouve que je suis ami du bien de la Nation.

CCXX

CONDORCET A TURGOT

(1776).

L'affaire de la jauge n'est point encore finie, (1) et je commence à désespérer que jamais elle finisse, ainsi qu'aucune de celles que les fermiers généraux désapprouvent. Le premier commis du bureau de M. Trudaine est zélé partisan de la ferme : vous savez comment la ferme se fait ses partisans. L'opposition seule que cette affaire éprouve montre combien elle est nécessaire. Ils veulent pouvoir encore piller sur les vins de la récolte de cette année. Mon confrère Lavoisier s'est conduit dans cette affaire, en digne neveu de l'abbé Terray et en digne gendre de M. de La Pauze. Il a commencé par vouloir employer sa petite géométrie contre le projet en lui-même. M. de Laplace avait heureusement approuvé le mémoire et M. Lavoisier n'a pas osé risquer une querelle académique avec lui. Il s'est rejeté sur le dépotement, moyen ruineux, impraticable, ridicule à proposer, puisqu'il demande un procès en règle avec la ferme, procès qu'aucun marchand n'ose risquer, parce qu'avec un faux procès-verbal la ferme a trouvé bientôt le moyen de se venger. Enfin M. Lavoisier, pour gagner du temps, veut qu'on s'adresse à la ville. Au lieu d'employer ce qu'il a de connaissances sur

(1) Le problème du jaugeage est très nettement énoncé dans ce mémoire inédit présenté à M. de Cluni par Condorcet : « Comme tous les vaisseaux employés dans le commerce sont des corps dont toutes les coupes perpendiculaires à la longueur sont circulaires, jauger un vaisseau n'est autre chose qu'en déterminer la capacité, lorsqu'on en connait la longueur, le diamètre du cercle du milieu qu'on appelle bouge et le diamètre du cercle qui termine le vaisseau et qu'on appelle diamètre du fond. Si donc on connaît la figure d'un vaisseau, la question de la jauge se réduit à une pure question de géométrie. » (Bibliothèque de l'Institut. Sur ces mss. voyez la notice qui précède notre édition d'un mémoire inédit de Condorcet *sur les méthodes d'approximation pour les équations différentielles* dans le *Bullettino* du prince Boncompagni.)

ces matières à rendre ses confrères plus raisonnables, il ne cherche qu'à leur fournir des armes.

Adieu. En voilà bien long ; mais toute cette canaille me donne une humeur dont je ne puis me guérir qu'en la confiant à celui qui peut réparer le mal s'il n'est pas absolument irréparable.

CCXXI

CONDORCET A TURGOT

Avez-vous vu le procureur général de la Cour des Aides ? Il a eu une longue conversation avec Dez sur la jauge. Il lui a conseillé de renoncer au projet d'une commission que vous pourriez lui donner *quelque chose pour son instrument et que la ferme le dédommagerait.* Dez lui a répondu que ces sortes d'arrangements ne se faisaient point sous votre administration.

Peut-être vous dira-t-il que Dez a autrefois proposé la jauge à la ferme générale, comme lui étant avantageuse. Voici le fait. Cette jauge est avantageuse à la ferme en ce qu'elle est plus commode, plus prompte et plus sûre. Elle a aussi l'avantage de donner une jauge plus forte que la méthode ancienne ; mais cette jauge reste également au-dessous de la vraie contenance des vaisseaux. Ainsi elle donnera aux fermiers généraux un profit légitime, au lieu du profit plus grand, mais illégitime qu'ils se procuraient en forçant l'ancienne jauge. Ils n'ont donc conservé cette ancienne jauge, quoiqu'ils en connussent une nouvelle plus favorable à leurs intérêts, que parce que l'ancienne leur laissait un prétexte à une estime arbitraire. Dez n'avait pas songé à faire un présent à la ferme ; mais son maître, M. d'Ussé, qui faisait un cas prodigieux des soixante colonnes et qui ne s'est jamais consolé que M. de Betz n'ait pas été contrôleur général, l'avait engagé à présenter son mémoire aux fermiers et au bureau de la ville, afin de l'autoriser à demander pour lui une place parmi les jaugeurs de la ville ou ceux de la ferme. Les fermiers se sont servis de cette histoire auprès de la Cour des

Aides pour lui rendre le nouvel établissement suspect. M. Lavoisier me l'a dit aussi à la même intention et plus inutilement, parce que j'avais été témoin de toute la conduite de Dez lorsqu'il trouva sa méthode, que je savais qu'il l'avait gardée sans aucun projet de fortune et qu'il n'avait fait de démarches pour cet objet que d'après les idées et les conseils de M. d'Ussé. Or, M. d'Ussé ne se serait point prêté à une proposition malhonnête, contraire à l'intérêt public ; mais seulement à perfectionner la perception des fermes, qu'il regardait comme un bel établissement.

On doit vous dire aussi que les anciens inspecteurs jaugeurs ont été supprimés à cause de leur inutilité. Ils étaient ignorants la plupart et d'ailleurs intéressés puisqu'ils étaient jaugeurs de la ville. Cette suppression faite par l'abbé Terray, enregistrée par le Parlement-Beaumarchais, n'est pas fort respectable et c'est l'ouvrage que M. de Mézières qui, sous l'appât d'une petite économie, a fait consentir M. de la Michodière à cette affaire.

On vous dira aussi qu'il y a peu de plaintes et cela est vrai, parce qu'il y a impossibilité d'obtenir justice. Mais vous avez reçu des requêtes signées de plus de cinquante marchands de vin. Les fermiers, et par conséquent la Cour des Aides, ignorent ce fait parce que M. Trudaine n'a pas voulu que les fermiers généraux pussent vexer les marchands qui ont signé et qu'il ne leur a point communiqué les requêtes. M. Lavoisier sait qu'elles existent, car je le lui ai dit ; mais il n'aura eu garde de le dire à son oncle de la cour des Aides.

Si vous voulez de moi pour votre édit des vins (1), je serai à vos ordres jeudi et vendredi. Je vous embrasse en attendant que je vous puisse féliciter sur le succès de votre bataille.

Si la noblesse française ne vous force point par ses cris à faire payer la corvée au clergé, elle sera la dernière canaille de l'univers.

(1) Avril 1776.

CCXXII

CONDORCET A TURGOT

Samedi.

Voici un moyen que je crois propre à terminer l'affaire de la jauge.

La nécessité d'avoir des inspecteurs qui surveillent les commis de la ferme et qui puissent sans aucun frais réformer les mauvaises jauges est trop évidente pour qu'on puisse la nier de bonne foi.

D'ailleurs comme l'établissement de la nouvelle commission ne coûte rien au public et veille pour lui, la cour des Aides n'a aucun droit de s'y opposer ; elle n'est point chargée de veiller à ce que le roi ne fasse pas de dépense inutile. Sa résistance est donc absurde et si l'objet est trop petit pour que l'on emploie l'autorité pour la vaincre, il en résultera pour les fermiers généraux l'espérance qu'aucun abus de détail ne sera réformé tant que la cour des Aides les protégera : or, je crois dangereux de leur laisser cette espérance.

Ne pourrait-on pas rendre et publier l'arrêt du Conseil qui établit la nouvelle jauge et la commission, et, *vu l'utilité de procurer aux particuliers, dans le cas où il y aurait des contestations sur la jauge, la facilité d'obtenir une justice prompte et sans frais, charger le lieutenant de police de juger ces contestations sauf l'appel au Conseil?* Cela n'attaque point les droits de la cour des Aides parce que ces contestations n'ont pour objet ni les droits du roi, ni la manière de les percevoir, ni leur quantité, mais seulement de constater un fait purement physique.

Ne pourrait-on pas aussi établir la nouvelle jauge, défendre aux fermiers généraux d'en employer une autre, leur enjoindre de veiller à ce que chacun de leurs commis soit instruit des principes de la nouvelle méthode, établir ensuite la nouvelle commission avec ordre de visiter les ports et les barrières, afin de voir si les commis se conforment à l'arrêt et dans le cas où il y aurait contestation entre le commis et les contribuables, vérifier si la jauge a été bien faite, comme il ne reste plus d'arbitraire et qu'ainsi on ne peut mal jauger que par impéritie ou par friponnerie ? On pourrait ajouter sans trop de dûreté qu'en cas de contravention à l'arrêt ou de jauge mal faite, il en sera dressé procès-verbal et rendu compte pour être ordonné ce qu'il appartiendra.

Par ce moyen, les fermiers qui craindront qu'on ne leur ordonne de révoquer les commis pris en contravention, ce qui détruirait toute émulation seraient les premiers à solliciter et à obtenir l'enregistrement des lettres patentes.

Je crois qu'il serait utile dans cette occasion de montrer à la Cour des Aides qu'on peut se passer d'elle et aux fermiers généraux qu'on n'est pas leur dupe.

N'oubliez pas, je vous prie, d'écrire au cardinal de la Roche-Aymon.

CCXXIII

CONDORCET A TURGOT

On dit que la Cour des Aides vous a fait des remontrances sur la nouvelle jauge ; comme vous pouvez en avoir oublié les avantages, je vous envoie un petit mémoire où ils sont développés en partie. Je n'ai rien dit des fraudes et infamies pratiquées par les jaugeurs actuels ; mais seulement d'une bêtise qui à la vérité tourne aux fermiers.

On dit que vous êtes souffrant, et j'en suis bien plus fâché que des remontrances sur la jauge. Restez couché, ne travaillez que pour ce qui est utile à la Nation et, si vous pouvez, laissez un peu de courant en arrière pour l'été où vous vous portez mieux. Je ne sais plus si les hommes valent la peine que vous vous donniez la goutte pour eux. Votre ministère me les a fait connaître de manière à m'en dégoûter. Il n'y a que le petit peuple du bonheur de qui on puisse s'occuper comme de celui d'un troupeau de bêtes susceptibles de plaisir et de peines. Les autres ne sont que des bêtes rampantes et venimeuses.

SUR LES AVANTAGES DE L'ÉTABLISSEMENT DE LA NOUVELLE
JAUGE.

1° La méthode de jauger est perfectionnée assez pour que
jamais on ne soit obligé de rien ajouter arbitrairement à ce que
donne cette méthode. Ainsi elle a sur l'ancienne l'avantage
d'exclure absolument tout arbitraire.

2° Il est nécessaire qu'il y ait des vérifications de jauge qui
puissent, dans les discussions qui s'élèvent entre les particuliers
et les receveurs des droits concernant la jauge, constater sans
déplacer et sans frais, si la jauge a été bien ou mal faite, autrement les particuliers ne pourraient demander justice que dans
les cas où les lésions seraient très considérables ; dans
tous les autres les démarches et les frais coûteraient plus que
l'objet de la lésion.

3° Il est utile qu'il y ait des vérificateurs jaugeurs, dignes de la
confiance des particuliers et des tribunaux pour servir d'experts
dans les contestations et l'on ne peut guère accorder cette confiance à des jaugeurs gagés par les fermiers des droits.

4° Il se commettait, dans la manière de jauger, plusieurs abus,
comme par exemple de regarder un vaisseau une fois jaugé
comme ayant la même contenance, toutes les fois qu'il se re-
présentait pour payer des droits, ce qui était une source de
lésions pour les particuliers parce que les tonneaux raccommo-
dés diminuent de capacité, et ce qui pouvait aussi être une
source de fraude, etc.

5° Les nouveaux vérificateurs jaugeurs ont sur les anciens
l'avantage de n'être qu'un très petit nombre, de ne pas être à
la fois jaugeurs pour la ville et inspecteurs de jaugeage ; enfin,
d'avoir à prononcer si on a suivi ou si on n'a pas suivi une méthode précise de jauger, prescrite par une loi, au lieu d'avoir à
juger sur une évaluation arbitraire.

CCXXIV

CONDORCET A TURGOT

Ce samedi.

Je vous envoie le mémoire des habitants de Nesle, qui m'a été recommandé par un de mes amis. Comme M. de la Vrillière écartèle les armes de Mailly et que M. de Morfontaines tire vanité d'être leur parent, ces pauvres habitants ont été sacrifiés et ils auraient été perdus en 1769 si le rapporteur de leur procès au Parlement et le président de la Chambre des enquêtes, où il est pendant, n'avaient sollicité auprès des ministres la révocation des arrêts accordés à M. de Nesle. Les habitants de Nesle finiront par obtenir justice; mais si on ne les met sur le champ à l'abri des manœuvres des officiers de M. de Nesle, les titres de la communauté courent grand risque. Il y a nombre de petites villes qui ont perdu leurs titres par ce moyen.

Voici un mémoire pour l'abbé Bossut, dont vous m'avez promis de parler au cardinal. (1)

CCXXV

CONDORCET A TURGOT

On m'a annoncé que vous auriez des sollicitations pour la première présidence du bureau des Finances de Soissons, en faveur d'un autre que M. de La Tournelle. Je crois que M. de La Tournelle sera plus agréable au corps parce qu'il était fils et petit-fils de maître. C'est d'ailleurs un homme qui peut être utile par son esprit et par son courage. Son concurrent a quelque parenté dans les bureaux de M. d'Ormesson. Je crains comme le feu l'influence de ces généalogies, ainsi je vous prie de vouloir bien ne rien terminer sans que je puisse avoir répondu aux raisons qu'on vous dira.

(1) Cardinal de la Roche-Aymon (Voyez la lettre CCXXII.)

CCXXVI

CONDORCET A TURGOT

Ce lundi.

Voilà un mémoire que l'on me prie de vous présenter ; vous le renverrez à M. l'Intendant de Soissons, comme c'est l'usage. On se serait adressé à lui directement, mais on a craint qu'il ne renvoyât aux juges ordinaires, dont la justice est si chère, qu'à moins d'être riche on aime mieux s'en passer.

Vous devez avoir reçu un second brochet de l'Oise. Je vais toujours mander chez moi que vous les trouvez fort bons.

On m'écrit que la Champagne tire déjà des grains de la Picardie, où cependant la récolte a été assez mauvaise et on craint qu'il n'y ait disette l'été. Je crois ces terreurs mal fondées et je ne vous en parle que parce qu'elles me viennent de gens qui sont du même avis que nous.

CCXXVII

CONDORCET A TURGOT

Ce mémoire m'a été présenté par un homme à qui je m'intéresse très-fort et qui aura pris part à l'entreprise. Cela ne m'empêche pas de remarquer que l'aliénation perpétuelle proposée est à trop vil prix, à ce que je crois, et qu'il faudrait la faire à temps. Comme l'État gagne réellement et en diminution de mortalité parmi les hommes et en augmentation de denrées au desséchement des marais, je crois qu'on doit donner des avantages assez considérables à ceux qui se chargent de ces entreprises, lorsqu'elles ne sont pas très grandes ; dix pour cent de leurs avances jusqu'à parfait remboursement ne me paraîtrait pas trop. Il faudrait consulter l'Intendant de la province, mais sur ce fait en général, sans lui donner le détail de la proposition, quant à l'arrangement économique, afin de savoir combien le défrichement coûterait à peu près, ce que pourraient rapporter les terres après le défrichement et quelle est la véritable étendue de terrain.

CCXXVIII

TURGOT A CONDORCET (1)

A la Roche-Guyon (2), le 31 mai 1776.

Madame d'Anville, Monsieur, m'a montré votre lettre. Vous êtes bien aimable de venir voir les gens disgraciés (3), et plus aimable encore d'avoir pensé à leur faire voir la lumière des étoiles divisée en sept couleurs et réunie. Nous n'avons ici qu'un grand télescope de réflexion, et j'ai peur qu'il ne perde trop de lumière, et de grands télescopes à l'antique très difficiles à mouvoir. Peut-être vaudrait-il mieux apporter la lunette même dont se sert M. l'abbé Rochon. J'ai bien de petites lunettes de poche de Dollond, avec lesquelles on voit les satellites de Jupiter, et dont l'une a quatre oculaires de forces différentes. Si elles pouvaient suffire, M. Desnaux pourrait vous les remettre.

J'ai vu dans la *Gazette des Deux-Ponts* l'annonce d'une édition des *Pensées* de Pascal (4), qui doit être intéressante. Je vous serai obligé de vous informer si on peut l'avoir.

(1) Ed. Arago et O'Connor, I, page 261.

(2) Terre de la duchesse d'Anville.

(3) Turgot venait de quitter le ministère des finances, où il eut pour successeurs : d'abord M. de Clugny, et bientôt après M. Necker. Notons ici cette curieuse prophétie de Galiani (Lettre à Madame d'Epinay du 17 Sept. 1774) : « Enfin M. Turgot est contrôleur-général. Il restera trop peu de temps en place pour exécuter les systèmes... Il punira quelques coquins ; il pestera, se fâchera, voudra faire le bien, rencontrera des épines, des difficultés, des coquins partout. Son crédit diminuera ; on le détestera ; on dira qu'il n'est pas bon à la besogne ; l'enthousiasme se refroidira ; il se retirera ou on le renverra ; et on reviendra une bonne fois de l'erreur d'avoir voulu donner une place telle que la sienne dans une monarchie telle que la vôtre, à un homme très vertueux et très philosophe. La libre exportation du blé sera celle qui lui cassera le cou : Souvenez-vous-en. »

(4) De Condorcet lui-même, qui n'y mit pas son nom.

Adieu, Monsieur, vous connaissez mon inviolable amitié.
Mille tendres compliments à M. D'Alembert.

CCXXIX

CONDORCET A TURGOT

Ce lundi.

M. de Vaines m'a dit qu'il fallait vous envoyer les mémoires
pour faire payer l'ouvrage de M. Le Roi et vous prier de mander
à M. de Clugny quelles avaient été vos intentions sur cet objet.

Je vous envoie aussi des papiers sur les tremblements de
terre que M. de Fouchy avait pour M. Desmaretz.

On nous a lu à l'Académie une observation d'optique assez
singulière. Si on place sur un corps noir un corps blanc d'un
petit diamètre et qu'on s'éloigne jusqu'à ce qu'il disparaisse, il
arrivera que la longueur de la distance où il disparaît dépend
non-seulement du diamètre, mais aussi de la longueur
du corps. Par exemple, le corps A B C D disparaîtra à
une plus grande distance que le corps A B E F et
cependant le diamètre A B devant disparaître également
dans les deux cas, selon les lois ordinaires de l'optique,
le corps entier devrait cesser d'être visible.

L'abbé Rochon sera charmé de vous laisser son apppareil. Il
vous aime tant que je ne puis m'empêcher de l'aimer beaucoup.
J'ai bien peur que Fouchy ne me laisse pas aller vous revoir.
Dites, je vous prie, à Mme D'Anville combien j'en serais
fâché.

CCXXX

CONDORCET A TURGOT

Je vous envoie une lettre de l'abbé Rochon qui vous mettra
plus à portée de faire ses expériences avec succès. J'aurais désiré pouvoir rester avec vous plus longtemps. Je suis venu m'en-

fermer ici où je ne songe qu'à Linnœus ; il y a dans ses livres bien de la sagacité et des recherches curieuses ; mais aussi bien de la pédanterie et de la scolastique. Qu'y faire ? Cela vaut encore mieux que des phrases et point de faits. Adieu, je vous embrasse tendrement. Si vous quittez La Roche, faites-moi savoir votre marche.

CCXXXI

CONDORCET A TURGOT

Ce mercredi.

L'affaire de Fouchy est terminée ; il a ses mille écus et la réversion des cent louis et le temps de son départ dépendra de moi. Je serais fâché qu'il m'empêchât d'aller vous voir avec M. le Duc de La Rochefoucauld. Cependant je m'en rapporterai à ce que voudra M. D'Alembert.

Le discours de La Harpe sera tel que je l'ai mandé à Madame D'Anville. J'en suis fort aise pour lui et j'attends avec impatience l'effet que ce morceau produira sur le public. Puisse-t-il être assez fort pour embarrasser ceux qui veulent détruire votre ouvrage. Puisqu'ils sont délivrés de vous, pourquoi s'obstinent-ils à vous poursuivre sur le peuple? Que leur a-t-il fait? En conservant vos édits, ils auraient été déshonorés comme intrigants; en les détruisant, ils le seront comme oppresseurs du peuple. Déshonneur pour déshonneur, c'est un singulier goût que de prendre le dernier parti.

Je vous manderai ce qui se passera demain à l'Académie.

Adieu, je vous embrasse. Je suis très fâché de n'avoir pu vous voir plus longtemps et ce ne sera pas ma faute si je ne vous vois point dans le mois prochain. On m'a dit que vous feriez un voyage à Paris.

CCXXXII

CONDORCET A TURGOT (1)

Ce 21 juin 1776.

L'éloge que M. de La Harpe a fait des édits (2) n'a point fait l'impression que j'en espérais. C'est un peu la faute de l'éloge qui n'était qu'agréablement tourné, mais qui manquait de physionomie. Marmontel a fait, en lui répondant, un portrait intéressant de l'aménité, de la douceur de mœurs, de la modestie de Colardeau (3), et puis : *Voilà, Monsieur, un caractère bien intéressant dans un homme de lettres*, et un grand silence. Aussitôt le public en a fait l'application au récipiendiaire et a battu des mains un quart d'heure. Marmontel a repris par l'éloge du courage de La Harpe, en observant que ce courage avait été pris pour de l'orgueil, et sur le champ nouvel applaudissement. Ensuite il a parlé des critiques de M. de La Harpe qu'on avait accusé de manquer de modération, et on a encore battu des mains. Le récipiendiaire et le directeur étaient dans un égal embarras. Enfin Marmontel a fini par dire que la philosophie n'avait que deux ennemis, le fanatisme et la tyrannie, et de là est venu l'éloge du roi et de la liberté de la presse dont nous avons le bonheur de jouir. La Harpe a lu alors un chant de sa traduction de *Lucain*. Il n'y avait plus là de compliments pour les rois. M. D'Alembert termina la séance par l'éloge de Sacy, traducteur des lettres de Pline, et auteur d'un traité de l'amitié, inséré dans les œuvres de Madame de Lambert; elle était son amie, et elle lui a survécu de quelques années. Cette circonstance fournit à M. D'Alembert un morceau sur l'amitié, qui a fait

(1) Ed. Arago et O'Connor, 1, page 262.

(2) Dans son discours de réception à l'Académie, le 20 juin 1776.

(3) Nommé à la place du duc de Saint-Aignan, et mort avant sa réception. La Harpe le remplaçait, et Marmontel, répondant à La Harpe, fit l'éloge de ses deux prédécesseurs.

un plaisir d'autant plus grand qu'il avait un rapport avec sa situation actuelle (1).

Adieu, je vous embrasse de tout mon cœur. J'écrirai demain à Madame d'Anville.

CCXXXIII

CONDORCET A TURGOT

Je vous envoie ma brochure sur les blés (2). Il y manque une feuille que j'ai fait refaire. La première et la dernière ne sont point tirées et je les corrigerai comme vous le trouverez bon. La promotion que j'ai apprise hier m'a fait grand plaisir. J'ai été fort aise que M. Blondel ait eu une place *et qu'il ne perde rien à ce qui vous est arrivé*, du moins dans ce moment-ci. J'irai vous voir avec l'Ambassadeur de Naples. Nous nous sommes hier rassemblés aux Tuileries avec M. D'Alembert, comme il y a dix ans. C'est là qu'il compte passer des soirées toute la belle saison. Il écoute parler ; il parle même assez librement, mais il est profondément blessé (3) et tout ce que j'espère pour lui, c'est un état supportable. Adieu, je vous embrasse et j'attends avec impatience le moment de vous revoir.

CCXXXIV

CONDORCET A TURGOT

Ce jeudi (1776).

Je ne suis revenu qu'hier de la campagne et j'y retourne ce matin. Je ne pourrai vous voir que samedi matin. Vous ne dou-

---

(1) Mademoiselle de l'Espinasse était morte un mois auparavant, le 23 mai 1776.

(2) *Réflexions sur le commerce des blés* (*Œuvres de Condorcet*, XI, p. 59.)

(3) Des révélations cruelles que lui avaient apportées les papiers de Mademoiselle de l'Espinasse. Voyez les *Lettres inédites de Mademoiselle de l'Espinasse à Condorcet et à d'Alembert.*

tez pas que j'en sois bien fâché. Mes chers confrères ont voulu absolument me réélire en cérémonie. Cela est bête et plat ; mais ils m'ont dit beaucoup de choses obligeantes, et je crois que je n'aurai plus de tracasserie au moins pour un temps.

Adieu, je vous embrasse. On dit que vous trouvez les notes de Pascal un peu trop fermes. Je garderai ce que j'ai d'exemplaires et je laisserai le livre se propager par d'autres que par moi.

CCXXXV

TURGOT A CONDORCET

A La Roche-Guyon, ce 15 octobre.

Je vous prie de remercier M. l'abbé Rochon de ses instructions. Nous espérons pouvoir en profiter ce soir, si le brouillard ne vient point troubler nos plaisirs. J'ai pourtant peine à croire que la théorie de Newton puisse être détruite, et le reproche que l'abbé Rochon fait à ses expériences ou plutôt au spectre solaire, fondé sur sa largeur et sur la confusion qui doit en résulter me paraît au contraire donner plus de force à la permanence de chaque rayon coloré, une fois séparé des autres. Je crois volontiers avec l'abbé Rochon que la lumière renferme des rayons de toutes les vitesses intermédiaires entre les rayons les moins réfrangibles et ceux qui le sont le plus ; mais je crois qu'on peut fort bien conjecturer que la fixation du nombre des couleurs à sept, ni plus ni moins, tient à la constitution des fibres de notre œil autant qu'à celle de la lumière elle-même.

Je crois, comme vous, que vous trouverez dans le bon Linnœus un grand mélange de sagacité et de pédanterie. Mais la nature des Éloges académiques est de ne dessiner les héros que de profil. Si l'on voulait être historien exact, on se ferait trop redouter des prétendants au même honneur. Aussi est-ce un assez mauvais genre quoique moins mauvais que celui des éloges oratoires. Je pourrai bien quitter La Roche la semaine prochaine pour aller faire une course du côté de Forges. Je vous le manderai, et je vous prierai alors de me mander s'il se passe quelque chose d'intéressant.

J'ai peur que vous n'ayez oublié le Voltaire de l'édition in-quarto pour Mme Blondel.

Adieu, vous connaissez ma tendre amitié. Je vous embrasse. Tout ce qui est ici vous dit mille choses.

CCXXXVI

CONDORCET A TURGOT (1)

Ce 20 octobre 1776.

J'attendais pour vous écrire le départ de M. d'Anlezy, mais il l'a retardé jusqu'à lundi. Je suis au milieu de mon déménagement, et obligé de m'en occuper. Je n'ai pu encore me procurer ces vers à *la femme de l'Enveloppe des pensées* (2). On ne les montre pas.

Madame Geoffrin a fait demander il y a deux jours le laquais de Madame Suard, le matin, avant que sa fille fût levée (3). Elle lui a dit que son état l'empêchait de voir ses amis, mais qu'elle les aimait toujours, qu'elle voulait savoir de leurs nouvelles. Elle est entrée dans beaucoup de détails sur de petits présents qu'elle voulait leur faire. Le laquais l'a trouvée fort défigurée et fort affaiblie ; il a pleuré beaucoup et elle aussi. Il paraît qu'elle sent la tyrannie de sa fille, et qu'elle n'a pas la force de s'en délivrer.

(1) Ed. Arago et O'Connor, I, page 266.

(2) A Mme Necker.

(3) Mme de la Ferté-Imbeault, qui, par dévotion, chassait les anciens amis de sa mère. Voyez dans la correspondance de Voltaire, t. LXX, deux lettres de D'Alembert à ce sujet : l'une p. 137, l'autre p. 172. Le baron de *Gleichen*, (*Denkwurdigkeiten*, Leipzig 1847 p. 175 et suiv.) donne de piquants documents sur la fille de Madame Geoffrin : « Mme Geoffrin avait une fille qui ne lui ressemblait ni de figure, ni d'humeur, ni de caractère, aussi ne l'aimait-elle guère et disait, que c'était un œuf de canard, qu'elle

Le roi de Prusse a encore écrit à M. D'Alembert une lettre très tendre (1), que vous verrez dans le journal en grande partie, en attendant que M. D'Alembert vous la lise tout entière. Madame de la Ferté-Imbault, honteuse de la lettre qu'elle

avait couvé. Cette fille était Mme de la Ferté-Imbeault ; elle avait été fort belle et sa mère l'avait forcé d'épouser un mari vieux, jaloux et pauvre, pour lui donner un grand nom, ce qui a été la source de leur mésintelligence. Délivrée de bonne heure de la tyrannie de son mari, son premier soin fut de s'affranchir de celle de sa mère, qui fut obligée de prendre patience voyant que sa fille avait hérité d'elle la fermeté, l'esprit et la violence de caractère, suffisante pour lui résister et pour être maitresse absolue de ses volontés. Mme de la Ferté-Imbeault était bonne, franche, gaie, vive, brusque et bruyante, parce qu'elle était fort sourde. Elle s'était donnée une existence très singulière en se donnant pour folle. Ce rôle, qu'elle appelait son domino, était joué par elle si parfaitement, que des sots y étaient trompés, et qu'il faisait les délices des gens d'esprit avec lesquels elle vivait. Elle soulevait de temps en temps ce joli masque si agréable à l'amour propre de tout le monde, pour montrer adroitement les coins les plus intéressants de la figure naturelle et mêlant la vérité aux extravagances, le savoir à l'ignorance et la sagesse à la déraison, elle savait faire aimer et respecter sa folie. Ses succès en ce genre, joints à son goût pour les chansons et les divertissements du bon vieux temps, inspirèrent à son imagination un plan, dont l'exécution la rendit presque célèbre à Paris et dans les pays étrangers. Se rappelant les plaisirs joyeux de la fête des fous et de la mère folle à Dijon et les productions piquantes du régiment de la Calotte ; elle donna à ses idées une forme moins satyrique, plus décente et encore plus gaie, parce que c'était de la folie toute pure et fonda l'ordre des Lanturlus. Ses lois principales étaient de n'avoir pas le sens commun, de faire des chansons et de dire des bêtises spirituelles. Il était divisé en deux classes, celle des *Lampons*, parce que le refrain de ses chansons était : Camarades, Lampons ; et celle des *Lanturlus* dont les chansons finissaient par : Lanturlu, Lanturlu.....

Malgré toutes ces folies, Mme de la Ferté-Imbeault faisait plus de cas de la raison solide que du simple esprit ; elle passait ses matinées à lire les auteurs anciens, surtout Plutarque et Montaigne. Elle avait été amie intime du Président de Montesquieu, mais elle était un peu brouillée avec les gens de lettres, parce qu'ils la croyaient plus dévote qu'elle ne l'était, à cause de ses liaisons avec Mme de Marsan, la Patriarche des dévotes. •

(1) Sur la mort de Mlle de l'Espinasse. La première lettre de Frédéric est du 9 juillet 1776 ; la seconde est du 7 septembre (Voy. Asse, *Lettres de Mademoiselle de l'Espinasse*, pp. 384 et 387.)

a écrite à M. D'Alembert, en a fait une autre qu'elle montre à ses amis. M. de Maurepas l'a vue en conséquence, et a dit à son beau-frère (1) que cette lettre n'était pas si ridicule qu'on le disait. M. de Nivernois a demandé l'original et le lui a montré; M. de Maurepas l'a trouvé tout différent du brouillon qu'elle lui avait fait lire, et en a jugé comme tout le monde.

Vous croyez bien que je me trouve fort malheureux d'être séparé de vous pour si longtemps.

Présentez, je vous supplie, mon respect à Madame d'Anville et à toute sa famille.

CCXXXVII

CONDORCET A TURGOT

Ce dimanche.

L'abbé Bossut a proposé à M. d'Angevilliers, pour donner de la solidité à l'établissement de la chaire d'hydro-dynamique, de l'attacher à l'Académie d'architecture; ce qui est en même temps le moyen de lui assurer des écoliers. M. d'Angevilliers y consent. Je vous prie de lui en parler lundi et de voir avec lui comment s'y prendre pour déterminer M. de Clugny à laisser subsister les fonds de cette chaire en la faisant passer dans le Département des bâtiments. Il faudrait aussi lui faire sentir la nécessité de procurer un logement au professeur. C'est un moyen de prouver l'intérêt qu'il prendrait à avoir cette place dans son département et l'utilité qu'il y trouverait.

Vous aurez trouvé chez vous un livre bleu sur les blés: je n'en ai donné encore qu'à vous et à M. le Duc de La Rochefoucauld. Je crois qu'il est de la prudence de ne le laisser circuler ici que durant les vacances. C'est le temps où la vérité peut le plus impunément montrer le nez. Je vous embrasse.

(1) M. de Nivernois.

CCXXXVIII

CONDORCET A TURGOT

J'ai parlé à M. Tillet de votre bienveillance pour notre Académie et que vous consentiez à écrire à M. de Clugny sur l'affaire des douze mille francs. Il m'a dit que sans entrer dans aucun détail, il suffisait de mander : *Que l'Académie des Sciences demandait qu'on lui rendît une somme de 12,000 francs que le roi lui donnait chaque année et dont le paiement avait été suspendu pendant la dernière guerre que l'Académie a mis sous vos yeux les titres qui autorisent sa demande et que d'après l'examen de ces titres, vous avez trouvé qu'il était juste de la lui accorder.* Adieu, je vous embrasse.

CCXXXIX

CONDORCET A TURGOT

Ce lundi.

Pouvez-vous m'écrire en peu de mots où nous en sommes du tripot des finances ? et de combien de rats la montagne a accouché ? J'aurai le plaisir de vous voir mercredi matin ; nous causerons de mes affaires. Je n'aurais pas grand regret à perdre mes appointements, comme je ne fais plus rien pour le public, je ne puis me défendre d'un peu de scrupule et plus les affaires iront mal, plus ce scrupule doit augmenter. Mais je serais fâché de ne pas conserver mon logement. Il m'est d'une très grande importance à cause de mes parents et je bornerai mon ambition à le conserver en perdant le reste.

Adieu, je vous embrasse de tout mon cœur.

CCXL

CONDORCET A TURGOT (1)

A La Roche-Guyon, le 22 octobre 1776.
Mercredi matin.

Nous apprenons dans l'instant la nomination de MM. Taboureau et Necker. Cela est plus qu'incroyable. M. de Maurepas exerce notre foi, et le Gouvernement va devenir aussi mystérieux que la théologie. Ce mystère-ci est une véritable trinité. La finance sera gouvernée comme le monde. Le chef du Conseil a tout à fait l'air du Père éternel, dont la place doit être vacante depuis quelque temps dans la rue de Sèvres. M. Taboureau représentera l'enfant Jésus ou l'agneau, dont il aura la mansuétude. Pour M. Necker, c'est assurément le Saint-Esprit, et il faut lire les actes des apôtres pour avoir idée du fracas qui accompagnera sa venue. Si cette plaisanterie courait, n'allez pas en nommer l'auteur, et encore moins la prendre sur votre compte. Je plaisante, mais je suis vraiment affligé. Je crains que cet homme dont vous avez blessé l'orgueil n'ait le pouvoir de vous ôter votre place de la monnaie. J'attends avec tremblement le détail du partage des fonctions. Je crains aussi pour de Vaines, qu'on ne veuille lui faire garder une place où il ne peut pas honnêtement rester sous M. Necker.

CCXLI

TURGOT A CONDORCET

A La Roche-Guyon, le 15 nov. 1776.

Je vous fais mon compliment de tout mon cœur sur le succès de vos éloges, auquel d'ailleurs je m'attendais bien. Desmarets nous en a instruits. L'abbé Marie nous quitte aujourd'hui et j'en profite pour vous renvoyer votre oraison funèbre de Montgo-

(1) Ed. Arago et O'Connor, I, page 261.

mery. Vous savez que les Insurgents ont abandonné New-York; mais le général Howe ne les avait point encore attaqués à Kings-Brige le 28 septembre. Voilà le moment vraiment décisif.

Notre appareil pour voir les étoiles est enfin pleinement arrangé de ce soir. Mais les étoiles ne paraissent pas vouloir se montrer.

Adieu, je vous embrasse. Si M. Albert est encore dans votre voisinage, je vous prie de lui faire tous mes compliments.

CCXLII

TURGOT A CONDORCET (1)

A la Roche-Guyon, le 21 novembre 1776.

Nous sommes ici plus au courant que vous, car nous avons les vers (2) à Madame Necker, et l'on en fait actuellement une copie qui partira avec cette lettre. La pensée y est assez enveloppée pour que l'homme aux enveloppes (3) s'en contente. Quoique plus d'un chemin mène au paradis ainsi qu'à la gloire, on veut que M. Boursouffle (4) ait pris celui de Conflans, et qu'il y ait eu de longues conversations avec M. l'Archevêque, auquel M. Tronchin, son compatriote, l'a présenté. Si M. de Beaumont opère cette conversion, il n'aura pas à regretter celle du prince de Conti. Si le néophyte ne sauve pas l'Etat, il sauvera du moins son âme, et M. de Maurepas en tirera grand honneur dans l'autre monde, ainsi que Madame de la Ferté-Imbault de sa lettre (5) et de la seconde édition. Je plains cette pauvre madame

(1) Ed. Arago et O'Connor, 1, page 267.

(2) De Voltaire.

(3) Sobriquet de M. Necker dans les lettres de Voltaire, Condorcet et Turgot.

(4) Necker. *Le comte de Boursouffle*, personnage de deux comédies de Voltaire : *L'Échange* et *Les Originaux*.

(5) La lettre dont il est ici question fut écrite à D'Alembert par Mme de la Ferté-Imbault, pour lui interdire de voir Mme Geoffrin, très-gravement malade.

Geoffrin de sentir cet esclavage, et d'avoir ses derniers moments empoisonnés par sa vilaine fille (1).

Je suis fort aise que le mémoire de Desmarets ait réussi. Je compte le voir, quoiqu'il ait peur de moi.

Je crois que Madame d'Anville vous écrit; je suis un peu plus content de sa santé. Je ne sais encore quand je retournerai à Paris. Une des choses qui me le font plus désirer, est l'espérance de vous voir souvent, et d'y jouir de votre amitié, qui me sera toute ma vie précieuse.

Voici une copie des vers (2). J'ignore s'il n'y en a pas une autre dans la lettre de Madame d'Anville ; dans ce dernier cas, vous en enverriez une des deux à Madame Blondel. Je vous embrasse.

CCXLIII

TURGOT A CONDORCET (3)

A la Roche-Guyon, le 29 novembre 1776.

Je crois qu'en effet M. Necker a envoyé ou donné à M. de Maurepas différents mémoires, soit pendant, soit depuis mon administration; mais aucun ne m'a été renvoyé, du moins sous son nom. Je me rappelle seulement un projet d'emprunt par voie de loterie, que M. de Maurepas me remit un jour, et qui ressemblait aux mille et un projets de ce genre que chaque ministre des finances reçoit chaque année. J'ignore si ce projet était de M. Necker, mais il vrai que je n'en fus pas fort émerveillé.

---

(1) « Ici je dois noter comme une chose singulière, que c'est Mme de la Ferté-Imbeault qui a indroduit Mr de CONDORCET dans le monde et qui a commencé sa fortune. Ce pauvre Marquis était arrivé, recommandé à elle, fort déguenillé et n'ayant d'autres richesses que son grand savoir en Mathématiques et son livre du calcul intégral et différentiel. Mme de la Ferté-Imbeault le prit dans une grande affection ; elle ne l'appelait que son intégral. Elle le produisit à la cour, lui fit avoir une pension, mais prenant bientôt une place distinguée parmi les philosophes, il tourna le dos à sa protectrice. » (Baron de Gleichen, *Denkwurdigkeiten*, p. 177.)

(2) De Voltaire à Mme Necker.

(3) Ed. Arago et O'Connor, 1, page 265.

Je ne sais pas si le public le sera davantage de la traduction qu'il nous donnera sans doute bientôt de ses grandes pensées ; mais j'ai peur qu'il ne fasse de miracles qu'en qualité de saint, ce qui suppose au préalable sa conversion au catholicisme.

L'abbé Delille a bien pris son moment pour nous venir voir, car il arrive précisément le même jour que M. Morel, auteur de *la Théorie des jardins*, que Madame d'Anville veut consulter sur les embellissements qu'elle veut faire à ses promenades. Ce que l'un fera, l'autre le chantera. Cela ressemble à ces héros qui mènent avec eux des peintres et des poëtes pour transmettre leurs exploits à la postérité.

Adieu, je vous embrasse de tout mon cœur.

CCXLIV

CONDORCET A TURGOT

Je ne sais encore quand je reviendrai et en conséquence je vous envoie la lettre que je compte écrire à M. de Paulmi. Je vous prie de la montrer à M. D'Alembert, et si vous l'approuvez, de l'envoyer à notre président. Il me paraît que par là, j'établis assez que le défaut de mémoire est cause de mon retard et pas trop cependant, de peur que si on s'avisait de m'en ennuyer, je ne me trouvasse obligé de parler. J'ai peur que la nièce de l'abbé Morellet ne fasse une sottise. Marmontel est d'une jalousie et d'une personnalité qui peuvent le rendre insupportable. *Je conseille à Madame Necker d'arriver à la cour* (1) *en tenant M*ᵐᵉ *de Pezay* par la main, comme son rhumatisme. Adieu, je vous embrasse et suis bien fâché de vous savoir toujours pris par le genou. Je voudrais que votre goutte passât à vos successeurs. Cela serait plus juste : mais ils ne l'ont que dans la tête, et, ce qui est plus heureux pour eux que pour le public, ils s'en trouvent fort bien.

---

(1) Necker fut nommé directeur-général des finances le 29 juin 1777, après la démission de Taboureau.

CCXLV

CONDORCET A TURGOT (1)

Comme je n'ai pu vous voir seul hier et avant-hier, je n'ai pu vous parler d'une affaire sur laquelle je n'ai voulu prendre de parti qu'après vous avoir consulté.

M. de Nivernois a chargé M. de Keralio de m'avertir que l'on a dit à M. de Maurepas que j'étais l'auteur d'une lettre contre M. Necker (c'est précisément celle que je n'ai pas lue) ; que M. de Nivernois m'avait défendu en disant que ce n'était pas du tout mon style ; que M. de Maurepas avait peine à se persuader que je fusse capable d'écrire un ouvrage qui pouvait nuire au crédit public. En conséquence, M. de Nivernois pensait que je devais écrire à M. de Maurepas, non pour lui dire que j'admirais M. Necker, et que je serais bien fâché d'écrire contre lui (car il avait prévu cette objection), mais pour l'assurer simplement que je n'étais pas l'auteur de la lettre, et que, bien loin d'écrire des ouvrages nuisibles à l'Etat, je serais au contraire fort aise de lui être utile.

J'ai de la répugnance à écrire cette lettre : 1° parce que cette démarche ne me paraît bonne à rien ; 2° parce qu'aucun homme raisonnable ne peut de bonne foi m'attribuer cette pièce ; 3° parce que l'habitude de désavouer ce qu'on n'a point fait peut conduire à la nécessité de nier ce qu'on a fait ; 4° parce que, si M. de Maurepas ne veut pas me croire auteur de la lettre, il se moquera de mon désaveu, et que, s'il veut faire semblant de le croire, il dira qu'il n'en est pas la dupe.

En tout, cependant, les inconvénients d'écrire et ceux de ne pas écrire me paraissent si peu de chose, que je ne puis avoir d'avis bien déterminé, et que la répugnance à assurer de mon respect un homme que je suis fort loin de respecter, est peut-être ma raison la plus forte pour la négative. Je vous demande votre avis. Si vous croyez que je dois écrire, je vous porterai ma

(1) Ed. Arago et O'Connor, I, page 269.

lettre en sortant de l'Académie : si vous êtes d'avis contraire, je donnerai à M. de Keralio dans une lettre toutes les raisons de ne pas écrire, qui ne peuvent blesser ni M. de Maurepas, ni son beau-frère. M. de Nivernois attache quelque prix à cette lettre, quoique ni lui ni son beau-frère ne se soucient de Necker plus que moi ou que de moi. Cependant M. de Keralio m'assure que M. de Nivernois m'aime beaucoup.

CCXLVI

CONDORCET A TURGOT

Je vous envoie la lettre et la réponse. La lettre a été sûrement un peu changée en la copiant, mais plutôt un peu augmentée que diminuée. J'ai la mauvaise habitude de ne jamais copier exactement les minutes de lettre parce que je n'écris pas en dix ans trois lettres dont je garde les copies. La cause de tant de verbiage de la réponse est le reproche que M. de Nivernois lui a fait de ne m'avoir pas répondu. Je n'avais rien dit cependant à M. de Nivernois et c'était par pure bonté. Je vous envoie aussi les éloges de Roux et de Linnœus. Il ne me reste que L'Hôpital. Je n'ai jamais osé vous montrer un article où je dis qu'on ne peut bien juger les hommes d'Etat qu'après leur disgrâce, ni le récit de la disgrâce de L'Hôpital. Vous devinez pourquoi. Je vous embrasse. Il n'y a rien dans ces articles qui puisse cependant blesser personne en particulier.

CCXLVII

CONDORCET A TURGOT (1)

(La Roche-Guyon, septembre 1777.)
Madame d'Anville vous a écrit fort au long sur mon affaire. Je suis absolument de son avis ; j'écris de nouveau à M. D'A-

(1) Ed. Arago et O'Connor, 1, page 210.

lembert. Il est vrai que je risquerais plus à faire l'Éloge (1), et que je risquerais d'être persécuté pour une sottise, au lieu de l'être pour une chose raisonnable. Je n'ai point fait l'Éloge en entier, mais je l'ai arrangé dans ma tête il y a déjà quelque temps ; et il est sûr qu'on me l'aurait moins pardonné de cette façon que mon silence.

Je reviendrai la semaine prochaine ; je verrai M. Dupuy (2). Mais, fit-il l'Éloge, je crois devoir m'en dispenser. L'éloge de M. de Trudaine serait un autre moyen de déplaire à M. de Maurepas. Ainsi, j'aurai l'avantage de gagner Pâques sans lui déplaire, et peut-être d'ici à quelque temps aura-t-il autre chose à faire (3). Je ne sais point jusqu'où je puis craindre une exclusion pour l'Académie française ; mais il est certain que l'éloge de M. de la Vrillière et celui de M. de Trudaine, tels que je les aurais faits, auraient donné des armes contre moi. D'ailleurs, je regarde M. de la Vrillière non loué comme une bataille gagnée, et les parents des *espèces* que nous avons à l'Académie n'auront plus rien à me dire. Adieu, je vous embrasse. J'ai peur que ce Necker ne nous fasse mourir de faim en voulant faire avancer ses plans sans convulsion. C'est une triste chose que vingt millions d'hommes ballottés entre des fous, des imbéciles et des fripons. Je suis fort aise du canal de Picardie. Si on écoute l'abbé Bossut, ce sera toujours cela de sauvé. (4)

(1) Du Duc de la Vrillière, beau-père de M. de Maurepas, mort le 27 février 1777, à soixante-treize ans.

(2) Secrétaire perpétuel de l'Académie des Inscriptions.

(3) Chargé en 1777 de prononcer l'éloge du duc de la Vrillière, académicien honoraire, et pressé par Maurepas, Condorcet lui répondit qu'il ne louerait jamais un pareil ministre. Cette liberté piqua Maurepas, qui l'empêcha, tant qu'il vécut, d'être de l'Académie française.

(4) Cette lettre est une sorte de réponse à la suivante :

Paris, ce 28 Septembre

Mon cher et illustre ami, j'ai vu M. Turgot, par qui je vous envoie cette lettre. Nous sommes convenus qu'il verrait mardi prochain M. Dupuy.

CCXLVIII

CONDORCET A TURGOT

(Septembre 1777.)

Nous avons reçu des nouvelles si satisfaisantes de votre santé et de celle de vos amis que nous commençons à espérer de vous revoir. On dit que vous avez fait une très belle course dans la plaine des Sablons ; j'aurais été plus curieux de la voir que des courses brillantes de cet hiver. Avez-vous vu M. D'Alembert? Je suis très pressé de savoir que tout est fini et je suis si content de ma dernière résolution que j'aurais une répugnance extrême à en changer une seconde fois.

Nous avons ici des Gloukistes, comme à Paris, aussi ne savons-nous même pas si Armide a réussi. Tout le monde désire de la pluie ; elle est nécessaire pour les semailles et j'espère que nous allons en avoir. Je vous envoie une lettre que je vous prie de faire parvenir à M. Dupont.

Voilà donc M. de Saint-Germain parti. Il a mis bien du temps à faire ses paquets. J'en suis fâché pour Dutronc. Adieu, je

Si ce dernier fait le maudit éloge qui vous déplait, il me paraît impossible que vous vous en dispensiez. S'il ne le fait pas, nous aurons du répit, du moins jusqu'à Pâques : mais alors il ne faudrait pas faire celui de M. de Trudaine. Cependant je vous conseille de tenir toujours ce dernier tout prêt à tout événement. — Il fait beau temps sans doute ; mais il fait une sécheresse et une poussière affreuses ; ma tête est en fort mauvais état, et mes nuits sont assez mauvaises. — Savez-vous qu'il pourrait bien être question de vous très efficacement à la prochaine élection de l'Académie française? Ce serait une raison pour aller bride en main sur ce maudit éloge et ne rien mettre contre vous. — L'abbé Bossut cherchera l'homme que vous me demandez ; mais il demande pour cela quelques jours. Adieu, mon cher ami, je vous embrasse de tout mon cœur. — Mille respects à Mme la Duchesse d'Anville.

La lettre qu'on vient de lire a pour adresse : — *A Monsieur le Marquis de Condorcet, secrétaire perpétuel de l'Académie royale des Sciences, à la Roche-Guyon*. Elle vient évidemment de d'Alembert. Nous en avons trouvé la copie parmi les copies des lettres de Mlle de l'Espinasse à Condorcet et à d'Alembert.

vous embrasse bien tendrement et suis bien fâché d'être si longtemps sans vous voir. Heureusement nous ne manquons point
de vos nouvelles : vous êtes rarement absent de nos conversations et jamais de notre pensée.

CCXLIX

CONDORCET A TURGOT (1)

Ce mardi (fin de mai 1778.)

Le mandement a manqué son coup, le grand homme est
sauvé (2), et il n'y aura qu'un prêtre de mort. Le curé de Saint-
Sulpice (3) est arrivé hier tout courant, pour tâcher d'avoir un corps
ou une âme. On lui a dit que le corps n'était pas dans le cas
d'être enterré, et que, pour l'âme, depuis qu'elle avait pris de
l'opium, on ne savait ce qu'elle était devenue. Elle revient peu
à peu. L'affaissement est moindre, la fièvre est calmée, et
M. Tronchin répond presque du malade, s'il ne se tue pas.

On a fait une plaisanterie qui me paraît assez bonne ; on a
mis au bas d'un de ses portraits ces quatre vers :

> Aux cris religieux d'un parterre idolâtre,
> En face de lui-même, au milieu du théâtre,
> Paris, à ce grand homme, érigeant un autel,
> A couronné son front d'un laurier immortel.

(Par M. Gilbert.)

Ce sont, à quelques mots près, les vers de sa satire (4).

On prétend que M. d'Orvilliers (5) n'a pas eu d'attaque d'a-
poplexie, mais qu'il a pris aussi trop d'opium, et qu'ainsi

---

(1) Ed. Arago et O'Connor, I, page 272.

(2) Voltaire. Il mourut peu de jours après cette lettre, le 30 mai.

(3) Faudit de Tersac. Voltaire lui écrivit le 4 mars 1778.

(4) Intitulée *Mon apologie*.

(5) Lieutenant général commandant l'armée navale réunie au port de
Brest.

on peut bien lui confier le commandement de la flotte. M. de Voltaire va mettre cet accident à la mode.

J'espère vous voir dimanche au plus tard. Dites, je vous prie, à Madame la duchesse d'Anville que Moultou (1) s'est enfin déterminé à me venir voir, quoi qu'on puisse en juger au contrôle (2). C'est une belle action pour un Genevois, et dont je me trouve bien indigne d'être l'objet.

CCL

CONDORCET A TURGOT (3)

Aux Loges, ce samedi (octobre ou novembre 1779.)

Me voici dans la maison de campagne de mon oncle, et je suis le seul laïque. Je partirai mercredi et je serai jeudi à la Roche-Guyon (4). Je crois qu'il ne résultera de mon voyage qu'un devoir rempli de ma part et beaucoup de politesse de celle de mon oncle. Je l'ai trouvé vieilli et affaibli, avec des douleurs qu'il appelle de la néphrétique. Ce dernier point m'a fait de la peine pour lui, parce qu'à son âge ce genre de douleurs est rarement sans des suites fort tristes. Nous avons eu exactement à la Roche-Guyon des nouvelles de Mme Blondel, et celle de la chaise longue que vous avez empruntée nous a fait beaucoup de plaisir. M. Watelet est donc sauvé à très peu près ? J'en suis fort aise, quoiqu'il ne veuille pas que je sois de l'Académie française, ce que beaucoup de gens de lettres appellent être leur ennemi capital ; mais comme je suis fort tolérant, je prends les choses fort peu au tragique.

(1) Ministre évangélique à Genève, ami de Rousseau.

(2) Chez M. Necker, contrôleur général.

(3) Ed. Arago et O'Connor, 1, page 273.

(4) : «..... L'abbé Rochon, célèbre astronome de l'Académie des Sciences, et quelques autres personnes donnaient à la Roche-Guyon, avec l'entourage domestique et le lien d'un grand seigneur, l'aspect exact de la résidence d'un de nos pairs d'Angleterre. » (Arthur Young. *Voyages en France*, trad. Lesage 1, p. 173.)

J'espère vous voir à la Roche-Guyon, où je resterai jusqu'au 6 ; je n'ai point d'éloges et je suis moins pressé. J'aurai pour Pâques, Joseph de Jussieu (1) et le chevalier d'Arcy (2). J'ai été fâché de sa mort ; il était au fond un assez bon homme, quoique fou et un peu brutal. Il avait fait dans notre Académie tout le mal qu'il pouvait faire, et de temps en temps il pouvait empêcher quelques turpitudes.

Adieu ; je vous embrasse bien tendrement. J'ai trouvé ici un chanoine à qui on peut parler raison à demi, c'est encore beaucoup. Sans cela je serais seul. Je n'ai trouvé de livres dans la maison que le *Courrier de l'Europe*, Fréron, et le livre de Villet de Saussures.

CCLI

CONDORCET A TURGOT

Ce lundi.

Vous êtes bien bon d'avoir songé à nous envoyer le livre sur la chaleur. L'ouvrage de Milord Mahon (3) m'a donné de l'ardeur pour la langue anglaise et j'ai lu depuis l'ouvrage de Coxe sur les découvertes des Russes. Je tâcherai de me faire une idée nette de ce que dit Craiwford sur la chaleur, car je n'y vois encore qu'un brouillard. J'ai lu le livre d'*Ingen-houz* (4).

(1) Frère d'Antoine et de Bernard de Jussieu, mort le 11 avril 1779.

(2) On trouvera une analyse très détaillée de tous les travaux de d'Arcy dans l'éloge qu'à fait de lui Condorcet. Cet éloge fait honneur au caractère de l'auteur, qui avait reçu de nombreux témoignages de la haine de son héros.

(3) Probablement les *Principles of electricity* London 1779 4°. Lord Mahon qui porta après la mort de son père le nom de Stanhope était né en 1753 : il est mort le 15 décembre 1816.

(4) Probablement son remarquable ouvrage : *Experiments on vegetables, discovering their grest power of purifying the common air in sunshine.* 8° London 1779, né en 1730, Ingen-houz est mort le 7 septembre 1799.

Le calcul que je vous avais donné sur sa méthode ne signifiait rien, je ne trouve rien à changer à la méthode du côté physique. Il y reste seulement quelques difficultés chimiques, telles que l'espèce de production d'air causée par la surabondance d'acide nitreux. Le calcul qu'il donne des erreurs que l'on peut commettre est un peu ridicule, car il compte deux fois les mêmes causes, comme pour faire valoir l'adresse qu'il faut pour réussir dans ces expériences.

Je ne répondrai point à M. Garat, pour deux raisons : la première, parce que n'ayant aucune aversion pour l'abbé de Condillac et ses ouvrages pouvant être utiles, je ne veux point engager une querelle qui finirait par les réduire à leur juste valeur ; la seconde, qu'il me paraît impossible de s'expliquer sans avoir la liberté de tout dire ; or la feuille de Paris est assujettie à une censure rigoureuse.

Uno avulso non déficit alter, etc. Je suis bien dégoûté de tout ce qui se dit et de tout ce qui se fait, excepté en physique. Je crois que vous avez deviné la véritable raison de la ténacité des opinions populaires dans les sciences morales, et qu'elle tient réellement à ce que chacun croyant les entendre, veut être juge. Mais cette raison ne suffit point à ce que je crois, pour expliquer les préjugés des gens d'esprit. Je crois plutôt qu'ils viennent de ce que la méthode d'étudier les sciences morales n'est pas aussi bien connue que celle d'étudier les sciences physiques.

Adieu, Monsieur, je ne sais pas encore précisément quel jour j'aurai le plaisir de vous embrasser : ce sera sûrement dans le courant de la semaine *précédente*.

Mme la duchesse d'Anville se porte assez bien ; cependant son estomac n'est pas encore parfaitement rétabli. La machine de l'abbé Rochon me paraissait déjà bien parfaite et je n'espérais pas qu'elle pût recevoir d'autres perfectionnements que ceux qui se découvrent par le long usage.

CCLII

CONDORCET A TURGOT

Ce jeudi.

Vous avez eu assez beau temps ; mais il aurait été encore plus beau le lendemain. Ainsi je regrette beaucoup de ne vous avoir pas vu un jour de plus. J'ai achevé Milord Mahon avant de partir. Je suis enchanté de son ouvrage : si toute la physique était traitée de cette manière, les géomètres se réconcilieraient avec elle. Mais il y a un trop grand nombre de physiciens dont les ouvrages ressemblent à une tragédie et de qui on peut dire : qu'est-ce que cela prouve ? Si l'ouvrage que Milord Mahon promet sur la bouteille de Leyde, où il parlera sans doute des électrophores, est aussi bon dans son genre, il aura l'honneur d'avoir fait une véritable science de cette partie de la physique. Cela serait peut-être plus utile que sa présence au Parlement, où il ne fera guère qu'aider sans le savoir les intrigues de ceux qui veulent être en place contre ceux qui veulent y rester.

J'ai trouvé mon oncle avec toute sa famille. Nous sommes huit ou neuf neveux, nièces, petits et arrière-petits neveux.

Adieu, Monsieur, je vous embrasse bien tendrement. J'espère recevoir de bonnes nouvelles de votre voyage.

CCLIII

CONDORCET A TURGOT

Mardi.

J'espère avoir mardi le plaisir de vous embrasser et arriver dimanche à Paris. Je ne sais si j'y trouverai quelque nouveau ministre. Il me semble que le mot sur M. Amelot, on ne dira pas du moins que celui-ci a trop d'esprit, pourrait avoir encore son application et j'ai peur que ce ne soit pour quelque temps la devise de notre ministère. L'état des Américains me paraît devenir inquiétant et j'ai peur que les provinces du midi ne finissent par se séparer.

Je vous renvoie Ingen-houz, vous devez avoir reçu l'ouvrage sur la chaleur ; je crois que pour avoir un avis sur ce dernier, il faut encore attendre ; il me paraît aussi qu'il faudrait analyser un peu davantage ce qu'on entend par degré de chaleur ; car ce n'est pas dans les expériences qu'une dilatation ou condensation du mercure, proportionnelle à son volume, en regardant encore le volume comme l'unité pour une certaine température que l'on a choisie au hasard parce qu'il était plus aisé de la retrouver exactement que la plupart des autres.

L'expérience de M. de Luc ne me paraît pas absolument complète. Il aurait fallu, au lieu de la faire avec des quantités égales, la faire avec des quantités prises suivant une suite de rapports et avec des températures différentes. Je ne suis pas même sûr qu'alors on fût à un résultat bien satisfaisant. Il faudra que je revoie M. de Luc et que je tâche de mettre ce problème en équations.

Adieu, Monsieur, je vous embrasse bien tendrement.

L'estomac de Mme la duchesse d'Anville est un peu mieux depuis qu'elle a suspendu ses bains, et ses reins n'en sont pas plus mal.

FIN

INDEX

INDEX

A

ACADÉMIE D'ARCHITECTURE, 289.

ACADÉMIE DE MUSIQUE, 164*.

ACADÉMIE FRANÇAISE, XXVI, 6, 28, 31, 32, 34, 35*, 36*, 45, 46, 58, 65, 67, 69. 77, 82*, 84, 86, 87, 139, 157, 233, 265, 266*, 267, 284, 297*, 298, 301.

ACADÉMIE DES INSCRIPTIONS ET BELLES LETTRES, X, 85*, 222, 271. 297,

ACADÉMIE DES SCIENCES, XX, 36*, 55, 58, 82, 123, ·124, 127*, 136, 137, 138, 147, 166, ·183, 187, 190*, 193*, 194*, 195, 199, 209*, 214, 215, 217*, 219*, 220*, 221*, 222*, 223*, 224*, 225, 231, 245, 251*, 260, 261, 282, 290*, 296, 298.

ADÉLAÏDE (Madame), 177.

AFFAIRES ÉTRANGÈRES (Ministère des), IX, 31, 35, 157*.

AGUESSEAU (Chanc. d'), 46,

AIGUILLON (d'), VIII, IX, 3*, 4, 6, 7, 8, 16, 25, 32, 56, 153, 157.

ALARI (Abbé), 26, 28.

ALBERT, 241, 292.

ALBERT (D'), 232.

ALCAFORADA (Marianna), 40.

ALEMBERT (D'), VII, XIII*, XVI, XVII*, XXIII, 2, 14, 18, 20*, 33*, 34, 36*, 40, 44, 48, 50, 52, 63, 76, 80*, 96, 93, 107, 122, 127, 163, 188, 190, 200*, 215*, 216, 218, 228*, 232, 241, 242, 284*, 285*, 287, 288*, 289, 293. 294, 297, 298*, 299.

ALEXANDRE, 166.

ALIGRE (D'), 11.

AMELOT, 304.

ANDOUARD, 8*.

ANEX, 32.

ANGEVILLIERS (D'), 213, 214*, 241, 289*.

ANLEZY (D'), 250, 255, 287.

ANQUETIL, 57.

B

D

E

F

H

I

J

T

FIN

ERRATA

Page 19, ligne 28 : au lieu du point mettez un point et une virgule.

Page 36, ligne 35 : au lieu de 1718 lisez 1818.

Page 74, ligne 23 : au lieu de 1771 lisez 1772 ;

Page 75, ligne 14 : au lieu de *Uslé* lisez *Ussé*.

Page 76, ligne 26 : au lieu de *Riccobini* lisez *Riccoboni*.

Page 78, ligne 22 : au lieu de *Le* lisez *le*.

Page 80, ligne 4 : au lieu de *tout* lisez *tant*.

Page 103, ligne 3 : c'est à tort que l'édition Arago et O'Connor assigne à cette lettre la date de 1772 ; elle est une réponse à la lettre inédite de Turgot datée du 23 Octobre 1773 (p. 135-137.)

Page 118. — La lettre LXXXV, consacrée aux prix d'apprentissage des vanniers, doit-être datée de juin 1774, car en mai 1774 (lettre CXXX. p. 178.) Condorcet dit qu'il s'informera du prix de l'apprentissage d'un vannier et Turgot lui demande ces renseignements dans la lettre CXXVIII, écrite en mai 74.

Page 135, ligne 6 : au lieu de *Baudot* lisez *Baudeau*.

Page 152, note (2) : au lieu de CXIII lisez CV.

AUTRES PUBLICATIONS

DE M. CHARLES HENRY

Un Érudit, homme du Monde, homme d'Église, homme de Cour, (1630-1721). *Lettres inédites de Madame de Lafayette, de Madame Dacier, de Bossuet, de Fléchier, de Fénelon, etc. extraites de la correspondance de Huet.* Paris. Hachette 1879. in-8º.

Huygens et Roberval. *Documents nouveaux.* Leyde. E. S. Brill 1879. in-4º.

Recherches sur les manuscrits de Pierre de Fermat, suivies de fragments inédits de Bachet et de Malebranche avec supplément. Rome, 1880-1881. in-4º.

Mémoires inédits de Charles Nicolas Cochin, sur le Comte de Caylus, Bouchardon, les Slodtz, *publiés avec Introduction, notes et Appendice, sous les auspices de la Société de l'histoire de l'Art français.* Paris. Charavay. 1880. in-8º.

Le Portefeuille de M. le Comte de Caylus, *publié d'après les manuscrits inédits de la Bibliothèque de l'Université et de la Bibliothèque Nationale, avec Introduction et notice.* Paris. Moniteur du Bibliophile. 1880. in-4º.

ÉTUDE SUR LE TRIANGLE HARMONIQUE, Paris, Bulletin des Sciences mathématiques. Gauthier Villars 1881.

JOAQUIM GOMES DE SOUZA. *Mélanges de Calcul Intégral. Ouvrage posthume augmenté d'un mémoire de l'auteur sur le son et d'un Avant-Propos.* Leipzig. Brockhaus. 1882. in-4°.

SOUS PRESSE

LETTRES INÉDITES DE MADEMOISELLE DE LESPINASSE AVEC ÉTUDE ET DOCUMENTS NOUVEAUX. (Charavay frères).

IMPRIMERIE

DU FORT-CARRÉ

A

SAINT-DIZIER

HAUTE-MARNE.